두번만 따라하면 훤해진다!

일본어 작문의 급소 190

저자 村山俊夫 · 長谷川由美 · 조한나

특·별·부·록

- 잘 쓰이는 부사 표현 50
- 틀리기 쉬운 표현 50

시사일본어사

📖 시리즈명목차

그림책목록

061
구름이 뭉게뭉게
우르르 쾅쾅쾅 번쩍번쩍!

저자 竹山道, 長谷川美, 조정난

05 발표 준비
발표하기

부록 1

01 | あいにく

공교롭게도, 때마침

1 **공교롭게도** 부장님은 출장 중입니다.

2 **때마침** 내리는 비 때문에 아무데도 나가지 못합니다.

작문 1 あいにく部長は出張中です。

2 あいにくの雨で(のため)どこにも出かけられません。

때가 잘 맞지 않아 안타까운 마음을 나타내는 부사 「あいにく」는 な형용사로서 쓰일 때도 있으나 종지형·연용형으로만 쓰이고, 연체 수식형은 「の」를 붙여 쓸 때가 많다.

02 | あまり・大して

그다지, 별로

1 이 책은 **그다지** 재미가 없습니다.

2 이 책은 여러분에게 **별로** 참고가 되지 않을지도 모릅니다.

작문 1 この本はあまりおもしろくありません。

2 この本は皆さんには大して参考にならないかもしれません。

❶ 「あまり」는 일반적으로 「그다지 대단치 않다」는 뜻으로 뒤에 부정 표현을 수반한다. 이 때 「별로」를 「別に」라고 하면 어색하다.

❷ 「大して」도 거의 비슷하지만 「大して」는 정도가 크지 않다는 것을 역점으로 하는 데 비해 「あまり」는 부정하는 것에 역점을 두고 좀 완곡하게 표현하려는 뜻이 있다.

4 | 일본어 작문의 급소 190

03 | 사전에, 미리
あらかじめ・前もって

1 사전에 준비해 두는 편이 낫다.

2 찾아올 때에는 미리 알려 주십시오.

작문 1 あらかじめ準備しておくほうがよい。

2 訪ねて来る時は前もって知らせてください。

❶ 「어떤 사태·행동이 일어나기 전에」라는 뜻으로 「あらかじめ」「前もって」는 똑같이 쓰인다. 한자어로 「事前に」를 쓸 때도 있다.

- 미리 준비하다.
  → あらかじめ準備する。

- 미리 연락해 놓는 편이 좋다고 생각합니다.
  → 前もって連絡しておいた方がいいと思います。

- 사전에 방지하다.
  → 事前に防止する。

❷ 나쁜 짓을 하려고 미리 의논해 두는 것을 「示し合わせる」라고 한다.

- 미리 짜고 이 제안에 반대하다.
  → 示し合わせてこの提案に反対する。

부록1. 잘 쓰이는 부사 표현 **50** | 5

04 | あるいは・もしかしたら
어쩌면

1 **어쩌면** 그 사람이 올지도 모른다.
2 **어쩌면** 오늘은 자정을 넘길지도 모른다.

작문 **1 あるいは**彼が来るかも知れない。

2 もしかしたらきょうは０時を過ぎるかもしれない。

❶ 가정을 나타내는 말로「あるいは」「もしかしたら」를 쓰는데 원래「あるいは」는 선택을 의미하며 막연한 가정을 표현하는「もしかしたら」와 좀 차이가 있다. 여기서도 다른 사람이 아니라「彼が」오는 것을 예상한다는 점에 선택 의식이 작용하고 있다.「あるいは」가 분명히 선택을 나타낼 경우는 다음과 같다.

- 도쿄 혹은 오사카에 지점을 열 계획이 있다.
  → 東京**あるいは**大阪に支店を開く計画がある。(두 가지 중의 어느 한 쪽)

❷ 비슷한 말로「または」가 있다.(접속사)

- 문화부 또는 홍보부에서 접수합니다.(양쪽 다)
  → 文化部**または**広報部で受け付けます。

❸「あるいは」「もしかしたら」뒤에는「かもしれない」가 올 경우가 많다.

- 어쩌면 눈이 내릴지도 모른다.
  → **あるいは**雪が降る**かもしれない**。
- 어쩌면, 내일 그가 올지도 모릅니다.
  → **もしかもしたら**明日彼が来る**かもしれません**。

6 | 일본어 작문의 급소 **190**

05 | 확실히, 마치
いかにも・まるで

1 **확실히** 외국인이라고 알 수 있는 옷차림.

2 **마치** 백설공주와 같은 의상.

작문 1 いかにも外国人とわかる服装。

2 まるで白雪姫のような衣装。

「いかにも」「まるで」는 비유를 나타내는 부사로 똑같이 쓰일 때도 있으나 뒤에 오는 말이 다르다.

「いかにも〜らしい(という)」의 경우 단순한 비유라기보다 원래「가지고 있던 본연의 모습을 잘 나타내고 있다」는 뜻이다.

「まるで〜(の)ようだ」는「아주 비슷한 다른 것」에 비유시키는 것이다.

---

06 | 불쑥, 갑자기
いきなり・急に

1 **불쑥** 골목에서 튀어나왔다.

2 **갑자기** 예정을 변경하게 되었다.

작문 1 いきなり路地からとびだしてきた。

2 急に予定を変更することになった。

「いきなり」는 뜻밖에 순간적으로 어떤 행동이 시작될 때 쓰이고 화자(話者)의 놀라움을 나타내기도 한다.「急に」는 좀더 여유가 있고「빨리」「서둘러서」라는 뜻도 있다.「いきなり」보다「急に」가 쓰이는 범위도 넓은 편이다.

- 불쑥 멱살을 잡혔다. → **いきなり**胸ぐらをとられた。
- 갑자기 시골로 돌아가 버렸다. → **急に**田舎へ帰ってしまった。

부록1. 잘 쓰이는 부사 표현 **50** | 7

07 | 아무리
いくら・どんなに

1 아무리 어린아이라도 이 정도는 알 수 있겠지.

2 아무리 멀리 떨어져 있더라도 잊지 않겠습니다.

작문 1 いくら子どもでもこれくらいはわかるだろう。

2 どんなに遠く離れていても忘れません。

「いくら」는 강한 조건 제시를 나타내는데 「비록」과 비슷하다. 뒤에 조건을 나타내는 접속 조사 「ても(でも)」가 올 경우가 많다.

• 아무리 먹어도 효과가 없다. → **いくら**飲んでも効果がない。

• 아무리 불러도 오지 않는다. → **いくら**呼んでも来ない。

• 얼마나 걱정했는지. → **どんなに**心配したことか。

08 | 일단, 한번
一応

1 문제는 **일단** 해결되었다.

2 **한번** 알아보겠습니다.

작문 1 問題は一応解決した。

2 一応調べてみます。

❶ 완벽하지 않지만 「어느 정도」 「대충」 「한번」 등의 뜻을 나타내는 「一応」는 단언하거나 철저한 표현을 피하려 하는 일본 사람의 언어 습관에서 나와 많이 쓰이는 말이기도 하다.

❷ 비슷한 말로 「一通り」가 있으나 이는 「처음부터 끝까지 전체를 한번」이란 뜻이며 「一応」는 빠진 부분이 있는 것 같은 느낌이 있다.

8 | 일본어 작문의 급소 **190**

09 今さら

이제 와서, 새삼스럽게

1 **이제 와서** 사과해도 이미 늦었다.

2 **새삼스럽게** 말할 것도 없다.

작문 1 **今さら**謝ってももう遅い。

2 **今さら**いうまでもない。

❶「今さら」는 전에도 기회가 있었는데 지금에 와서 다시 시작해 봤자 소용이 없다는 뜻으로「비난·후회」를 나타낸다. 문자 그대로「今になって」라고 할 수도 있다. 뒤에 조건을 나타내는 조사「ても(でも)」또는 부정문·의문문이 올 경우가 많다.

- 지금에 와서 그만둘 수 없다.
    → **今さら**やめられ**ない**。
- 지금에 와서 이런 말을 할 수 있을까요?
    → **今さら**こんなことがいえる**でしょうか**。

❷「새삼스럽게」란 뜻을 강조하면서「れる·られる(자발)」를 쓰는 문장에 쓰이는 말로「今さらのように」가 있다.

- 새삼스럽게 후회된다.
    → **今さらのように**悔**まれる**。
- 새삼스럽게 아버지의 말씀이 생각난다.
    → **今さらのように**父の言葉が思い出される。

부록1. 잘 쓰이는 부사 표현 **50** | 9

10 | 도대체
一体

1 도대체 그는 무엇을 생각하고 있는가?

2 도대체 어떻게 할 작정이냐?

작문 **1 一体**彼は何を考えているのか。

2 一体どうするつもりなのか。

❶ 강한 의문을 나타내는 부사「いったい」는 나아가서 그 행동·사실에 강한 불만·비난까지 의미하는 것이다.

❷「一体全体」는 더욱 강한 표현이고 보통 의문문으로 끝난다.

　• 도대체 누가 이런 계획을 세웠느냐?

　　→ **一体全体**だれがこんな計画をたてたのか。

---

11 | 주로, 오로지
主に・専ら

1 이 회사는 **주로** 약품류를 취급합니다.

2 요즘은 **오로지** 독서에 몰두하고 있습니다.

작문 **1** この会社は**主に**薬品類を取扱っています。

2 このごろは**専ら**読書に没頭しています。

❶「主に」는 몇 가지 대상 중에서 다른 것에 비해 그것에 힘을 많이 기울일 때 쓰이는 부사인데 대상은 복수일 수도 있다.

　• 주로 젊은 사람이 모인다. → **主に**若い人が集まる。

❷「専ら」는 한 가지 대상에만 주력하는 것을 의미하는데 비슷한 말로「ひたすら」가 있다.

　• 오로지 그녀만을 계속 사랑한다. → **ひたすら**彼女だけを愛し続ける。

10 | 일본어 작문의 급소 **190**

12 | かえって・むしろ
도리어, 차라리

1 도와 주려고 했는데 **도리어** 방해가 되었다.
2 사과할 바에는 **차라리** 죽는 편이 낫다.

작문 1 手伝ってあげようと思ったが**かえって**邪魔になってしまった。

2 謝るくらいなら**むしろ**死んだほうがましだ。

❶ 「かえって」는 예상했던 것보다 결과가 나쁘거나 반대였을 때 쓰이고, 「むしろ」는 두 가지 사례를 비교해서 뒤에 오는 것이 더 좋거나 해서 선택할 때에 쓰인다. 따라서 전후 관계를 잘 생각해 보고 적절한 부사를 택해야 한다.

- 이 시간에 택시로 가면 버스보다 도리어 시간이 더 걸린다.
  → この時間にタクシーで行けばバスより**かえって**時間がかかる。
- 이 시간에는 택시로 가기보다 오히려 버스로 가는 편이 빠르다.
  → この時間はタクシーで行くより**むしろ**バスの方が速い。

❷ 「むしろ」와 비슷한 말로 「いっそ(のこと)」가 있는데 더 구어적이고 강한 느낌이 있다.

- 남에게 불평만 하려면 차라리 스스로 해 보시오.
  → 人に文句ばかりいうなら**いっそ**自分でやってごらんなさい。

참고 | 邪魔(장애)・妨害(방해)

- 실례합니다. → お**邪魔**(×妨害)します。
- 영업 방해 → 営業**妨害**(×邪魔)

부록1. 잘 쓰이는 부사 표현 **50** | 11

13 | 반드시, 기필코
必ず・きっと

1 2주일 이내에 **반드시** 신고해 주십시오.
2 그 사람이라면 **기필코** 성공할 것이다.

작문 1 2週間以内に必ず届けてください。

2 あの人ならきっと成功するだろう。

❶ 「必ず」는 의무·약속 등을 말하는 문장에서 잘 쓰인다. 따라서 「必ず〜します
(의지)」「必ず〜てください(명령·부탁)」 등의 형태로 나타난다.

　• 반드시 성공할 것이다.
　→ 必ず成功するだろう。

＊「必ずしも」는 뒤에 부정을 나타내는 표현과 함께 「반드시 ~라고는(할 수 없다)」의
뜻으로 사용된다.

　• 반드시 성공한다고는 할 수 없다.
　→ 必ずしも成功するとは限らない。

❷ 「きっと」는 좀 주관적인 느낌이 있으며 희망·의지를 나타내는 문장에서 잘 쓰
인다. 「きっと〜ます(의지)」「きっと〜う(추측)」 등.

❸ 비슷한 말로 「ぜひ」가 있는데 「아무쪼록」「어떻게 해서라도」라는 의미로 더욱
강한 희망을 나타낸다.

　• 이쪽으로 오실 기회가 있으면 꼭 들려 주십시오.
　→ こちらにいらっしゃる機会があればぜひ立寄ってください。

14 | 상당히, 많은
かなり・ずいぶん

1 이번 태풍으로 **상당히** 피해를 입었다.

2 이래 봐도 **많은** 고생을 하였다.

作문 1 今度の台風で**かなり**被害を受けた。

2 こう見えても**ずいぶん**苦労(を)した。

❶ 정도가 많다는 뜻을 나타내는 부사는 여러 가지 있다. 보통보다 정도가 심하다는 의미로 「かなり」를 쓰는데 객관적으로 그 정도를 계측하는 느낌이 있다. 이에 비해 「ずいぶん」은 좀 주관적인 판단이나 감회 같은 감정이 들어 있는 것 같다. 「ずいぶん」이 な형용사로 쓰일 때는 「지나치다」가 된다.

  • 너무 지나친 처사다.

   → **ずいぶんな**しうちだ。

❷ 비슷한 말로 「相当(상당히)」가 있는데 な형용사・명사 등 여러 형태로 쓰이며 「알맞다」「균형이 잡히다」 등의 의미도 나타낸다.

  • 분쟁은 상당히 길어지는가 보다.

   → 紛争は**相当**長びきそうだ。

  • 거기에 알맞는 사례는 하겠습니다.

   → それ**相当**のお礼はします。

부록1. 잘 쓰이는 부사 표현 **50** | 13

15 | 결코, 절대로
決して・絶対(に)

1 그는 **결코** 나쁜 사람이 아닙니다.

2 **절대로** 이 자리를 떠나면 안 됩니다.

작문 1 彼は**決して**悪い人ではありません。

2 **絶対**にこの場を離れてはいけません。

❶ 「완전 부정」「무슨 일이 있어도」 등의 뜻을 나타내는 「決して」와 「絶対(に)」는 금지, 부정문에서 쓰이는데 각기 미묘한 차이가 있다. 즉 「絶対(に)」가 「유일」「선택할 여지가 없다」는 뜻인데 비해 「決して」는 여운이 있고 변명하거나 감싸주는 뉘앙스가 있는 것이다. 「絶対に悪い人ではありません。」이라면 「나쁜 사람이 아님」을 강력히 주장할 뿐인데 「決して」의 경우에는 성격·행동상 여러 가지 문제가 없지 않지만 「나쁜 사람이라고 할 수는 없다」는 뜻으로 해석할 수가 있다.

❷ 긍정문에서는 「決して」를 쓸 수 없고 「絶対(に)」를 쓴다.

- 반드시 이기자
  → **絶対に**勝とう(○) 決して勝とう(×)

❸ 뒤에 반드시 부정문이 오는 부사로 「全然(전혀)」이 있으나 「全く(전혀·정말로)」는 긍정문에서도 쓰인다.

- 나는 전혀 관계 없다.
  → ぼくは**全然**(全く)関係がない。

- 정말 그가 말한 그대로다.
  → **全く**彼のいう通りだ。

14 | 일본어 작문의 급소 **190**

16 | 즉시, 곧
さっそく・すぐ(に)

1 새로운 CD를 **즉시** 들어 봤다.
2 지금 **곧** 가겠습니다.

작문 1 新しいCDを**さっそく**聞いてみた。

2 今、**すぐ**行きます。

❶ 「さっそく」는 행동에 있어서 기대감이나 기쁨 등의 감정이 있을 때나 그 행동을 나무라고자 하는 뜻이 있을 때에 쓰인다.
   • 그가 자리를 뜨자, 바로 그의 욕을 하기 시작했다.
     → 彼が席を離れたら**さっそく**彼の悪口をいい始めた。

❷ 「すぐ」는 시간적으로 즉시라는 뜻, 간단히 · 가까이 등의 뜻을 나타낸다.
   • 그 정도의 문제라면 곧 풀 수 있다.
     → そのくらいの問題なら**すぐ**解ける。
   • 정류장은 집 바로 앞에 있다.
     → 停留所は家の**すぐ**前にある。

❸ 비슷한 말로 「ただちに(즉시)」가 있다.
   • 연락이 있으면 곧 출발하겠습니다.
     → 連絡があれば**ただちに**出発します。

❹ 「さっそく」 대신에 「すぐ」를 쓸 수도 있으나 「さっそく」를 쓰면 어색한 경우가 있다.
   • 이제 곧 수업이 끝난다.
     → もう**すぐ**(×さっそく)授業が終わる。
   • 집에 도착하자 곧 눈이 그쳤다.
     → 家に着いたら**すぐ**(×さっそく)雪がやんだ。

부록1. 잘 쓰이는 부사 표현 **50** | 15

17 깨끗하게, 확실히
きちんと・ちゃんと

1 방을 **깨끗하게** 정리하십시오.

2 공부를 **다** 마치고 나서 놀러 가라.

작문 1 部屋を**きちんと**かたづけてください。

2 勉強を**ちゃんと**してから遊びに行きなさい。

❶「きちんと」는 깔끔하게 빈틈없이 하는 것이며「ちゃんと」는「충분히」「확실하게」「끝까지」등의 뜻을 나타내는데 서로 같이 쓰일 때도 있다.

   • 일만큼은 틀림없이 한다. → 仕事だけは**ちゃんと**する。

❷ 또한「きちんと」에는「정확하게」「틀림없이」등의 의미도 있다.

   • 시간을 정확하게 지킨다. → 時間を**きちんと**守る。

---

18 그리고, 게다가
さらに・その上

1 버스로 1시간, **그리고** 걸어서 2시간.

2 비가 오고 **게다가** 바람마저 불기 시작했다.

작문 1 バスで1時間、**さらに**歩いて2時間。

2 雨が降り、**その上**風さえ吹き始めた。

❶「さらに」「その上」는 어떤 것에 다른 것을 첨가하거나 더하는 것을 의미하는데,「その上」는 나쁜 일이나 좋은 일이 겹쳤을 때에 주관·감정이 들어가면서 말할 때 쓰인다.

❷ 비슷한 말로「しかも」가 있는데 좀 문어적인 느낌이 있다.

   • 가난하고 게다가 친척도 없다.
      → 貧しく**しかも**身寄りもない。

16 | 일본어 작문의 급소

19 | 少し・ちょっと
조금, 잠깐

1 왼쪽으로 **조금** 가면 은행이 있다.

2 **잠깐** 기다리면 그가 나옵니다.

작문 1 左に少し行けば銀行がある。

2 ちょっと待てば彼が出て来ます。

❶ 정도가 작다는 뜻의「少し」「ちょっと」는 거리, 시간, 정도 등 여러 경우에 쓸 수 있다.
「少し」는「少しも~ない」형태로「추호도 ~없다(않다)」는 부정의 강조 표현이 된다.
　• 조금도 이해하려 하지 않는다.
　　→ **少しも**理解しようとし**ない**。

❷「ちょっと」는 구어적인 표현이기 때문에 위와 같은 문장에서 쓰면 좀 어색하다. 숙어처럼 쓰이는 말로「ちょっとしたことで(걸핏하면)」라는 표현이 있는데 이 경우에「少し」는 쓸 수 없다.
　• 걸핏하면 화를 낸다.
　　→ **ちょっとしたことで**(すぐ)怒る。

❸ 비슷한 말로「わずか」「たった」등이 있으나「しか」「だけ」「~にすぎない」등 한정을 나타내는 말과 함께 쓰이며,「불과~」의 뜻으로 주관적인 판단을 표현할 때에 쓰인다.
　• 불과 1미터밖에 떨어지지 않았다.
　　→ **わずか**1メートルしか離れていない。
　• 단 5분이면 갈 수 있습니다.
　　→ **たった**5分で行けます。

❹「やや」「わずか」는 조금이란 뜻으로 쓸 수도 있는데 좀 문어적인 느낌이 있다.
　• 약간 오른쪽으로 기울고 있다.
　　→ **やや**右に傾いている。
　• 자칫하면 수면 부족이 되기 쉽다.
　　→ **やや**もすると睡眠不足になりやすい。

부록1. 잘 쓰이는 부사 표현 **50** | 17

20 | 자연히, 저절로
自然に・ひとりでに

1 불상 앞에 서면 **자연히** 머리가 숙여진다.

2 전기불이 **저절로** 꺼졌다.

작문 1 仏像の前に立つと**自然に**頭が下がる。

2 電気が**ひとりでに**消えた。

① 「自然に」는 「의식하지 않는데 저절로」라는 뜻을 나타내는데 「부자연스럽지 않게」 「당연히」라는 뜻으로 쓰일 경우가 있다.

② 「ひとりでに」는 「작위(作為)나 다른 힘이 가해지지 않는데 스스로」라는 뜻을 나타낸다. 「自然に」와 똑같이 쓰이지만 사람 외의 사물인 경우에 보다 많이 쓰이며, 아무도 작용을 하지 않았는데 일어난 것에 대해 좀 놀라는 느낌이 있다.

---

21 | 모두, 완전히
すべて・すっかり

1 **모두** 내 책임이다.

2 어느새 **완전히** 어두워졌다.

작문 1 **すべて**私の責任だ。

2 いつのまにか**すっかり**暗くなった。

① 「すべて」는 「모두」 「다」라는 뜻으로 「全部(전부)」와 똑같다. 명사로 쓰일 때도 있고 연체 수식어로서 「の」와 같이 쓰이기도 한다.

② 「すっかり」는 「すべて」와 같은 의미로 쓰일 때도 있으나 보다 구어적인 말이다.

③ 「すっかり」와 비슷한 말로 「そっくり」 「根こそぎ」 등이 있다.

- 상여금은 몽땅 은행에 맡겼다. → ボーナスは**そっくり**銀行に預けた。
- 논밭도 송두리째 빼앗겼다. → 田畑も**根こそぎ**奪われた。

18 | 일본어 작문의 급소 **190**

22 | 모처럼(의)
せっかく（の）

1 모처럼 청소를 했는데 신발을 신은 채로 들어오다니.

2 모처럼의 기회를 놓쳤다.

작문 1 せっかく掃除したのに土足であがるなんて。

2 せっかくの機会をのがした。

❶ 「せっかく」는 유난히 힘을 썼는데도 효과가 없다는 뜻으로 쓰이는데 な형용사로 쓸 때는 조사 「の」와 함께 연체 수식형을 만들어서 「다시 하기 어려운」「귀중한」의 뜻을 나타낸다.

❷ 또 「わざわざ」가 비슷한 의미로 쓰일 경우가 있다.
  • 모처럼 찾아갔는데 아무도 없었다.
    → わざわざ訪ねて行ったのにだれもいなかった。

23 | 하다못해, 적어도
せめて・少なくとも

1 하다못해 꽃다발만이라도 보내고 싶다.

2 적어도 100명 정도 손님이 오지 않으면 적자가 난다.

작문 1 せめて花束だけでも贈りたい。

2 少なくとも100人ぐらい客が来なければ赤字になる。

❶ 어떤 행동이 최소한 미치는 범위나 정도를 희망하는 마음과 함께 나타낼 때 쓰이는 부사가 「せめて」인데 뒤에 가정, 조건을 나타내는 접속 조사 「でも」「ば」등을 수반하는 경우가 많다.

❷ 「少なくとも」도 「충분하지 않지만 이 정도는」이라는 뜻으로 비슷한 경우에 쓰이는데, 「せめて」에 비하면 객관적인 서술에 더 많이 쓰인다.

부록1. 잘 쓰이는 부사 표현 **50** | 19

24 | 대충, 약
大体・およそ

1 공사는 **대충** 끝났다.

2 공룡은 **약** 3억년 전에 전멸하였다.

작문 1 工事は**大体**終わった。

2 恐竜は**およそ**3億年前に絶滅した。

❶ 정도에 따라서「대충」「대부분」임을 나타내는「大体」와 비슷한 말로「大抵」「お
おかた」「大概」 등이 있다.

❷「大体」가「도대체」「원래」라는 뜻으로 쓰일 경우가 있다.

❸「およそ」는「だいたい」와 똑같이 쓰일 때도 있으나 좀 문어적인 느낌이 있다. 특
히 수량을 견적해서 말할 때 잘 쓰인다.

25 | 삽시간에, 홀연히
たちまち

1 불길은 **삽시간에** 번졌다.

2 **홀연히** 환성이 터졌다.

작문 1 火は**たちまち**燃え広がった。

2 **たちまち**歓声があがった。

❶「たちまち」는 아주 짧은 시간에 순간적으로 변동이 일어날 때에 쓰인다. 보다 구
어적으로 하면「あっという間に(눈 깜짝할 사이에)」라고 할 수 있다.

❷ 또한 예기치 못한 일이 갑자기 일어날 때에도 쓰인다. 비슷한 말로「すぐ」를 써
도 된다.

20 | 일본어 작문의 급소 **190**

26 | 설사, 가령
たとえ・仮に

1 **설사** 죽는다 해도 약속은 지키겠다.

2 **가령** 태풍이 오더라도 피신할 곳이 없다.

작문 1 たとえ死んでも約束は守る。

2 仮に台風が来ても避難するところがない。

❶ 가정을 나타내는 말로는 「もし」「万一」 등이 있으나, 「たとえ」는 뒤에 오는 내용·주장을 강조하기 위해 어떤 조건을 제시할 때에 쓰인다. 따라서 뒤에는 「ても」「としても」 등의 어미가 오는 것이다.

❷ 「仮に」도 비슷한 경우에 쓸 수 있으나 「임시적으로」라는 뜻으로 쓸 경우가 있다.

27 | 아마
多分・おそらく

1 **아마** 내일도 비가 올 것입니다.

2 **아마도** 10시 비행기에는 맞추지 못할 것이다.

작문 1 多分あしたも雨が降るでしょう。

2 恐らく10時の飛行機には間にあわないだろう。

❶ 「多分」「恐らく」의 뒤에 오는 내용은 긍정·부정 양쪽 다 있을 수 있지만 보통 「～う(よう)」라는 추측을 표현하는 조동사를 수반한다.

❷ 「多分」은 원래 수량이 많다는 뜻이기 때문에 「がんの 疑 いが**多分に**ある(암의 가능성이 많다)」처럼 な형용사로 많다는 뜻을 나타낼 경우가 있다. 「恐らく」는 좀 문어적인 말인데 「多分」보다 그 추측이 맞을 가능성이 높을 때에 쓰인다.

❸ 비슷한 말로 「どうやら」가 있다.

부록1. 잘 쓰이는 부사 표현 **50** | 21

28 | 이따금, 가끔
たまに・時々

1 그도 **이따금** 잊어 버릴 때가 있다.

2 **가끔** 집에 놀러 옵니다.

작문 1 彼もたまに忘れる時がある。

2 時々家に遊びに来ます。

❶ 빈도에 관한 단어 중에 통상적인 것이 아니라 어느 정도 사이를 두고 일어날 때 하는 말로「しばしば」「たびたび」「時々」「たまに」「まれに」등이 있다.

❷「たまに」는 그렇게 횟수가 많지 않고「希に」와 가깝다. 비슷한 말로「時たま」「たまさか」등이 있다. 그래서「たまに(は)～してください」의 형태로 강한 희망을 나타낼 수 있다.

· 가끔은 놀러 오십시오.

→ **たまには**遊びに来てください。

❸「時々」는 일정한 간격을 두고 일어나는 것을 나타내는데 비슷한 말로「時折」「間々」등이 있다.

· 흐리고 가끔 비

→ 曇り**時々**雨

· 가끔 서늘한 바람이 분다.

→ **時折** 涼風が吹く。

❹ 같은 행동이 몇 번이나 거듭될 경우「たびたび・しばしば(자주, 잇따라, 계속)」란 뜻으로「しきりに・しょっちゅう(자꾸, 늘)」등이 있다.

22 | 일본어 작문의 급소 **190**

29 | ちょうど・ぴったり

정확히, 꼭

1 **정확히** 7시에 시작되었다.

2 예상이 **꼭** 맞았다.

작문 1 **ちょうど** 7 時に始まった。

2 予想が**ぴったり**当たった。

❶ 맞는 정도·모양에 대한 말이 「ちょうど」와 「ぴったり」인데, 모자라지도 않고
지나치지도 않고 적합한 상태를 나타낸다.

❷ 「ちょうど」가 시간·기회에 대해 쓰일 때에는 「마침 좋은 기회에」 「방금 ~는 참
이다」는 뜻을 나타낼 수도 있다.

• 마침 좋은 기회에 와 주었다.

→ **ちょうど**いい機会に来てくれた。

• 방금 나가려는 참이다.

→ **ちょうど**出かけるところだ。

❸ 「ぴったり」는 좀 구어적이고 「잘 어울리는 모양」 「빈틈없이 맞는 상태」를 나타
내는 말인데 형용동사로 쓰일 때도 있다.

• 이 직업은 그에게 안성맞춤이다.

→ この職業は彼に**ぴったり**だ。

「ぴったり」 뒤에는 「当たる」 「当てはまる」 「合う」 등의 동사가 올 경우가 많다.

• 호흡이 딱 맞다.

→ 息が**ぴったり**合う。

❹ 「완전히 붙는다」는 뜻으로 「ぴったりくっつく」라는 용법도 있다.

부록1. 잘 쓰이는 부사 표현 **50** | 23

30 | 그만, 문득
つい・ふと

1 어머니를 만나면 **그만** 응석을 부리게 된다.

2 **문득** 볼일이 생각났다.

작문 1 母に会うと**つい**甘えてしまう。

2 **ふと**用事を思い出した。

❶「つい」는 알면서도 자기 뜻과 무관하게 행동하고 만다는 뜻으로 쓰인다. 그 결과가 나쁠 경우에는「うっかり」라고 한다. 또한 아주 가깝다는 뜻으로 쓰일 때가 있다.

❷「ふと」는 아무런 생각도 없었는데 어떤 계기로 행동을 시작할 때에 쓰인다. 또한,「갑자기」「조그마한 계기로」라는 뜻도 있다.

31 | 마침내, 결국
ついに・とうとう

1 오랫동안 연구한 결과 **마침내** 성공하였다.

2 1시간 기다렸는데 **결국** 한 사람도 오지 않았다.

작문 1 長い間研究した結果、**ついに**成功した。

2 1時間待ったが**とうとう**1人も来なかった。

「ついに」「とうとう」는「끝에 가서」란 뜻으로 똑같이 쓰이는데「とうとう」는 좀 구어적인 표현이며「최후까지」라는 의미로 쓰일 때는 뒤에 부정

• 결국 포기했다.
  → **ついに**諦めた。

• 결국 말을 하지 않았다.
  → **とうとう**口をきかなかった。

24 | 일본어 작문의 급소 **190**

32 | 결국, 즉
つまり・すなわち

1 **결국** 교섭은 결렬되었다는 말입니다.

2 생각하는 갈대 **즉**, 인간이란 약한 존재입니다.

작문 1 **つまり**交渉は決裂したということです。

2 考える葦即ち人間とは弱い存在です。

「전에 있던 이야기를 요약해서」 또는 「바꿔 말하면」이란 뜻으로 「つまり」를 쓴다. 실제로는 일상 회화에서 별로 쓰이지 않는데, 어느 정도 이론적으로 정리된 이야기나 문장 속에서 논리를 전개하는 데 있어서 전체의 이야기 내지 구체적인 이야기를 논리적으로 승화시키면서 결론적인 이야기로 끌어가려고 할 때 잘 쓰인다. 다시 말하면 「つまり」 뒤에 그 이야기의 주제 결론이 나올 경우가 많다고 할 수 있다.

33 | 어차피, 결국
どうせ・所詮

1 **어차피** 살 바에는 질이 좋은 것을 사자.

2 그도 **결국** 보통 인간에 지나지 않았다.

작문 1 **どうせ**買うなら質のよいものを買おう。

2 所詮彼も普通の人間に過ぎなかった。

❶ 「どうせ」는 방법이 여러 가지 있고 그 중 어떤 하나를 골라 쓰려고 할 때, 같은 조건이라면 좋은 결과가 나오는 것이 좋겠다는 뜻으로 쓰인다. 그 때는 「どうせ~なら(ば)」 형태가 많다.

❷ 「所詮」은 「結局(결국)」와 비슷한 뜻인데 결과로서 나타나는 바를 말하여 부정적으로 쓰일 때가 많다.

부록1. 잘 쓰이는 부사 표현 **50** | 25

34 | 매우, 대단히
とても・たいへん

1 이 소설은 **매우** 재미있다.

2 일전에는 **대단히** 실례했습니다.

작문 1 この 小説はとてもおもしろい。

2 先日はたいへん失礼しました。

정도가 심한 것을 나타내는 부사는 여러 가지 있다. 「とても」 「たいへん」 「非 常 に」 등 다 똑같이 쓸 수 있으나 각기 다른 특징도 있다.

❶ 「とても」는 부정문에서 「도저히」라는 뜻을 나타낸다.

- 이대로는 도저히 살아갈 수 없다.
  → このままではとても暮らせない。

❷ 「たいへん」은 형용동사로서 쓰일 경우가 있다.

- 엄청난 인파
  → たいへんな人出

「失礼しました」에는 「たいへん」이 가장 어울린다.

❹ 「매우, 아주」의 뜻을 가지는 말로 「実に(참으로)」 「極めて(극히)」 등이 있다.

- 이 부근은 참으로 조용하다.
  → このあたりは実に静かだ。
- 이 부분은 아주 중요하다.
  → この部分は極めて 重 要だ。

26 | 일본어 작문의 급소 **190**

35 | 유난히, 각별히
特に・とりわけ

1 요즘 유난히 교통사고가 많다.

2 이 클래스에서 그의 성적은 뛰어나게 좋다.

작문 1 このごろ特に交通事故が多い。

2 このクラスで彼の成績がとりわけ良い。

❶ 「特に」「とりわけ」는 다른 것과 비교해서 「특별히」「뛰어나게」라는 뜻을 나타낸다.

❷ 비슷한 말로 「中でも(그 중에도)」 「殊に(각별히)」 등이 있다.

　• 모든 작품이 다 훌륭하지만 그 중에도 이것이 좋다.
　　→ どの作品も皆すぐれているが中でもこれがよい。

---

36 | 하여튼, ~라면 몰라도
とにかく・ともかく

1 하여튼 한번 해 보자.

2 일요일은 몰라도 평일은 짬이 없다.

작문 1 とにかく一度やってみよう。

2 日曜日はともかく平日はひまがない。

❶ 「조건을 불문하고」 「어쨌든」 「~라면 몰라도」란 뜻으로 쓰이는 「とにかく」 「ともかく」는 똑같이 쓸 수 있다.

　• 하여튼 점심까지 기다려 보자.
　　→ とにかく昼まで待ってみよう。

❷ 「~はとにかく(ともかく)」 「~ならとにかく(ともかく)」는 그 사실을 예외로 유보하는 것을 의미한다.

부록1. 잘 쓰이는 부사 표현 50 | 27

37 | 더욱, 더
なお・もっと

1 수술해서 **더** 병세가 악화되었다.

2 **더** 많이 주십시오.

작문 1 手術して**なお**病状が悪化した。

2 **もっと**たくさんください。

❶ 전보다 정도가 커진다는 표현에는 「なお」「もっと」「さらに」「ますます」 등이 있다.

❷ 「なお」는 좀 문어적인 느낌이 있고 딱딱한 문장에서 쓰인다. 「여전히」란 뜻도 있다.

  • 노력해도 여전히 진보가 없다.
    → 努力しても**なお**進歩がない。

  • 그는 아직까지 선두를 달리고 있다.
    → 彼は**なお**先頭を走っている。

  또한 접속사로 문두에 와서 「그런데」「또한」 등 첨가하는 말임을 나타낼 경우도 있다.

  • 또한 이 문제는 나중에 다시 토론하겠습니다.
    → **なお**この問題は後でまた討論します。

❸ 「もっと」는 구어적인 말로 「지금보다 더 이상」이라는 뜻으로 쓰인다.

  • 더 빨리 걷자.
    → **もっと**速く歩こう。

  • 더 아래로 내려갑니다.
    → **もっと**下に降ります。

❹ 「さらに」는 「더욱더」란 의미로 쓸 수 있다.

  • 연습으로 더욱 향상된다.
    → 練習によって**さらに**向上する。

❺ 「ますます」는 「갈수록 많이」「한층 더」라는 뜻을 나타낸다.

  • 사태는 갈수록 악화된다.
    → 事態は**ますます**悪化する。

28 | 일본어 작문의 급소 190

38 | 아주, 비교적
なかなか・わりあい

1 그는 **아주** 훌륭한 인물이다.

2 오늘은 **비교적** (날씨가) 선선하다.

작문 1 彼は**なかなか**りっぱな人物だ。

2 今日は**わりあい**涼しい。

❶ 정도가 의외로 좋다고 평가할 때 쓰이는「なかなか」는 부정문에서「쉽게 ～지 않다」「일이 이루어지기에 시간이 걸린다」등의 뜻을 나타낸다.
비슷한 말로「かなり」「けっこう(꽤)」등이 있다.

❷「わりあい」는 원래「비율(割合)」을 의미하는데 부사로 쓰일 때는「비교적」이라는 뜻이 된다.「わりに」「比較的」도 똑같이 쓰인다.

39 | 워낙, 어쨌든
何しろ

1 **워낙** 곰처럼 힘이 세다.

2 **어쨌든** 한 개 50원이라니 싸다.

작문 1 **何しろ**熊のように力が強い。

2 **何しろ**一個50ウォンとは安い。

「何しろ」는「다른 조건은 내버려 두고라도」「정도가 너무 심해서 놀란다」는 뜻으로 쓰이는 구어적인 부사이다.
비슷한 말로「何といっても(아무튼)」가 있다.

• 뭐니뭐니 해도 여름에는 바다가 최고다.
  → **何といっても**夏は海がいちばんだ。

부록1. 잘 쓰이는 부사 표현 **50** | 29

40 | 되도록, 가능한 한
なるべく・できるだけ

1 **되도록** 조용히 걸어 주십시오.

2 **가능한 한** 협조하겠습니다.

작문 1 なるべく静かに歩いてください。

2 できるだけ協力します。

가능한 한도까지 행동하는 것을 촉구하거나 약속할 때 쓰이는 「なるべく」「できるだけ」는 서로 비슷한 경우에 쓸 수 있으나 「なるべく」는 소극적으로 부탁, 의뢰할 때에 많이 쓰인다.

이에 비해서 「できるだけ」는 적극적으로 한도까지 힘을 다하는 것을 약속하는 등의 문장에서 많이 쓰인다.

비슷한 말로 「なるたけ」「できれば」가 있다.

---

41 | 과연, 역시
はたして・やはり

1 **과연** 결과는 좋지 않았다.

2 **역시** 신칸센으로 가기로 하였습니다.

작문 1 はたして結果はだめだった。

2 やはり新幹線で行くことにしました。

❶ 생각·예상이 맞았을 때 또는 미리 생각했던 선택을 결국 다시 택하기로 할 때에 쓰이는 부사 「はたして」는 문어적인 말투이기 때문에 「やはり(やっぱり)」를 보다 많이 쓰고, 의심을 나타낼 경우에는 「はたして」「いったい」 등이 쓰인다.

❷ 생각한 대로 일이 되었다는 뜻을 보다 뚜렷이 나타내는 말로 「案の定」가 있다.

❸ 「やっぱり」는 「やはり」의 강조어이며 구어적인 말이기도 하다.

30 | 일본어 작문의 급소 190

42 | 설마
まさか

1 **설마** 당선하리라고는 생각하지 않았다.

2 **아무리 그렇다 해도** 거절할 수는 없겠지.

작문 1 まさか当選するとは思わなかった。

2 まさか断わりはしないだろう。

❶ 뜻밖의 일이 생겨서 믿을 수 없다는 뜻으로 쓰이는 「まさか」는 가능성이 거의 없을 것이라고 판단할 때에도 쓰인다.

❷ 비슷한 말로 「よもや」가 있으나 문어적인 말이다. 역시 부정 추측문에서 쓰인다.

• 설마 나를 잊지 않겠지.

→ **よもや**私を忘れまい。

43 | 더군다나, 더욱더
まして・なおさら

1 두 사람으로도 어려운데 **더군다나** 혼자서는 할 수 없다.

2 억지로 시키면 **더욱더** 반항한다.

작문 1 2人でも難しいのに**まして**ひとりではできない。

2 無理やりさせれば**なおさら**反抗する。

❶ 「まして」는 어떤 조건이 전제 조건만 못한 것을 강조할 때 쓰이며, 역접조사 「のに」 등에 붙어 부정, 불가능을 나타낼 경우가 많다. 비슷한 말로 「あまつさえ」가 있으나 문어적인 말이다.

❷ 「なおさら」는 「まして」와 똑같이 쓸 수도 있는데 앞에 비해 정도가 더해지는 모양을 나타내며 「一層(한층)」 「よけい(に)(더욱더)」 등과 비슷한 경우에 쓰인다.

부록1. 잘 쓰이는 부사 표현 **50** | 31

44 | 無理に・あえて

억지로, 감히

1 무모한 계획을 **억지로** 실행시키다.

2 위험하지만 **감히** 출항한다.

작문 1 無謀な計画を無理に実行させる。

2 危険だが敢えて出航する。

❶ 원하지 않는 일을 강제적으로 받아들이게 할 때 쓰이는 「無理に」는 원래 な형용사 「無理だ」의 부사형이다.
「無理やり」는 강조어이며 「否応なしに」는 「받아들일까 말까에 상관없이」「상대의 의사에 개의치 않고」라는 뜻으로 쓰인다.

• 싫어하는데 억지로 가게 하였다.

→ いやがるのに**無理やり**行かせた。

• 공항에 도착하자 어쩔 수 없이 짐을 조사받았다.

→ 空港に着いたら**否応なしに**荷物を調べられた。

❷ 「敢えて」는 어려운 조건을 무릅쓰고 스스로 행동하는 뜻으로 쓰이며 좀 문어적인 느낌이 있다. 적극적인 의지를 느낄 수도 있고 「無理に」보다 부정적인 뉘앙스가 적다. 「進んで」는 「자발적으로」「스스로」라는 뜻이며 「억지로」라는 의미로는 쓸 수 없다.

32 | 일본어 작문의 급소 **190**

45 | 만약, 가령
もし・例えば

1 **만약** 실패하면 어떻게 하지?

2 **가령** 여기가 달이라면 어떻게 될까?

作문　1 **もし**失敗_{しっぱい}したらどうしよう。

2 **例_{たと}えば**ここが月_{つき}だったらどうなるだろう。

❶「もし」는 단순한 가정을 나타내는데 일반적으로 많이 쓰인다. 「もしも」는 약간 강조하는 말이다.

❷「万一_{まんいち}」는 일어날 가능성이 아주 드물거나(만분의 일 정도의 가능성) 최악의 상태를 가정할 때에 쓰인다.

46 | 원래, 처음부터
もともと

1 **원래** 그 사람은 기술자였다.

2 **처음부터** 일하려는 마음이 없었다.

作문　1 **もともと**彼_{かれ}は技術者_{ぎじゅつしゃ}だった。

2 **もともと** 働_{はたら}く気持_{きも}ちがなかった。

「もともと」는 「전에는」 「한번은」 「처음부터」 등 여러 의미를 나타낸다. 「もと(元_{もと}・本_{もと})」라는 말 자체에 「처음」 「원점」이란 뜻이 있기 때문에 な형용사로 쓰일 때 처음의 상태와 마찬가지라는 뜻을 나타내기도 한다.

• 실패하더라도 상관없다.

　→ 失敗_{しっぱい}して**もともと**だ。

부록1. 잘 쓰이는 부사 표현 **50** | 33

47 | やがて・まもなく
머지않아, 곧

1 **머지않아** 새로운 시대를 맞이할 것이다.

2 약속한 장소에 가 보니 **곧** 그가 나타났다.

작문 1 **やがて** 新しい時代を迎えるだろう。

2 約束した場所に行ってみると**まもなく**彼が現れた。

❶ 「やがて」는「시간이 얼마 지나지 않은 사이에」라는 뜻으로 쓰일 때는「遠からず (머지않아)」라고 할 수도 있다.
또한「시간이 조금만 더 지나가면」이란 뜻으로 쓰일 때가 있다.

　• 그로부터 곧 1년이 된다.

　　→ あれから**やがて**１年になる。

　• 해가 지고 얼마 안 있어 달이 떴다.

　　→ 日が沈み、**やがて**月が出て来た。

❷ 같은 의미로「もう」가 있다.

　• 이제 곧 오겠죠.

　　→ **もう**来るでしょう。

❸ 「まもなく」는 원래「틈도 없이」라는 말인데「やがて」보다 가리키는 시간의 폭이 좁다. 비슷한 의미로「ほどなく」「すぐ」등이 있다.

　• 머지않아 정식 통지가 올 것입니다.

　　→ **ほどなく**正式な通知が来るでしょう。

34 | 일본어 작문의 급소 190

48 | やっと・ようやく
겨우

1 **겨우** 반 정도까지 올라갔다.

2 겨울이 지나고 **점차** 따뜻해진다.

작문 1 **やっと**半分くらいまで登った。

2 冬が去り**ようやく**暖かくなってきた。

❶ 어떤 일이 이루어지기가 힘든 모양을 나타내는 말로 「やっと」 「ようやく」 「かろうじて(간신히)」 「何とか(이럭저럭)」 등이 있는데 모두 똑같이 쓰인다.

❷ 「やっと」는 구어적인 말로 잘 쓰이며 「충분히 할 수 없다」는 뜻을 나타낼 경우가 있다.

· 식구 5명이 간신히 살고 있다.
→ 家族5人が**やっと**暮らしている。

❸ 「ようやく」는 다음 상태로 넘어갈 때까지 시간이 걸리는 모양을 나타내는 경우가 있다.

· 점차 동쪽 하늘이 밝아 왔다.
→ **ようやく**東の空が白んできた。

❹ 「かろうじて」는 「거의 여지없이, 한도까지」라는 뜻이 있다.

· 약속 시간에 가까스로 맞췄다.
→ 約束の時間に**かろうじて**間にあった。

❺ 「何とか」는 「애를 써서 모자라지 않는 정도로」라는 뜻을 나타내며 겸양 표현처럼 쓰일 때가 있다.

· 그럭저럭 장사를 계속하고 있습니다.
→ **何とか**商売を続けています。

참고 | 登る(오르다)・上がる(올라가다)

· 어린아이가 나무에 오르다.
→ 子供が木に**登る**(×上がる)。

· 성적 순위가 오르다.
→ 席次が**上がる**(×登る)。

부록1. 잘 쓰이는 부사 표현 **50** | 35

49 | よほど・しかたなく

참다못해, 하는 수 없이

1 참다 못해 내가 감싸 주려고 했다.

2 하는 수 없이 그의 뒤를 따라 갔다.

작문 **1 よほど私がかばってやろうかと思った。**

2 しかたなく彼の後をついて行った。

❶ 「よほど」는 원래 수량이 많은 것을 나타내는데, 예문처럼 그 외에 사람이 없어서 「어쩔 수 없이」 자기가 하려고 한다는 뜻으로 쓰일 때가 있다.

「よほど」가 「꽤」라는 뜻으로 쓰일 때는 「だいぶ(ん)」「かなり」「ずいぶん」 등과 비슷한 용법이 된다.

❷ 「しかたなく」는 원하지 않는 일을 할 수 없이 하게 되었다고 할 경우에 쓰이며 비슷한 말로 「やむを得ず」가 있다.

50 | わざわざ・わざと

일부러, 고의로

1 일부러 네가 갈 필요는 없다.

2 고의로 시계를 늦춘다.

작문 **1 わざわざ君が行く必要はない。**

2 わざと時計を遅らせる。

❶ 「わざわざ」는 그 일 때문에 특별하게 행동하는 뜻을 나타낸다. 또한 스스로 적극적으로 어떤 행동을 하려고 할 때 「求めて」「好んで(좋아서)」 등과 더불어 쓰일 경우가 있다.

❷ 「わざと」는 의식적으로 어떤 행동을 할 때 쓰이는데 별로 좋지 않은 행동일 경우가 많다.

❸ 「ことさら」는 어떤 의도가 있어서 일부러 행동하는 것을 나타낸다.

36 | 일본어 작문의 급소 **190**

부록 2

틀리기 쉬운 표현 50

01 ~을(를)

~を ➡ ~に

우연히 친구를 만났습니다.

작문 偶然友だちを会いました。(×)

偶然友だちに会いました。(○)

목적격 조사 「을(를)」은 보통 「を」라고 하지만 동사에 따라 「に」를 쓰는 경우가 있다. 「만나다」 외에 다음과 같은 예가 있다.

- 기차를 타다. → 汽車に乗る。
- 아버지를 닮다. → 父に似る。
- 적군을 이기다. → 敵軍に勝つ。
- 동쪽을 향하다. → 東に向かう。
- 선배를 따르다. → 先輩に従う。

02 ~을(를)

~を ➡ ~が

나는 영어를 제일 좋아합니다.

작문 私は英語をいちばん好きです。(×)

私は英語がいちばん好きです。(○)

❶ 「을(를)」을 「が」라고 할 경우로서, 「알다」「모르다」「싫어하다」「잘하다」「(타동사)~고 싶다」 등이 있다.

- 영어를 알다. → 英語がわかる。(＝ 英語を知っている)
- 이름을 모르다. → 名前がわからない。(＝ 名前を知らない)
- 고기를 싫어하다. → 肉がきらいだ。(＝ 肉を嫌う)
- 뜨개질을 잘하다. → 編物がじょうずだ。
- 과자를 먹고 싶다. → お菓子が食べたい。

❷ 부사로 쓰이는 「제일」은 「第一」가 아니라 「いちばん」이라고 한다.

38 ǀ 일본어 작문의 급소 **190**

03 ~을(를)

～を ➡ ～の

세계 평화를 위하여 힘을 다한다.

작문 世界平和をために力を尽くす。(×)

世界平和のために力を尽くす。(○)

명사의 목적을 나타내는 숙어「~를 위하여」는「～のために」라고 한다. 동사에 붙일 때 쓰이는「~기 위하여」는「연체형+ために」라고 한다.

• 살기 위하여 일하다. → 生きる**ために**働く。

• 목적을 위해서는 수단을 가리지 않는다. → 目的の**ために**手段を選ばない。

• 유학을 가기 위해 열심히 저금을 했다.

　→ 留学に行く**ために**一生懸命貯金をした。

04 ~가(이)

～が ➡ ～に

피노키오는 마침내 인간이 되었습니다.

작문 ピノキオはとうとう人間がなりました。(×)

ピノキオはとうとう人間になりました。(○)

주격 조사「가(이)」는 보통「が」라고 하지만「~가(이) 되다」경우에는「～になる」라고 한다.

참고 |

「とうとう」는「드디어, 마침내, 결국」이라는 뜻으로, 비슷한 표현의 부사로는
「ついに」「結局」등이 있다.

• 마침내 성공했다. → **とうとう**成功した。

• 결국 아무 말도 하지 못했다. → **結局**何も言えなかった。

부록2. 틀리기 쉬운 표현 **50** | 39

05

피곤합니다

つかれます ➡ つかれました

오늘은 정말 피곤하네요.

작문 今日は本当につかれますね。（×）

今日は本当につかれましたね。（○）

　한국어로「피곤합니다」를 말할 때는 현재형을 쓰지만, 일본어로는 과거형을 이용해서 표현한다. 이렇듯 해석하면 현재형이지만 과거로 표현하는 특별한 동사가 몇 가지 더 있다.

- 목이 마릅니다. → のどが渇きました。
- 배가 고픕니다. → お腹が空きました。

06

~가(이)

～が ➡ ～では

고래는 물고기가 아닙니다.

작문 くじらは 魚 がありません。（×）

くじらは魚ではありません。（○）

부정을 나타내는「~가(이) 아니다」경우에 주격 조사를「では」라고 한다. 비슷한 경우로서「~도 아니다」「~는(은) 아니다」등이 있다.

- 그것은 동물도 아니다. → それは動物でもない。
- 적어도 인간은 아니다. → 少なくとも人間ではない。
- A : 당신은 학생입니까?

  B : 아니요, 학생이 아닙니다.

  → A : あなたは学生ですか。

  　 B : いいえ、学生ではありません。

40 │ 일본어 작문의 급소 **190**

07

~로(으로)

~によって ➡ ~で

민속촌까지 버스로 갈까요?

작문 民族村までバスによって行きましょうか。（×）

民族村までバスで行きましょうか。（○）

❶ 「~로」는 쓰이는 범위가 넓은 만큼 일본어로 할 때에 여러 표현이 있는데 각기 정확히 구별하여야 한다. 수단·방법을 나타낼 경우 「で」라고 한다. 「によって」도 의미는 비슷하지만 지나친 표현이어서 어색하다.

❷ 그 외에 「~로」가 들어가는 문장으로 다음과 같은 예가 있다.

- 서울로 가다. → ソウルへ行く。(방향)
- 나무로 만들다. → 木で作る。(재료)
- 후보로 알맞다. → 候補としてふさわしい。(자격)

08

~에서

~から ➡ ~で

9시에 정문 앞에서 기다리겠습니다.

작문 9時に正門前から待っています。（×）

9時に正門前で待っています。（○）

「~에서」는 장소를 지정할 경우 「で」라고 하며, 행동의 기점을 나타낼 경우에는 「から」라고 하는데 서로 잘못 쓰지 않도록 주의해야 한다.

- 대학교에서 배우다. → 大学で学ぶ。
- 피아노 콩쿠르에서 우승하다. → ピアノのコンクールで優勝する。
- 회사에서 돌아오다. → 会社から帰ってくる。
- 현실에서 도피하는 건 좋지 않아. → 現実から逃避することはよくないよ。

부록2. 틀리기 쉬운 표현 **50** | 41

~에

～に ➡ 필요없음

작년에 학교를 졸업했습니다.

작문 去年に学校を卒業しました。(×)

去年学校を卒業しました。(○)

시기를 나타내는 말 중에서 시간을 지정하는 조사「に」를 붙일 수 없는 말들이 있다. 「今年(올해)」「来年(내년)」「今月(이번 달)」「来月(다음 달)」「先週(지난 주)」「今週(이번 주)」「朝(아침)」「昼(낮)」「夜(저녁·밤)」「昔(옛날)」「今度(이번, 다음)」 등은「に」를 붙이지 않고 그냥 쓴다.

• 옛날에 일본에 있었던 적이 있습니다. → **昔**日本にいったことがあります。

• 다음에 또 함께 갑시다. → **今度**また一緒に行きましょう。

10

식사준비

食事準備 ➡ 食事の準備

이제 식사 준비도 다 끝났습니다.

작문 もう食事準備もすっかり終わりました。(×)

もう食事の準備もすっかり終わりました。(○)

소유격 조사「의」는 한국어 중에서 자주 생략되는데, 일본어로 할 때는 체언(명사)과 체언(명사) 사이에「の」를 두지 않으면 안 될 경우가 많다.

• 옛날 사진 → 昔の写真　　　• 이번 사건 → 今度の事件

• 마지막 시간 → 最後の時間　　• 수학 선생님 → 数学の先生

• 서점에서 영어 책을 샀습니다.
　→ 本屋で英語の本を買いました。

등이 그 예이다.

42 | 일본어 작문의 급소 **190**

11

회사 앞

会社前 ➡ 会社の前

회사 앞에 큰 가게가 있습니다.

작문 会社前に大きな店があります。(×)

会社の前に大きな店があります。(○)

위치 · 시간 등을 나타내는 명사 또는 형식 명사가 다른 명사와 연결될 때 「의」가 생략되는데 일본어로 할 때는 「の」를 빼면 안 된다.

- 창고 옆 → 倉庫の横
- 건물 뒤 → 建物の後ろ(裏)
- 겨울 방학 동안 → 冬休みの間

- 지붕 위 → 屋根の上
- 중학생 때 → 中学生の時
- 일 때문에 → 仕事のために

12

어려운 단어

難しいの単語 ➡ 難しい単語

어려운 단어는 모릅니다.

작문 難しいの単語はわかりません。(×)

難しい単語はわかりません。(○)

❶ い형용사가 명사를 수식할 때 명사에 의한 수식처럼 격조사 「の」를 붙이는 잘못이 간혹 보이는데 い형용사는 그냥 기본형을 쓰면 된다.

❷ 또한 な형용사의 수식형으로 잘못 쓰는 경우도 있다.

- 새로운 노래 → 新しいな歌(×)

  新しい歌 (○)
- 아름다운 꽃 → 美しいな花(×)

  美しい花 (○)

부록2. 틀리기 쉬운 표현 **50** | 43

13

~다고(라고)
だと ➡ と

도쿄의 물가는 비싸**다고** 생각합니다.

작문 東京の物価は高い*だと*思います。(×)

東京の物価は高い**と**思います。(○)

인용할 때 쓰이는 「~다고(라고)」를 「だと」라고 하는데 「と」 앞에 오는 종지형의 형태는 품사에 따라 다르다.

• 한국어라고 생각합니다.
  → 韓国語**だと**思います。(조동사「だ」)

• 크다고 생각합니다.
  → 大きい**と**思います。(형용사)

14

쉬웠습니다
易しいでした ➡ 易しかったです

실제로 읽어보니 생각보다 **쉬웠습니다**.

작문 実際に読んでみると思ったより易**しいでした**。(×)

実際に読んでみると思ったより易**しかったです**。(○)

❶ 형용사의 정중 표현은 종지형에 조동사「です」를 붙이는데, 과거를 나타낼 경우 조동사를 과거형으로 고치지 않고 형용사의 과거형에「です」를 붙이는 것이 보통이다.
  • 높았습니다 → 高いでした(×)/**高かったです**(○)
  • 작았습니다 → 小さいでした(×)/**小さかったです**(○)
  • 무거웠습니다 → 重いでした(×)/**重かったです**(○)
❷「생각보다」를「考えより」라고 하지 않도록 주의할 것.

44 | 일본어 작문의 급소 190

15

충실한
充実な ➡ 充実した

매일 **충실한** 생활을 하고 있습니다.

작문 毎日<ruby>充<rt>まいにち</rt></ruby>実な<ruby>生活<rt>せいかつ</rt></ruby>を<ruby>送<rt>おく</rt></ruby>っています。(×)

毎日**充実した**生活を送っています。(○)

명사 수식형에 있어서 한자어의 경우에 원래 동사인데도 な형용사처럼 잘못 쓰일 때가 있다. 거꾸로 な형용사를 동사처럼 잘못 쓸 경우도 있다.
* 조용한 방 → <ruby>静<rt>しず</rt></ruby>かした<ruby>部屋<rt>へや</rt></ruby>(×)

    静かな部屋(○)
* 깨끗한 부엌 → きれいした<ruby>台所<rt>だいどころ</rt></ruby>(×)

    きれいな台所(○)

16

노골적인
露骨的な ➡ 露骨な

너무 **노골적인** 표현은 삼가하십시오.

작문 あまり<ruby>露骨的<rt>ろこつてき</rt></ruby>な<ruby>表現<rt>ひょうげん</rt></ruby>はつつしんでください。(×)

あまり**露骨な**表現はつつしんでください。(○)

한자어로 만들어진 な형용사 중에 한국어로 「적(的)」을 수반하지만 일본어로는 「的」를 붙이지 않는 예가 있다.

17

많이
大勢 ➡ たくさん

그는 돈을 많이 벌었습니다.

작문 彼は金を大勢もうけました。(×)

彼は金をたくさんもうけました。(○)

「많다」「많이」는 일본말로 표현하려면 여러 경우가 있다. 「たくさん」「多く」는 모든 경우에 쓸 수 있으나 「大勢」는 사람을 나타낼 때에만 쓴다. 「どっさり」는 「손에 느낌이 오는 정도로 많이」란 뜻이고 「たんまり」는 돈 따위에 쓰이는 속어이다.

- 경험이 많다. → 経験が**豊か**だ。　　　　・ 인정이 많다. → 人情が**あつい**。
- 죄가 많다. → 罪が**深い**。
- 어머니를 많이 닮았다. → 母に**よく似ている**。

18

계속 일하다
継続働く ➡ 働き続ける

쓰러질 때까지 계속 일한다.

작문 倒れるまで継続働く(×)

倒れるまで**働き続ける**。(○)

「계속」은 동사로 「계속하다」라고 할 때에는 「継続する」가 되지만, 부사로 쓰일 경우에는 수식하는 동사에 보조 동사로서 연결되어 「(ます형)+続ける」라는 형태가 된다.

- 계속 쓰다 → 書き続ける　　　　　・ 계속 보다 → 見続ける
- 계속 가르치다 → 教え続ける
- 어제부터 쭉 비가 계속 내리고 있습니다.

  → 昨日からずっと雨が降り続いています。(降っています。)
- 기말시험이 다가오기 때문에 그는 계속 공부하고 있습니다.

  → 期末テストが近いので彼はずっと勉強し続けています。(勉強しています。)

19

별로

別に ➡ あまり

이 방은 별로 깨끗하지 않다.

작문 この部屋は別にきれいではない。(×)

この部屋はあまりきれいではない。(○)

「별로」에는 「別に」 「あまり」 두 가지 의미가 있다. 「別に」는 「특히」 「특별히」라는 뜻이고 「あまり」가 정도를 나타내며 뒤에 오는 부정의 범위나 정도를 한정하는 데 비해 완전히 부정하는 뜻이 있다.

- 그 방면에는 별로 관심이 없다.
  - → その方面には別に関心はない。(전혀 관심이 없다.)
  - → その方面にはあまり関心がない。(조금은 관심이 있을 수 있다.)

20

좀더

少しもっと ➡ もう少し

좀더 싸게 해 주십시오.

작문 少しもっと安くしてください。(×)

もう少し安くしてください。(○)

부사 「더」의 위치가 일본어와 다를 경우가 있으니 주의해야 하는데, 일본어에서는 '어느 수량을 더'란 의미를 표현할 때에는 「もう+수량표현」의 형태로 사용한다.

- 한번 더 부탁드립니다.
  - → 一度もうお願いします。(×)
  - → もう一度お願いします。(○)

참고 |

「싸게 해 주세요」는 일본어로 여러가지 다양한 표현이 있다.

- まけてください。
- 勉強してください。

부록2. 틀리기 쉬운 표현 **50** | 47

21

다시는

または ➡ 二度と

다시는 그를 만나지 않겠습니다.

작문 または彼に会いません。(×)

二度と彼に会いません。(○)

❶「다시는」을 직역하면「再び」「または」가 되는데「再び」는 좀 딱딱하고 어색하다.「または」는「또는」「혹은」이란 뜻이다. 뒤에 부정(의사)을 수반하는 표현에서는「二度と」라고 하는 것이 바른 표현이다.
  • 두번 다시 없는 기회 → **二度と**ない機会。
❷「または」는 다음과 같이 사용되며, 이와 비슷한 표현으로「あるいは」「もしくは」등이 있다.

22

잘

よく ➡ よろしく

앞으로 잘 부탁하겠습니다.

작문 今後よくお願いします。(×)

今後よろしくお願いします。(○)

❶「잘」은「よく」「じょうずに」외에「充分に(충분히)」「元気に(건강하게)」등 여러 경우에 쓰이는 말이다.
  • 편지 잘 받았습니다.
    → 手紙(は)確かに受けとりました。(=お手紙ありがとうございます。)
  • 학교에 잘 다니고 있습니다. → 学校に元気に通っています。
  • 일본말을 잘 합니다. → 日本語がじょうずです。
❷ 여기서「부탁하다」를「付託する」라고 하면 말이 통하지 않는다.「부탁」은 일본어에 없는 한자어이며「お願いする」라고 한다.

48 | 일본어 작문의 급소 **190**

23 どの ➡ ある
어느

어느 날 소년은 이상한 노인을 만났습니다.

작문 どの日 少 年は不思議な老人に会いました。(×)
しょうねん ふ し ぎ ろうじん あ

ある日少年は不思議な老人に会いました。(○)

① 「어느」는 의문사로 쓰일 때는 「どの」라고 할 수 있으나 부정(不定)을 나타낼 경우에는 「ある」라고 한다.
- 어느 호텔이나 만원이다. → **どの**ホテルも満員だ。
  まんいん
- 어느 정도 준비해야 한다. → **ある**程度 準 備しなければならない。
  てい ど じゅん び

② 「어떤」도 같은 경우가 있다.
- 어떤 사람이 그것을 가짜라고 했다.
  → **ある**人がそれをにせ物だといった。
  もの

24 来る(くる) ➡ 来る(きたる)
오는(다가오는)

오는 15일에 정기 총회를 개최합니다.

작문 来る15日に定期総会を開催します。(×)
く てい き そうかい かいさい

来たる15日に定期総会を開催します。(○)
き

날짜 앞에 붙는 「오는」은 「来たる」, 「지난」은 「去る」라고 한다.
さ

기타 비슷한 표현으로 「지난 주(先 週)」「지난 달(先月)」「지난 번(この前)」「이번
せんしゅう せんげつ まえ
달(今月)」「이번 주(今 週)」「올해(今年)」「지난 겨울(去年の冬)」「지난 10년 동안
こんげつ こんしゅう こ とし きょねん ふゆ
(この10年間)」 등이 있다.
ねんかん

- 지난 20일은 내 생일이었습니다.
  → 去る20日は私の誕 生 日でした。
  たんじょう び

부록2. 틀리기 쉬운 표현 **50** | 49

25

있습니다
あります ➡ います

사무실에는 직원이 3명 **있습니다**.

작문 事務室には職員が３名あります。(×)

事務室には職員が３名います。(○)

❶ 「있다」「없다」는 「생물・무생물」의 차이로 「いる・いない」 「ある・ない」라고 구별된다. 또한 숙어로 「있다」「없다」가 쓰일 때는 전혀 다른 표현을 할 경우가 있다.

• 맛이 있다. → 味がある。(×) おいしい。(○)

❷ 항상 「いる」「ある」 한쪽밖에 쓸 수 없는 예로 아래와 같은 것이 있다.

• 본 적이 있다(없다).

→ 見たことがいる(いない)。(×) 見たことがある(ない)。(○)

26

도와(주다)
助けて ➡ 手伝って

빨래, 청소 등 집안 일을 **도와** 주었습니다.

작문 洗濯、掃除などの家事を助けてあげました。(×)

洗濯、掃除などの家事を手伝ってあげました。(○)

「돕다」의 의미로 「助ける」「手伝う」 두 가지 의미가 있는데 「助ける」는 「위험이나 죽음에서 구하다」「곤란한 상태에서 구출한다」는 뜻이기 때문에 「남의 일에 손을 빌려 준다」란 뜻으로 쓰인다면 과장된 표현이 되는 것이다.

또한 「도움이 되다」「도움을 주다」는 「役に立つ」라고 한다.

• 미안하지만, 좀 도와주시지 않겠습니까?

→ すみませんが、ちょっと手伝っていただけませんか。

• 당신의 도움은 필요없습니다.

→ あなたの手助けは必要ありません。

50 | 일본어 작문의 급소 **190**

27

찾았습니다
探しました ➡ 訪ねました

10년 만에 친구 집을 찾았습니다.

작문 10年ぶりに友人の家を探しました。(×)

10年ぶりに友人の家を訪ねました。(○)

「찾다」는「探す」「訪ねる(방문하다)」「(辞書を)ひく(사전을 찾다)」「(預金を)おろす(예금을 찾다)」「求める(구하다)」「とり戻す(되찾다)」 등 여러 의미가 있는데 서로 혼동하지 않도록 주의해야 한다.

- 서류를 겨우 발견했습니다. → 書類をやっと見つけ出しました。
- 겨우 소유권을 되찾았다. → やっと所有権を取り戻した。

28

봅니다
見ます ➡ 受けます

내일 시험을 봅니다.

작문 明日試験を見ます。(×)

明日試験を受けます。(○)

한국어로「보다」로 해석되는 말에는 「見る」외에「(試験を)受ける(시험을 보다)」「会う(보다, 만나다)」「(利益・損害を)被る(이익・손해를 보다)」「もうかる(벌이가 되다)」「(大・小便を)する(대・소변을 보다)」「けりをつける(끝을 보다, 결말을 짓다)」 등 여러 가지 표현이 있다.

- 어제 시험은 잘 봤습니까?
  → 昨日のテストはよくできましたか。
- 그와의 관계에 결말을 냈어.
  → 彼との関係にけりをつけたわ。

부록2. 틀리기 쉬운 표현 **50** | 51

29

주었다
くれた ➡ あげた

선생님이 학생에게 야구 공을 사 주었다.

작문 せんせい がくせい やきゅう か
先生が学生に野球のボールを買ってくれた。(×)

先生が学生に野球のボールを買ってあげた。(○)

❶「주다」에 관한 일본어는 「주는 사람」과 「받는 사람」의 입장에 따라 다르다.

　①「주는 사람」이 주어가 될 경우

　　「あげる」,「さしあげる(겸양어)」,「やる(아랫사람에게)」

　　　→ 先生が学生に買ってあげる(やる)。

　②「주는 사람」이 주어가 되면서 「받는 사람」의 입장으로 그 행위를 말할 때

　　「くれる」,「くださる(존경어)」

　　　→ 先生が私に買ってくれる(くださる)。

　③「받는 사람」이 주어가 될 경우

　　「もらう」,「いただく(겸양어)」

　　　→ 私が先生に買ってもらう(いただく)。

　좀 복잡하지만 주고 받는 행위가 있을 때는 이 세 가지 표현이 있으므로 주어와
　말하는 사람의 입장에 따라 정확히 구별할 필요가 있다.

❷ 또한 다음과 같은 경우에 주의해야 한다.

　　　　　　　 にもつ
　• 学生が私の荷物を持ってくれる。(학생이 내 짐을 들어 준다.)

　여기서 「해 주는 사람」이 주어가 되었는데 「私の荷物」라고 하면 「받는 사람(=
　私)」의 입장으로 말할 수밖에 없으므로 ②가 된다.

　만약 「私」가 주어가 되면 「私が(は)学生に荷物を持ってもらう」 즉 ③이 된다.

52 | 일본어 작문의 급소 **190**

30

되었습니다

なりました ➡ できました

이제 준비가 다 **되었습니다**.

작문 もう準備がすっかり**なりました**。(×)

もう準備がすっかりできました。(○)

「되다」는 주격 조사「가(이)」를 수반할 때나 부사형 어미「게」와 같이 쓰일 때는 「になる」라고 하지만「できる(만들어지다·자라다)」「(うまく)いく(일이 성취되다)」등의 의미도 있다.

- 이 근방은 복숭아가 잘 된다(자란다).
  → このあたりは桃がよくできる。
- 나무로 된(만들어진) 책상은 있습니까?
  → 木でできた机はありますか。

31

모였습니다

集めました ➡ 集まりました

졸업생들이 강당에 **모였습니다**.

작문 卒業生(たち)が講堂に**集めました**。(×)

卒業生(たち)が講堂に集まりました。(○)

일반적으로 앞에 목적어(「を」를 수반함)가 있을 때는 타동사를 쓰고 목적어가 없이 주어에 연결될 때는 자동사를 쓴다. 여기서「卒業生を(졸업생을)」라고 하면 「集める(모으다)」를 써야 한다.
자동사와 타동사는 단어에 따라 형태가 다르기 때문에 그냥 외울 수밖에 없다.

- 최근 비가 내리는 날이 계속되고 있다.
  → 最近、雨の日がずっと続けている(×)—続ける(타동사)
  → 最近、雨の日がずっと続いている(○)—続く(자동사)

부록2. 틀리기 쉬운 표현 **50** | 53

32

열다(개최하다)

開ける ➡ 開く

매일 3시에 회의를 연다.

작문 毎日 3時に会議を開ける。(×)

毎日 3時に会議を開く。(○)

❶「開ける(열다)」「開く(열리다)」는 문, 뚜껑 등 실제로 덮어진 것을 열 때 또는 「店を開ける(가게 문을 연다)」 등에 쓰인다.

❷「開く」는「開く」「開ける」와 똑같이 쓰일 경우도 있으나 시작하는 뜻으로 쓰인다.「店を開く」라고 하면 새로 개업한다는 뜻이 된다.

반대어로서「閉める(닫는다)」와「閉じる(닫다)」가 있는데 구별은 마찬가지다.

• 뚜껑을 닫다. → ふたを**閉める**。

• 가게를 닫다(그만두다). → 店を**閉じる**。

33

감기가 들어서

風邪が入って ➡ 風邪を引いて

감기가 들어서 쉬었습니다.

작문 風邪が入って休みました。(×)

風邪を引いて休みました。(○)

「들다」는 원래「入る」라는 뜻인데 일본말로 할 때는 여러 경우가 있다.

• 감기가 들다 → 風邪を**ひく**

• 힘들다 → ほねが**折れる**・たいへんだ

• 마음에 들다 → 気に**入る**

• 돈이 들다 → 金が**かかる**

• 물이 들다 → **染まる**

• 잠이 들다 → **眠る**・**寝入る**

54 | 일본어 작문의 급소 **190**

34

화를 내다

怒りを出す ➡ 怒る

그는 걸핏하면 화를 낸다.

> **작문** 彼はちょっとしたことで怒りを出す。(×)
>
> 彼はちょっとしたことで怒る。(〇)

「내다」는 원래 「出す」라는 뜻인데 경우에 따라 여러 의미로 쓰인다.

- 시간을 내다 → 時間をさく
- 탐내다 → 欲しがる・欲ばる
- 거품을 내다 → 泡をたてる
- 힘을 내다 → がんばる
- 한턱 내다 → ごちそうする・おごる

35

치고

打って ➡ 弾いて

옆 방에서 여동생이 피아노를 치고 있습니다.

> **작문** 隣の部屋で妹がピアノを打っています。(×)
>
> 隣の部屋で妹がピアノを弾いています。(〇)

「치다」는 「打つ」「たたく」 등의 의미가 있는데 역시 경우에 따라 여러 가지 표현으로 쓸 수 있다.

- 날개를 치다 → 羽ばたく
- 점을 치다 → 占う
- 커튼을 치다 → カーテンを引く
- 닭을 치다 → 鶏を飼う
- 천막을 치다 → テントを張る
- 테니스를 치다 → テニスをする

부록2. 틀리기 쉬운 표현 **50** | 55

36

불사하다

不辞する ➡ 辞さない

상황에 따라서는 철퇴도 불사한다.

작문 状況によっては撤退も不辞する。(×)

状況によっては撤退も辞さない。(〇)

❶「不」로 시작되는 한자어(동사) 중에 일본어로 그냥 쓸 수 없는 단어가 있다. 그 때의 의미를 감안해서 부정 조동사「ない」등을 붙여 말하면 된다.

- 불문하다 → 問わない
- 불신하다 → 信じない
- 불허하다 → 許さない
- 불구하고 → かかわらず

❷ 다만 다음과 같은 형용동사는 그냥 쓸 수 있다.

- 불량하다 → 不良だ
- 불리하다 → 不利だ
- 불편하다 → 不便だ
- 불쾌하다 → 不快だ

37

~길에

道に ➡ 途中

학교 가는 길에 책방에 들렀습니다.

작문 学校に行く道に本屋に寄りました。(×)

学校に行く途中本屋に寄りました。(〇)

「~는 길에」는「(연체형)途中で」라고 한다.
비슷한 표현으로「~ついでに(~김에)」「~はずみに(~바람에)」「~ところに(~참에)」등이 있다.

- 여기까지 온 김에 그의 집에 가 볼까?

  → ここまで来たついでに彼の家に行ってみようか。

- 급히 달리는 바람에 발이 걸려 넘어졌다.

  → 急いで走ったはずみにつまずいて転んだ。

56 | 일본어 작문의 급소 **190**

38

~에 대해서

～に対して ➡ ～について

하루의 교통량에 대해서 알아봅니다.

작문 一日の交通量に対して調べます。(×)

一日の交通量について調べます。(○)

❶ 「～에 대해서」는 원래 「に対して」란 뜻이 있는데 실제로는 「～에 관해서(～に
ついて)」로 잘 쓰인다.

  • 개미의 생태에 대해 연구한다.
    → ありの生態について研究する。

  • 사고 원인에 대해 조사한다.
    → 事故の原因について調査する。

❷ 「～に対して/対する」는 인간에 대해 어떤 행동을 할 때나 대상을 비교·대조
할 때에 쓰인다.

  • 위반자에 대해 엄중히 처벌한다.
    → 違反者に対し厳重に処罰する。

  • 하루의 교통량에 대한 도로의 폭
    → 一日の交通量に対する道路の幅

❸ 「～について」의 비슷한 표현으로 「～に関して」도 많이 쓰인다.

  • 그 문제에 관해서는 그에게 물어보세요.
    → その問題に関しては彼に聞いてください。

부록2. 틀리기 쉬운 표현 **50** ┃ 57

39

~기

ことの ➡ 필요없음

해가 뜨기 전에 출발합니다.

작문 日が上ることの前に出発します。(×)

日が上る前に出発します。(○)

❶「~기 전에」는 동사의 연체형에「前」를 붙여「~する前に」라고 한다. 전성어미
「기」를 일본어로 표현할 때 주의해야 하는 예는 다음과 같다.

- 이 한자는 쓰기 어렵다. → この漢字は書きにくい。
- 좀 덥기는 하다. → 少し暑いことは暑い。

❷「~기는 하다」의 경우에는 앞에 오는 동사, 형용사를 대신하는 말로서「하다」
를 쓰기 때문에 일본어로는 그냥 같은 말을 거듭해서 쓴다.

40

~중에

～の中に ➡ ～中に

오전 중에 이 일을 끝내겠다.

작문 午前の中にこの仕事を終わらせる。(×)

午前中にこの仕事を終わらせる。(○)

❶「중」은 시간, 공간적으로「사이」「가운데」를 나타내는 불완전명사인데 일본어
로는 경우에 따라「中」「中」「間」「うち」등으로 나뉘어 쓰인다.

- 수업 중 → 授業中　　　　　　　・학생들 중에 → 学生たちの中に
- 10명 중 4명 → 10人のうち4人

❷「中」를「じゅう」라고 읽을 때는「사이, 가운데, ~하는 중」의 뜻이 아니라「~
하는 내내, 전체」를 가리키는 표현이 된다.

- 하루종일 비가 내렸다. → 一日中雨が降った。
- 온세계 → 世界中

58 │ 일본어 작문의 급소 **190**

41

~들

～たち ➡ 필요없음

올해 처음으로 배추가 서리를 맞았다.

작문 今年初めて白菜たちが霜をかぶった。(×)

今年初めて白菜が霜をかぶった。(○)

복수를 나타내는 불완전 명사 「들」은 「たち」「ども」「ら」 등으로 할 수 있으나 보통 인간 외에 쓰지 않고 원래 복수 개념이 포함된 말인 경우에도 붙이지 않는다.

• 새들이 울고 있다. → 鳥たちが鳴いている。(×)

　　　　　　　　 → **鳥が鳴いている。(○)**

• 국민들의 지지를 얻었다. → 国民たちの支持を得た。(×)

　　　　　　　　　　　　 → **国民の支持を得た。(○)**

42

날씨

天気 ➡ 필요없음

9월에 들어서부터 갑자기 날씨가 싸늘해졌다.

작문 9月に入ってから急に天気が肌寒くなった。(×)

9月に入ってから急に肌寒くなった。(○)

「날씨」는 「天気」「陽気」 등으로 번역되는데 「暑い(덥다)」「寒い(춥다)」 등 기온에 관한 형용사나 「날씨가 흐리다」「날씨가 풀리다(寒さがやわらぐ)」 등 하늘의 상태를 나타낼 경우에는 쓰지 않는다.

다만 「날씨가 좋다(天気がいい)」「날씨가 변덕스럽다(天気が変わりやすい)」「날씨가 이상하다(天気があやしい)」 등에는 그냥 「天気」를 쓴다.

• 요즘, 겨우 날씨가 시원해 졌습니다.

　→ このごろやっと涼しくなってきました。

• 매일 날씨가 더운데, 어떻게 지내고 계십니까?

　→ 毎日暑いですが、いかがおすごしですか。

부록2. 틀리기 쉬운 표현 50 | 59

43 술집
酒屋 ➡ 酒場

어제는 술집에서 밤 늦게까지 술을 마셨습니다.

작문 きのうは酒屋で夜遅くまで酒を飲みました。(×)

きのうは酒場で夜遅くまで酒を飲みました。(○)

❶ 「酒屋」는 술을 용기에 담아서 파는 가게이고, 술을 마실 수 있는 가게는 「居酒屋」「飲み屋」「酒場」 등으로 표현한다.

❷ 그 외에도 한국의 가게 이름과 다른 예가 있다.
- 목욕탕 → 沐浴場(×) **銭湯・ふろ屋**(○)
- 방앗간 → 臼間(×) **精米所・精粉所**(○)
- 구멍가게 → 穴店(×) **よろず屋・雑貨店**(○)

44 물
水 ➡ (お)湯

이제 물이 다 끓었습니다.

작문 もう水がわきました。(×)

もう(お)湯がわきました。(○)

일본어로 찬 물을 「水」라고 하며 더운 물을 「湯」라고 한다. 「물이 끓다」는 「(お)湯がわく」, 그 외 물과 관련된 표현은 다음과 같이 다양하다.
- 목욕물을 끓이다 → ふろをわかす
- 물고기 → 魚
- 물안경 → 水中メガネ
- 물두부 → 湯どうふ
- 물마루 → 波頭(なみがしら)
- 물바다가 되다 → 一面水浸しになる

45 去来 ➡ 取引
거래

이 회사는 외국과 **거래**가 있습니다.

作문 この会社は外国と去来があります。(×)

この会社は外国と取引があります。(〇)

❶ 한자어 중에 한국어와 일본어 간에 다른 의미로 쓰이는 말이 있다. 「去来」는 문장어로서 「생각이 머리(마음) 속에서 오가는 것」을 의미한다.
- 여러 가지 생각이 가슴 속에 오가다. → 様々な思いが胸中を去来する。

❷ 그 외에도 여러 가지 있다.
- 방심 → 油断(「放心」은 「다른 것에 마음을 빼앗겨 멍청해 있는 상태」)
- 경우 → 場合(「境遇」는 「놓여 있는 처지」)
- 다정한 → 親しい(「多情」는 「바람기가 있다」)

46 任員 ➡ 役員
임원

임원은 다 회의실에 들어갔습니다.

作문 任員はみな会議室に入りました。(×)

役員はみな会議室に入りました。(〇)

한국어에 있으면서 일본어에 없는 한자어나, 순서가 거꾸로 되는 것이 여러 가지 있다.

- 食口(식구) → 家族
- 手巾(수건) → 手拭い
- 商街(상가) → 商店街
- 旧正・新正(구정・신정) → 旧正月・正月

- 接受(접수) → 受付
- 日語(일어) → 日本語
- 約婚(약혼) → 婚約

부록2. 틀리기 쉬운 표현 **50** | 61

47

정신이 없다

精神がない ➡ 目が回る・気ぜわしい

요새는 바빠서 **정신이 없다.**

작문 この頃は忙しくて精神がない。(×)

この頃は忙しくて目が回る（気ぜわしい）。(○)

한국어의 특유한 표현으로서 일본어로 그냥 표현하기 어려운 말이 있다.

- 정신이 나가다 → 気が抜ける
- 혼쭐나다 → ひどい目に合う
- 정이 떨어지다 → 愛想が尽きる
- 기가 막히다 → あきれる
- 쥐 죽은 듯 → しーんと

48

~님 /안 계십니다

様/いらっしゃいません ➡ 様(Ⅹ)/おりません

사장**님**은 지금 **안 계십니다.**

작문 社長様は今いらっしゃいません。(×)

社長は今おりません。(○)

❶ 앞에서도 언급한 바와 같이 직위에 관한 단어에 붙는 「님」은 「様」라고 할 필요가 없다.

❷ 일본어 경어 표현의 특징으로서 자기가 속하는 집단(회사, 가족 등)의 구성원을 제3자에게 말할 때 자기보다 높은 사람이라도 낮추어서 말하는 습관이 있다.

- 아버지는 지금 외출 중이라서 집에는 안 계십니다.
  → 父は今外出中で家にはおりません。
- 죄송합니다. 지금 다나카는 자리에 없습니다.
  → 申し訳ございません。只今、田中は席をはずしております。

62 | 일본어 작문의 급소 **190**

49

가시겠습니까
参りますか ➡ いらっしゃいますか

선생님께서도 **가시겠습니까**?

작문 先生も参りますか。(×)

先生もいらっしゃいますか。(○)

위의 작문은 거꾸로 존경어를 써야 할 경우에 겸양어를 쓴 예이다.
물론 「先生様におかれましては」처럼 지나친 존경 표현을 할 필요는 없다.

• 아버님은 댁에 계십니까?
  → おとうさまはお宅にいらっしゃいますか〈ご在宅ですか〉。

• 선생님도 이 요리를 잡수셨습니다.
  → 先生もこの料理を召しあがりました。

50

반찬
かず ➡ おかず

오늘은 **반찬**이 많구나.

작문 きょうはかずが多いな。(×)

きょうはおかずが多いな。(○)

정중함을 나타내는 접두사 「御」「お」 등은 지나치게 많이 쓰면 듣기에 좋지 않고 절대로 쓸 수 없는 경우도 있지만 원래 접두사로 쓰이면서도 지금은 하나의 단어로서 분리시킬 수 없는 것도 있다.

• 「御」「お」를 쓸 수 없는 예
  「学校」「自動車」「教科書」「思想」「感情」「電気」 등 보통 명사의 일부 및 고유명사, 외래어 등.

• 「御」「お」를 뺄 수 없는 예
  「ご飯(밥)」「ごちそう(호화로운 음식, 대접)」「御殿(귀인의 주거, 호화로운 주택)」「お陰(덕택)」「おこわ(찹쌀 팥밥)」「おひや(냉수)」「お守り(부적)」 등.

부록2. 틀리기 쉬운 표현 **50** | 63

두 번만 따라하면 훤해진다!

일본어 작문의 급소 190

초판발행	1989년 1월 30일
2차개정판 발행	2007년 4월 25일
2차개정판 9쇄	2023년 3월 30일

저자	村山俊夫 · 長谷川由美 · 조한나
책임 편집	조은형, 무라야마 토시오, 김성은
펴낸이	엄태상
콘텐츠 제작	김선웅, 장형진
마케팅	이승욱, 왕성석, 노원준, 조성민, 이선민
경영지원	조성근, 최성훈, 정다운, 김다미, 최수진, 오희연
물류	정종진, 윤덕현, 신승진, 구윤주

펴낸곳	시사일본어사(시사북스)
주소	서울시 종로구 자하문로 300 시사빌딩
주문 및 교재 문의	1588-1582
팩스	0502-989-9592
홈페이지	www.sisabooks.com
이메일	book_japanese@sisadream.com
등록일자	1977년 12월 24일
등록번호	제 300-2014-31호

ISBN 978-89-402-0696-6 13730

＊ 이 책의 내용을 사전 허가 없이 전재하거나 복제할 경우 법적인 제재를 받게 됨을 알려 드립니다.
＊ 잘못된 책은 구입하신 서점에서 교환해 드립니다.
＊ 정가는 표지에 표시되어 있습니다.

두번만 따라하면 훤해진다!

일본어 작문의 급소 190

저자 村山俊夫 · 長谷川由美 · 조한나

시사일본어사

머리말

‡ **최근 한국에서는** 일본어의 중요성이 부각되면서 매년 일본어 학습자들이 늘어나고 있는 추세입니다. 또한, 일본으로의 유학도 해가 갈수록 늘어나고 있습니다. 특히, 일본으로 유학을 가기 위해서는 EJU라는 시험을 치뤄야 합니다. 이 EJU 시험에는 일본어 과목이 있으며 이 안에는 소논문이라는 작문을 요하는 문제가 있어, 유학생이 늘어남에 따라 작문의 중요성도 매년 부각되고 있는 것도 사실입니다. 그 이외에 업무에 사용할 때에도 보고서 작성이나, 업무상 보내는 메일 등 긴 작문을 요하게 되는 경우가 많습니다. 일본어 학습자라면, 일본어로 문장은 써야 하겠는데, 어휘나 문법에 막혀서 문장 쓰기에 어려움을 느껴 본 경험은 누구나 한두번 정도는 있을 것입니다. 그런 분들이나, 아직 일본어를 배운 지 얼마 되지 않은 분들까지 쉽게 작문을 할 수 있도록 쉬운 표현부터 고급표현까지 활용형과 표현의 의미를 기준으로, 알기 쉽고 찾기 쉽게 표현들을 문형형식으로 정리를 했습니다. 업무나 그 분야에 해당하는 어휘만 숙지한다면 여러분도 금방 고급표현까지 사용할 수 있을 것입니다.

또한 일본에서 실질적으로 많이 사용되는 예문을 첨가하여 여러분들의 표현에 대한 이해를 돕고자 했습니다. 그리고, 스스로 표현을 확인해 볼 수 있는 작문 연습문제도 준비했습니다. 책을 읽고 설명을 이해하는 것에 그치지 않고 혼자서도 활용할 수 있는 공간을 마련했으니, 확실히 익혔는지 자신의 실력을 체크해 본 후에 다음 표현으로 넘어가시기 바랍니다.

조금 어렵다고 쉽게 포기하지 마시고 끝까지 최선을 다해, 하나하나 마스터해 가는 재미를 느껴 보셨으면 좋겠습니다. 그렇게 꾸준히 공부한다면 여러분도 일본어 작문에 자신감을 가질 수 있을 것입니다.

저자

일러두기

이 책은 작문력의 향상과 더불어 가장 쉬운 문법 해설부터 차근차근 실력을 키울 수 있도록 되어 있어, 일본어 공부를 처음 시작하는 사람도 쉽고 재미있게 공부하여 최대한의 학습성과를 올릴 수 있도록 구성되어 있습니다.

본 교재의 구성

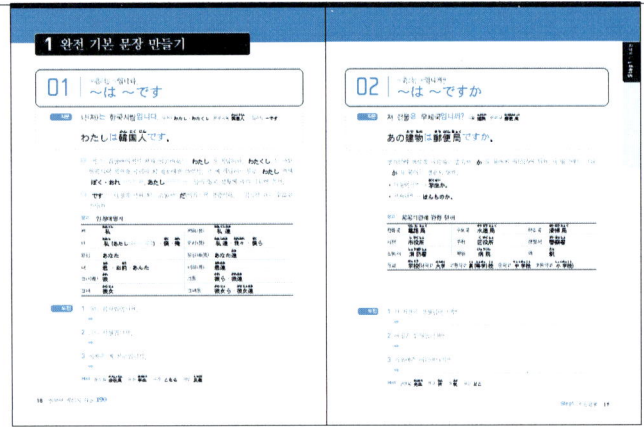

일본어 필수 문형 190

일본어 작문의 필수 문형 190개를 기초표현, 응용표현, 고급표현의 3단계로 나누어 단계적인 학습이 가능하도록 했으며, 보기 쉽고 찾기 쉽게 문형형식으로 정리했습니다. 따라서 기초부터 고급 수준의 일본어 작문을 학습할 수 있습니다.

각 문형은 기본 문형 → 한국어 문장 → 단어 → 일본어 작문 → 해설 → 도전 문제로 구성되었으며 중요한 문형에는 참고사항을 수록하였습니다. 또한 세부적인 설명이 필요한 부분에는 문법 사항 및 작문할 때 요구되는 사항을 해설하여 학습을 도울 수 있도록 했습니다.

연습문제

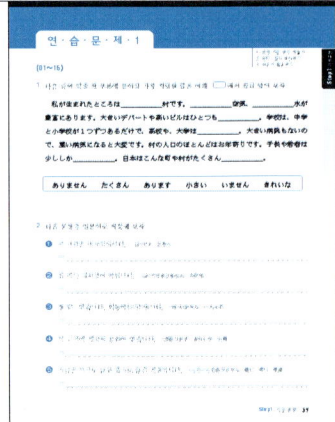

앞에서 나온 작문 표현을 연습할 수 있는 단계입니다. 문제는 두 가지 유형으로 되어 있습니다.

첫 번째 문제는 100~150자 정도의 지문을 제시하고 글의 중간 중간에 밑줄 쳐져 있는 부분을 제시어 중에서 골라, 채워 넣는 문제입니다.

두 번째는 짧은 글 짓기로 한국어 문장을 보고 옆에 제시된 문형이나 단어를 이용하여 일본어로 작문하는 것입니다. 다양한 형태의 문장을 만들어 보면서 일본어 작문에 자신감을 키웁니다.

해답 예

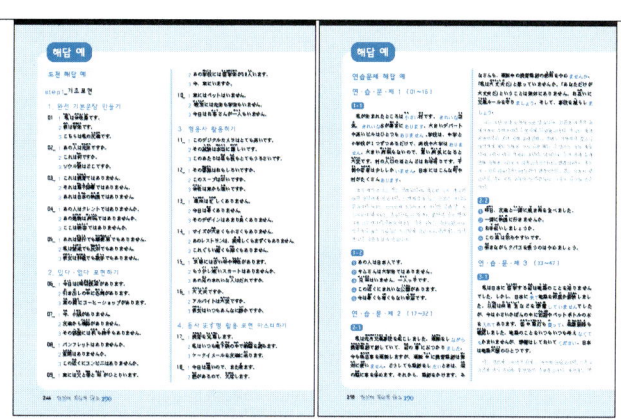

작문 도전과 연습 문제의 해답 예를 제시했습니다. 작문이라는 특성상, 단 하나의 해답이 존재하는 것은 아닙니다. 사람에 따라서 선택하는 단어와 어휘가 달라질 수 있으니, 참고용으로 이용하시기 바랍니다.

잘 모르겠다고 바로 해답을 찾아보지 말고 먼저 스스로의 힘으로 작문을 해 본 후에 확인하는 방식으로 하시기 바랍니다. 여러분의 성공적인 학습을 기대합니다.

특별부록의 구성

잘 쓰이는 부사 표현 50

일본어 작문에서 자주 사용되는 부사 50가지를 선정하여 정리하였습니다. 부사는 문장을 세련되고 매끄럽게 하는 데에 매우 중요하므로 세심한 주의가 필요합니다. 해설에서는 문법적으로는 잘 알 수 없는 관습적인 것이어서 틀리거나 혼동하기 쉬운 내용 및 그와 관련있는 부사까지도 간단히 설명해 놓았으므로 여러 번 학습하여 완전히 숙지하시기 바랍니다.

틀리기 쉬운 표현 50

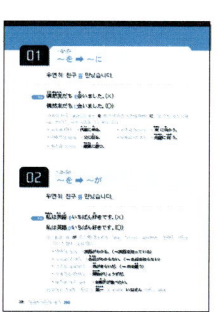

일본어를 공부하는 많은 사람들이 가장 고충을 느끼는 문제가 바로 이 '틀리기 쉬운 표현' 입니다. 한국어 표현을 일본어로 바꾸는 과정에서 틀리기 쉬운 표현 중 일반적으로 많이 쓰이는 50개를 예로 들었습니다. 여러 가지 다양한 예문을 수록하였으며, 간단한 해설을 곁들여 차이점을 확실하게 정리해 줍니다. 이 부분만 확실하게 마스터하면 여러분은 일본어 작문을 할 때 틀리기 쉬운 문제를 완전히 해결할 수 있을 것입니다.

차례

일본어 작문의 급소 190

머리말 03
일러두기 04
꼭 알아 두기 14

Step1 기초표현 | 기본적인 문법 표현으로 기초를 다진다

1 완전 기본 문장 만들기
01 나(저)는 학생입니다. | ~は~です 18
02 저 건물은 우체국입니까? | ~は~ですか 19
03 이것은 일본어 책이 아닙니다. | ~は~ではありません 20
04 그것은 가짜가 아닙니까? | ~は~ではありませんか 21
05 오늘은 화요일도 수요일도 아닙니다. | ~は~でも~でもありません 22

2 있다 · 없다 표현하기
06 책상 위에 책이 있습니다. | ~があります(사물) 24
07 일본에는 매머드가 살고 있던 흔적이 없습니다. | ~がありません(사물) ... 25
08 감기에 잘 듣는 약은 없습니까? | ~はありませんか(사물) 27
09 형제로는 형이 한 명, 누나가 두 명, 동생이 한 명 있습니다. | ~がいます(생물) ... 28
10 교실 안에 선생님은 없습니다. | ~はいません(생물) 29

3 형용사 활용하기
11 이 차는 매우 쌉니다. | [い형용사의 기본형]+です 31
12 서울의 겨울은 홋카이도보다 춥습니까? | [い형용사의 기본형]+ですか ... 32
13 이 구두는 비싸지 않습니다. | [い형용사의 어간]+くありません 33
14 저는 키가 크지도 작지도 않습니다. | [い형용사의 어간]+くも~くもありません ... 34
15 그 빨간 연필은 깁니까? | [~い /~な]+ 명사 35
16 선배들은 모두 후배들에게 친절합니까? | [な형용사의 어간] +ですか ... 36
연습문제 1 37

4 동사 ます형 활용 표현 마스터하기

17 나는 매일 우유를 마십니다. | ~ます 38
18 늦어도 6시에는 돌아가겠습니다. | ~ます 39
19 신주쿠에 갈 때는 어디에서 갈아탑니까? | ~ますか 40
20 올해 장마는 그다지 내리지 않습니다. | ~ません 42
21 앞으로는 같은 잘못을 거듭하지 않겠습니다. | ~ません 43
22 쇼핑하러 가지 않겠습니까? | ~ませんか 44
23 노인에게는 자리를 양보합시다. | ~ましょう 45
24 당신의 소망은 무엇이든지 이루어 드리죠. | ~ましょう 47
25 도서관에서 그 책을 찾아 볼까요? | ~ましょうか 49
26 여름 방학에 오사카에 갔습니다. | ~ました 51
27 우체국에 80엔짜리 우표를 사러 갑니다. | ~に 52
28 걸으면서 침을 뱉는 것은 하지 맙시다. | ~ながら 54
29 다음 괄호 안에 적당한 단어를 넣으세요. | ~なさい 55
30 가을 날씨는 변하기 쉽다. | ~やすい 56
31 학자로서 연구를 위해 진력하고 싶다. | ~たい 57
32 싫어하는 일을 시켜도, 능률은 올라가지 않을 것이다. | ~たがる 58

연습문제 2 59

5 동사 て형으로 어휘력 키우기

33 위스키는 그만두고 맥주를 마시지 않겠습니까? | ~て 60
34 무심코 남의 일에 참견해서 욕을 먹었다. | ~て 62
35 학교를 졸업하고 나서 15년이 지났다. | ~てから 63
36 아기가 큰 소리로 울고 있습니다. | ~ています 64
37 그녀는 결혼했습니다. | ~ています 65
38 벽에 그림이 걸려져 있습니다. | ~ています 66
39 약속 시간이 지났는데도, 아직 아무도 오지 않았습니다. | ~ていません 67
40 소방차가 왔을 때, 불은 벌써 꺼져 있었습니다. | ~ていました 68
41 문이 열려 있습니다. | ~てあります 69
42 오전 10시에 은행 입구에 계십시오. | ~てください 70
43 해가 질 때까지 작업을 쉬지 마십시오. | ~ないでください 72
44 기회가 있으면, 부장님께 소개해 주세요. | ~してください 73

45 그녀는 아무리 먹어도 살이 안 찌는 것 같다. | ~ても　74
46 이 책상을 오른쪽으로 옮겨도 되겠습니까? | ~てもいい　75
47 그렇게 놀고만 있으면 합격 못 해요. | ~てばかりいる　76
연습문제 3　77

6 문장을 자연스럽게 연결하는 접속 표현 익히기

48 겨울이기 때문에 따뜻한 음식이 좋습니다. | ~から　78
49 손님이 오기 때문에 방을 깨끗이 청소합니다. | ~ので　79
50 말하기는 쉽지만 실행은 어렵다. | ~が　81
51 중간까지 달리다가, 결국 되돌아왔다. | ~が　82
52 다들 그렇게 말하지만 나는 그를 믿고 있다. | ~けれど　83
53 이렇게 추운데(도 불구하고) 밖에 나가다니! | ~のに　84
54 그 회사는 대우도 좋고 장래성도 있다. | ~し　85

7 문장 속의 감초 조사 익히기

55 이번에 새로 온 영어 선생님에게 한눈에 반했다. | (の)　86
56 하지는 1년 중에 가장 낮이 길다. | ~中で／の中で　87
57 1년에 휴일은 며칠 있습니까? | 何~　89
58 12시에 서울역 앞 광장에 모입니다. | ~に　90
59 이 책은 형에게 받았다. | ~に　91
60 기분 전환하러 아이쇼핑을 갑시다. | ~に~に　92
61 내일 오후에 그녀를 만납니다. | ~に、~が　93
62 부산에서 배를 타고 일본에 갑니다. | ~から~に　94
63 빵은 밀로 만듭니다. | ~で　95
64 내 꿈은 자전거로 한국 일주하는 것이다. | ~で　96
65 어린이는 무료로 입장할 수 있습니다. | ~で　97
66 그 정도가 되면 성공이라고 해도 된다. | ~くらい　98
67 일본에는 후지산보다 높은 산은 없습니다. | ~より　99
68 시합은 오전 10시부터 시작됩니다. | ~から　100
69 배로 미국까지 갈 생각입니다. | ~まで　101
70 빌린 돈 때문에 집까지 팔아야 합니다. | ~まで　102
71 저 카페에서 차나 마실까요? | ~でも　103
72 누구든지 간단히 사용할 수 있습니다. | ~でも　104

73 오늘 밤은 흐려서 별조차 보이지 않는다. | ~さえ   105
74 다음 번이야말로 반드시 이길 것입니다. | ~こそ   106
연습문제 4   107

Step2 응용표현 | 기초표현을 응용해서 풍부한 어휘 실력을 쌓는다.

8 가정형, 과거형을 이용한 표현 익히기

75 자금이 넉넉하지 않으면, 사업의 발전은 어렵다. | ~でなければ   110
76 자네가 성공하면 문제없다. | ~ば   111
77 만약 1억 엔에 당첨된다면, 먼저 무엇을 하겠습니까? | ~たら   112
78 실제로 해 보니까 생각보다 쉬웠다. | ~と   113
79 꿈은 크면 클수록 좋다. | ~ば~ほど   114
80 비행기는 방금, 인천국제공항에 도착했습니다. | ~た   115
81 북상한 태풍은 열대성 저기압이 되었다. | ~た~た   116
82 일요일에는 인터넷을 하거나 DVD를 보거나 합니다. | ~たり~たり   117
83 옷을 입은 채로 물놀이를 해서는 안 됩니다. | ~たまま   118
84 지금 막 왔습니다. | ~たところ   119
85 지금 회사에서 막 돌아왔습니다. | ~たばかり   120
86 조금 더 따뜻한 옷을 입는 편이 좋습니다. | ~たほうがいい   121
87 그런 이상한 이야기는 들은 적이 없다. | ~たことがない   122
연습문제 5   123

9 의지, 추측, 인용, 명령, 금지의 표현 알아 두기

88 일하는 여성의 권리를 보장하라. | ~せよ   124
89 불만이 있으면 이 집에서 나가라. | 行け   126
90 어린이는 이 강에서 헤엄치지 말 것. | ~ないこと   127
91 시청 앞 광장에는 많은 사람들이 모인다고 합니다. | ~そうです   128
92 그 노인은 젊었을 때 파일럿이었다고 합니다. | ~たそうです   129
93 지금이라도 비가 내릴 것 같다. | ~そうだ   130
94 그 노인은 유령이 나올 듯한 집에 살고 있었습니다. | ~そうな   131
95 여기가 유명한 절인 것 같다. | ~ようだ   132
96 그의 집은 성과 같은 건물이다. | ~のような   133

97 아무래도 길을 잃은 것 같다. | ~らしい　　　　　　　　　　　　134
98 이번 학기의 성적으로는 진급도 어려울 것이다. | ~だろう　　　　　135
99 아무리 막아도 저 사람은 가겠죠. | ~でしょう　　　　　　　　　　136
100 오늘이야말로 그녀에게 고백하자. | ~よう　　　　　　　　　　　　137
101 이런 사고는 두 번 다시는 일으키지 않겠다. | ~まい　　　　　　　139
102 옛날 일을 이야기해 봤자 지금의 젊은 사람들은 이해하지 못할 것이다. | ~まい　140
연습문제 6　　　　　　　　　　　　　　　　　　　　　　　　　　　141

10 다양한 문말 표현 알아 두기

103 저 녀석이 약속대로 하리라 생각하는가? | ~か　　　　　　　　　142
104 혼자 갈까, 아니면 친구랑 같이 갈까? | ~か　　　　　　　　　　　143
105 절대로 지지 않을 거야. | ~ものか　　　　　　　　　　　　　　　144
106 텔레비전에 비해서 비디오는 좀처럼 보급되지 않는다. | ~する　　145
107 '매미'는 일본어로 뭐라고 합니까? | ~といいます　　　　　　　　146
108 4월부터는 훌륭한 사회인이다. | ~だ　　　　　　　　　　　　　147
109 오늘은 손님이 올지도 모릅니다. | ~かもしれない　　　　　　　　148

11 그 밖의 여러 가지 표현 맛보기

110 빠른지 느린지는 문제가 아닙니다. | ~か~かは　　　　　　　　　149
111 유원지에는 어린이뿐만 아니라 어른들도 많이 있다. | ~だけでなく　151
112 누가 뭐라고 하더라도 한 번 결정하면 끝까지 해낸다. | ~と　　　152
113 손바닥이 아프도록 악수했다. | ~ほど　　　　　　　　　　　　　153
114 5시에 올 예정인데 아직 오지 않았습니다. | ~はず　　　　　　　154
115 올 가을에는 결혼할 예정입니다. | ~つもり　　　　　　　　　　　155
116 병은 비교적 가벼운 편이다. | ~ほう　　　　　　　　　　　　　　156
117 가뭄 탓으로 수확이 줄었습니다. | ~せい　　　　　　　　　　　　157
118 10명 중에 7명이 충치라고 한다. | ~うち　　　　　　　　　　　158
119 비가 계속 내려서 빨래가 덜 마른 상태입니다. | 生~　　　　　　159
120 아이는 케이크를 한 입에 먹어 버렸다. | ひと~　　　　　　　　　160
121 첫사랑은 짝사랑이 되는 경우가 많다. | 初/片~　　　　　　　　161
122 서울의 추위에도 익숙해졌습니다. | ~さ　　　　　　　　　　　　162
123 그녀의 옆모습이 쓸쓸한 듯이 보인다. | ~げ　　　　　　　　　　163
연습문제 7　　　　　　　　　　　　　　　　　　　　　　　　　　164

Step3 고급표현 | 고급 표현으로 완벽한 작문실력을 갖춘다

12 명사에 접속하는 표현

124 세계 평화는 인간으로서 누구나가 바라는 일입니다. | ~として　166
125 과장님은커녕 사장님에게까지 책임이 미친다. | ~どころか　167
126 그가 찾아온 책은 먼지투성이였다. | ~だらけ　168
127 그는 자기 자랑 이야기만 합니다. | ~ばかり　169
128 시험 결과에 따라서 적성을 판단한다. | ~によって　170
129 한국의 지구온난화 대책에 대한 자료를 찾고 있다. | ~に関して・関する　171
130 일본어는 발음이 간단한 데에 비해 영어는 발음이 어렵다. | ~に対して・対する　172
131 국회에서는 여·야당이 연금문제를 둘러싸고 대립하고 있다.
　　| ~をめぐって・めぐる　173
132 일기예보와는 다르게, 오늘은 따뜻한 하루였다. | ~に反して・反する　174
133 지금 그 쪽을 향해 가고 있는 중입니다. | ~に向かって　175
134 이 책은 어린이용이다. | ~向き　176
135 오늘 밤에는 산간지역의 넓은 범위에 걸쳐서 비가 내릴 것입니다.
　　| ~にわたって・わたる　177
136 이번 주부터 다음 주에 걸쳐서 심한 비가 내릴 것입니다. | ~から~にかけて　178
137 용도에 맞게 선택하세요. | ~に応じて　179
연습문제 8　180

13 もの・ことが 들어간 표현 외우기

138 사람을 믿는 것이 중요합니다. | ~こと　181
139 놀랍게도 우연히 열차에서 옆에 앉은 사람이 중학교 때 친구였다. | ~ことに　182
140 식물은 흙으로부터 성분을 흡수함으로써 자라난다. | ~ことによって　183
141 이 주변에는 학생이 많은 것으로 인해 서점도 많다. | ~ことから　184
142 그녀는 결혼하지 않고, 이 세상을 떠났다. | ~ことなく　185
143 그이기 때문에, 지금도 어딘가에서 건강하게 잘 지내고 있을 것이다.
　　| ~ことだから　186
144 주인공인 그가 오지 않고서는, 파티를 시작할 수 없다. | ~ないことには　187
145 어려운 주문이지만, 못 할 것은 없다고 생각한다. | ~ないことは(も)ない　188
146 그가 여기에 없다는 것은, 그가 이 프로젝트에서 제외되었다라는 뜻이다.
　　| ~ということだ　189

147 친구 결혼식에서 친구들 대표로서 스피치를 하는 것으로 되어 있다.
| ~ことに(と)なっている   190
148 대학원에 가지 않고, 취직하기로 했습니다. | ~ことにする   191
149 당신이 미국에서 돌아왔다고 듣고, 얼마나 기뻤던가. | ~ことか   192
150 로봇이라고 하는 것을 이번에 처음 봤다. | ~もの   193
151 미술관에 갔지만, 휴관일이었다. | ~ものの   194
152 옛날에는 자주 이 강에서 헤엄치곤 했었다. | ~ものだ   195
153 해 볼테면 해 봐라! | ~ものなら   196
154 예습을 확실히 해 오지 않았기 때문에, 선생님한테 매우 혼났습니다.
| ~ものだから   197
155 나는 한 번만이라도 좋으니까 텔레비전에 나와보고 싶다. | ~たいものだ   198
156 이 종류의 상품은, 싸면 쌀수록 좋다는 것은 아니다. | ~というものではない 199
연습문제 9   200

14 빈번하게 등장하는 문어적 표현

157 이 생선은 뼈째 다 먹어도 괜찮습니다. | ~ごと   201
158 1킬로마다 버스 정류장이 있습니다. | ~ごとに   202
159 그는 골에 도착하자마자 쓰러져 버렸습니다. | ~やいなや   203
160 네가 관여할 바가 아니다. | ~ところ   204
161 머리가 아픈데도 불구하고, 그는 나를 만나러 와 주었다. | ~にもかかわらず 205
162 그런 바보같은 일이 일어났다니 있을 수 없다. | ~得る/得ない   206
163 타협을 할 수 없다면 싸울 뿐이다. | ~までだ   207
164 담당자가 부재 중이면 내가 갈 수 밖에 없을 것이다. | ~ざるを得ない   208
165 그가 100점을 받을 리가 없다. | ~わけがない   209
166 그가 죽다니, 그럴 리가 없다. | ~はずがない   210
167 이제와서 유학을 포기할 수 없다. | ~わけにはいかない   211
168 그라면 돈을 위해서 사람을 죽일 수 있다. | ~かねる/かねない   212
169 그가 성공한 것은, 그가 열심히 노력했기 때문이다. | ~である   213
연습문제 10   214

15 れる・られる 완전 정복하기

170 선생님께서는 댁으로 향하셨습니다. | ~れる[존경]   215
171 이 미술관의 그림은 모두 그분이 모으셨습니다. | ~られる[존경]   216

172 발을 밟은 사람은 발을 밟힌 사람의 아픔을 모른다. | ~れる[수동] 217
173 선생님한테 칭찬받아서 매우 기쁩니다. | ~られる[수동] 218
174 아이들이 오면, 시끄러워서 일에 집중할 수 없다. | ~れる/られる[피해의 수동] 219
175 이 길을 걸으면, 헤어진 그녀가 생각난다. | ~れる/られる[자발] 221
176 42.195 킬로미터를 달릴 수 있다니…. | ~れる[가능] 222
177 매운 요리는 먹을 수 있습니까? | ~られる[가능] 223
연습문제 11 224

16 せる・させる 끝내기

178 그도 가끔은 농담으로 모두를 웃게 한다. | ~せる/させる[자동사] 225
179 그의 행동은 주위 사람들에게 의혹을 느끼게 했다. | ~せる/させる[타동사] 227
180 안내하겠습니다. | ~(さ)せていただきます 229
181 몸 상태가 안 좋아서, 조퇴하고 싶습니다만. | ~(さ)せていただきたいです 230
182 개최장소는 저희 쪽에서 결정해도 되겠습니까? | ~(さ)せていただけますか／ませんか 231
183 제발 여기서 좀 쉬게 해 주십시오. | ~(さ)せてください 232
184 벌로 교실 청소를 (마지못해) 하게 되었다. | ~させられる 233
연습문제 12 234

17 존경과 겸양 표현 마스터하기

185 다나카 씨는 조금 전에 돌아가셨습니다만. | 존경 표현 ① 활용 존경어 235
186 야마모토 씨가 그렇게 말씀하셨습니다. | 존경 표현 ② 특수 존경어 236
187 들고 계신 짐은 여기에 맡겨 주십시오. | 존경 표현 ③ お+ます형+になる 238
188 설명서를 잘 읽어 주세요. | 존경 표현 ④ お+ます형+ください 239
189 손님께 안내 말씀 드리겠습니다. | 겸양 표현 ① 특수 겸양어 240
190 그 펜을 (제가) 빌려도 될까요? | 겸양 표현 ② お+ます형+する/いたす 242
연습문제 13 243

해답 예

도전 해답 예 246
연습문제 해답 예 258

꼭 알아 두기

본격적인 작문 연습에 들어가기에 앞서 이 책을 학습하기 전에 반드시 알아 두어야 할 형용사와 동사의 활용표를 수록하였습니다. 일본어 작문에서 가장 중요한 부분이기도 하니 잘 숙지하시기 바랍니다.

1. 형용사

い형용사_어미가 い로 끝나는 형용사
な형용사_어미가 だ로 끝나는 형용사(명사 수식형태가 な로 변해서 な형용사라고 함)

활용형	い형용사	な형용사
긍정 (현재형)	보통체 : ~い[おいしい] 정중체 : ~いです[おいしいです]	보통체 : ~だ[きれいだ] 정중체 : ~です[きれいです]
긍정 (과거형)	보통체 : ~かった[おいしかった] 정중체 : ~かったです[おいしかったです]	보통체 : ~だった[きれいだった] 정중체 : ~でした[きれいでした]
부정 (현재형)	보통체 : ~くない[おいしくない] 정중체 : ~くないです[おいしくないです] 　　　　~くありません[おいしくありません]	보통체 : ~では(じゃ)ない[きれいではない] 정중체 : ~ではありません[きれいではありません]
부정 (과거형)	보통체 : ~くなかった[おいしくなかった] 정중체 : ~くなかったです[おいしくなかったです] 　　　　~くありませんでした 　　　　[おいしくありませんでした]	보통체 : ~ではなかった[きれいではなかった] 정중체 : ~ではなかったです[きれいではなかったです] 　　　　~ではありませんでした 　　　　[きれいではありませんでした]
중지형	~くて[おいしくて]	~で[きれいで]
가정형	~ければ[おいしければ]	~なら(ば)[きれいなら(ば)]
명사수식형	~い+명사[おいしい みかん]	~な+명사[きれいな 服]

2. 동사

[동사의 그룹 구분]_모든 동사의 기본형은 끝이 [u]음으로 끝난다.

동사의 종류	형태의 특징	예
1그룹 동사	2, 3그룹을 제외한 모든 동사로 기본형의 끝이 る로 끝나지 않는 동사. 또는 る로 끝나도 る앞의 음이 [i]나 [e]음이 아닌 동사	行く、会う、書く、読む、死ぬ、泳ぐ、話す、変わる、起こる、集まる、立つ、呼ぶ、盗む…
2그룹 동사	기본형의 끝이 る로 끝나고, る앞의 음이 [i]나 [e]음이 오는 동사	見る、食べる、起きる、集める、寝る、変える、借りる、別れる…
3그룹 동사	불규칙 동사로, 활용할 때 일정한 규칙이 없다.	する、来る

* 예외 1그룹 동사 : 형태는 2그룹 동사처럼 보이지만 실제로는 1그룹 활용을 해야 하는 동사를 말한다.
　　　　　　예) 帰る、知る、入る、滑る、走る、要る

[동사 활용표]

활용형	활용방법	예
ます형	1그룹 : 기본형의 끝음의 [u]음을 [i]음으로 고친다. 2그룹 : 기본형의 끝의 る를 없앤다. 3그룹 : する→し、来る→来	行く→行きます／会う→会います 見る→見ます／食べる→食べます する→します、来る→来ます
ない형 (부정형)	1그룹 : 기본형의 끝음의 [u]음을 [a]음으로 고친다. 2그룹 : 기본형의 끝의 る를 없앤다. 3그룹 : する→し、来る→来	行く→行かない／会う→会わない 見る→見ない／食べる→食べない する→しない、来る→来ない
명사수식형	1,2,3그룹 : 기본형	기본형+명사
의지형	1그룹 : 기본형의 끝의 [u]음을 [o]음으로 고치고 う를 붙인다. 2그룹 : 기본형의 끝의 る를 없애고 よう를 붙인다. 3그룹 : する→し、来る→来	行く→行こう／会う→会おう／ 読む→読もう／話す→話そう 見る→見よう／食べる→食べよう する→しよう、来る→来よう
가정형 (조건형)	1그룹 : 기본형의 끝음의 [u]음을 [e]음으로 고친다. 2그룹 : 기본형의 끝의 る를 없애고 れば를 붙인다. 3그룹 : する→す、来る→来	行く→行けば／会う→会えば 見る→見れば／食べる→食べれば する→すれば、来る→来れば
가능형	1그룹 : 기본형의 끝음의 [u]음을 [e]음으로 고치고 る를 붙인다. 2그룹 : 기본형의 끝인 る를 없애고 られる를 붙인다. 3그룹 : する→できる、来る→来られる	行く→行ける／会う→会える／ 読む→読める／話す→話せる 見る→見られる／食べる→食べられる する→できる、来る→来られる
～て형 (중지형) ～た형 (과거형)	1그룹 : ～う／つ／る → ～って、～った ～く／ぐ → ～いて／いで、～いた／いだ ～ぬ／む／ぶ → ～んで、～んだ ～す → ～して／した 2그룹 : 기본형의 끝인 る를 없애고 ～て、～た 3그룹 : する→して、した／来る→来て、来た	会う→会って、会った 書く→書いて、書いた 読む→読んで、読んだ 話す→話して、話した 見る→見て、見た する→して、した／来る→来て、来た

Step 1

기초 표현

기본적인 문법 표현으로 기초를 다진다

1 완전 기본 문장 만들기

01 | ~은/는 ~입니다.
~は ~です

작문 나(저)는 한국사람입니다.　나(저) わたし・わたくし ｜ 한국사람 韓国人 ｜ ~입니다 ~です

わたしは韓国人です。

❶ 「저」는 겸양어이지만 현대 일본어로는 「わたし」가 적당하다. 「わたくし」는 너무 딱딱하여 격식을 차려야 할 경우에만 쓴다. 「나」에 해당하는 말로 「わたし」 외에 「ぼく・おれ(남자만 씀), あたし(여자만 씀)」 등이 있고 상황에 따라 구별해 쓴다.

❷ 「です」는 단정을 나타내는 조동사 「だ(이다)」의 정중어로, 「~입니다」라는 뜻으로 쓰인다.

참고 | 인칭대명사

저	私 (わたくし)	저희(들)	私達 (わたくしたち)
나	私 (わたし, あたし라고도 읽음)・僕・俺	우리(들)	私達・我々・僕ら
당신	あなた	당신네(들)	あなた達
너	君・お前・あんた	너희(들)	君達
그(사람)	彼	그들	彼ら・彼達
그녀	彼女	그녀들	彼女ら・彼女達

도전

1 저는 회사원입니다.
　➡ _____

2 그는 학생입니다.
　➡ _____

3 이쪽은 제 친구입니다.
　➡ _____

Hint 회사원 会社員　학생 学生　이쪽 こちら　친구 友達

02 | ~은/는 ~입니까?
～は ～ですか

작문 저 건물은 우체국입니까? 건물 建物 | 우체국 郵便局

あの建물(たてもの)は郵便局(ゆうびんきょく)ですか。

평서문에 의문을 나타내는 종조사 「か」를 붙이면 의문문이 된다. 단 명사에는 그냥 「か」를 붙이는 경우도 있다.

- 학생이냐? → 学生(がくせい)か。
- 진짜냐? → ほんものか。

참고 | 공공기관에 관한 단어

전화국	電話局(でんわきょく)	수도국	水道局(すいどうきょく)	청소국	清掃局(せいそうきょく)
시청	市役所(しやくしょ)	구청	区役所(くやくしょ)	경찰서	警察署(けいさつしょ)
소방서	消防署(しょうぼうしょ)	병원	病院(びょういん)	역	駅(えき)
학교	学校(がっこう)(대학교 大学(だいがく) 고등학교 高(等学)校(こうとうがっこう) 중학교 中学校(ちゅうがっこう) 초등학교 小学校(しょうがっこう))				

도전

1 저 사람은 선생님입니까?
➡ _____

2 이것은 무엇입니까?
➡ _____

3 서울역은 어디입니까?
➡ _____

Hint 선생님 先生(せんせい) 무엇 何(なん) 역 駅(えき) 어디 どこ

03 | ~은/는 ~이(가) 아닙니다
~は ~ではありません

작문 이것은 일본어 책이 아닙니다. 이것 これ | 일본어 日本語 | 책 本

これは日本語の本ではありません。

① 주격조사 「가(이)」는 보통 「が」 또는 「は」라고 하지만 부정형 어미로서는 「~で(は)ない, ~で(は)ありません」이 되어 틀리기 쉽다. 「한국인이 아닙니다」를 「韓国人がありません」이라고 하지 않도록 주의해야 한다.

- 이것은 내 연필이 아닙니다.
  → これは私の鉛筆ではありません。

② 격조사 「の」는 체언과 체언을 연결시킬 때 쓰며, 한국어에서는 생략될 수 있지만 일본어에서는 생략되지 않으므로 주의해야 한다.

도전

1 이것은 휴대폰이 아닙니다.
   ➡ _____

2 그것은 전자 사전이 아닙니다.
   ➡ _____

3 저것은 일본 영화가 아닙니다.
   ➡ _____

Hint 휴대폰 携帯(電話)　전자 사전 電子辞書　영화 映画

04 | ~은/는 ~이(가) 아닙니까?
～は～ではありませんか

작문 그것은 가짜가 아닙니까? 　가짜 偽物(にせもの)

それは偽物(にせもの)ではありませんか。

부정 의문문으로 대답할 때 한국어와 일본어는 반대가 된다. 즉 위의 물음에서 가짜가 아닐 때 「いいえ。(にせものではありません)」 혹은 「いいえ。(ほんものです)」라고 하며, 가짜일 경우에는 「はい。(にせものです)」라고 한다.

참고
「では」는 회화체에서 「じゃ」로 축약되어 많이 사용된다.

- それは偽物ではありません。＝ それは偽物じゃありません。
- A : 佐藤(さとう)さんは大学生(だいがくせい)ですか。
  B : いいえ、佐藤(さとう)さんは大学生じゃありません。＝ 大学生ではありません。
  会社員(かいしゃいん)です。

도전

1 저 사람은 탤런트가 아닙니까?
   ➡ _____

2 저 건물은 병원이 아닙니까?
   ➡ _____

3 여기는 신주쿠가 아닙니까?
   ➡ _____

Hint　탤런트 タレント　　병원 病院(びょういん)　　신주쿠(지명) 新宿(しんじゅく)

05 ~은/는 ~도 ~도 아닙니다
～は～でも～でもありません

작문 오늘은 화요일도 수요일도 아닙니다. 오늘 今日 | 화요일 火曜日 | 수요일 水曜日

今日は火曜日でも水曜日でもありません。

❶ 「今日は火曜日だ。(오늘은 화요일이다.)」와 「今日は水曜日だ。(오늘은 수요일이다.)」이 두 문장을 동시에 부정한 중문이다.

❷ 「～も～もありません」이라고 하면 「～도 ～도 없습니다」라는 뜻이 되므로 주의해야 한다.

참고

그끄저께	그저께	어제	오늘	내일	모레	글피
さきおととい	おととい	きのう	きょう	あした	あさって	しあさって
일요일	월요일	화요일	수요일	목요일	금요일	토요일
にちようび 日曜日	げつようび 月曜日	かようび 火曜日	すいようび 水曜日	もくようび 木曜日	きんようび 金曜日	どようび 土曜日

㊟ 요일의「日」는 생략하여 말할 수도 있다.

「でも」와「で」+「も」
(1) 暇でもできたら参りましょう。(틈이라도 나면 가지요.)
  → でも : 부조사
(2) 野でも山でも花盛りです。(들에도 산에도 꽃이 한창입니다.)
  〔＝野においても山においても〕
  → 둘 다 で+も : 격조사 + 부조사
(3) 彼は実業家でもあり政治家でもある。(그는 실업가이면서 정치가이기도 하다.)
  → 둘 다 で＋も : 단정의 조동사「だ」의 접속형「で」+ 부조사「も」

(4) いくら 丈夫でも 一年はもたない。(아무리 튼튼해도 1년은 못 간다.)
　→ で+も : な형용사「丈夫だ」의 접속형「で」+ 부조사「も」

도전

1　저것은 은행도 우체국도 아닙니다.
　➡ _____

2　나는 찬성도 반대도 아닙니다.
　➡ _____

3　그녀는 배우도 가수도 아닙니다.
　➡ _____

Hint　은행 銀行　우체국 郵便局　찬성 賛成　반대 反対　그녀 彼女　배우 俳優　가수 歌手

2 있다·없다 표현하기

06 | ~이(가) 있습니다
～があります

작문 책상 위에 책이 있습니다. 책상 机 | 위 上 | 책 本

机の上に本があります。

① 기본적으로「생물」의 경우「いる(있다) ↔ いない(없다)」,「무생물」의 경우「ある(있다) ↔ ない(없다)」로 구별된다.

② 생선 가게에서「どじょうあります。(미꾸라지 있습니다.)」라는 간판을 보기도 하지만 그 미꾸라지를 실제로 보고 어린이가「どじょうがいるよ。(미꾸라지가 있네.)」라고도 한다. 여기서는 일단「いる」와「ある」(「いない」와「ない」)의 구별을 원칙적으로 세워서 이해하면 되지 않을까 생각된다.

③ 조사「に」는
　① 대상격 조사로서「~에게」　　先生に習いました。(선생님에게(께) 배웠습니다.)
　② 시간을 나타내는「~에」　　　朝6時に起きました。(아침 6시에 일어났습니다.)
　③ 장소를 나타내는「~에」　　　花びんはここにあります。(꽃병은 여기에 있습니다.)
등의 기능을 한다.

도전

1 오늘은 2시간 수업이 있습니다.
　➡ _____

2 서랍 안에 명함이 있습니다.
　➡ _____

3 집 옆에 커피숍이 있습니다.
　➡ _____

Hint　수업 授業　　서랍 引き出し　　명함 名刺　　옆 隣　　커피숍 コーヒーショップ

07 ~이(가) 없습니다
〜がありません

작문 일본에는 매머드가 살고 있던 흔적**이 없습니다**. 매머드 マンモス | 살고 있던 すんでいた | 흔적 痕跡・跡

日本にはマンモスがすんでいた(という)痕跡**がありません**。

❶ 「살다」는 일본어로 번역할 때 세 가지 경우가 있다.

- 90세까지 살았다면 장수라고 할 수 있다.
  → 90才まで**生きたら**長生き(長寿)といえる。
- 지금 서울에 살고 있습니다.
  → 今ソウルに**住ん**でいます。
- 그녀와 같이 행복하게 살았습니다.
  → 彼女といっしょに幸せに**暮らし**ました。

「生きる」는 죽지 않고 생명이 계속되는 것을, 「住む」는 일정한 장소(집)에 거주하는 것을, 「暮らす」는 매일을 보낸다 혹은 살림을 한다는 것을, 「棲む」는 동물이 사는 것을 의미한다(「棲息する」라고도 함).

❷ 「흔적」을 나타내는 표현으로 「痕跡」와 「跡」라는 말이 있는데 「跡」는 이 밖에도 여러 가지 의미로 쓰인다.

- 흔적도 없이 타 버렸다. → **跡**かたもなく燃えてしまった。
- 도둑이 들어온 흔적이 있다. → どろぼうが入った**跡**(形跡)がある。
- 아버지 대를 잇다. → 父の**跡**をつぐ。
- 범인의 뒤를 따라가다(미행하다). → 犯人の**跡**を付ける(尾行する)。

❸ 「マンモス」가 「거대하다」라는 뜻의 비유적인 표현으로 쓰일 때도 있다.
- **マンモス**団地(매머드 단지 ; 가구 수가 엄청나게 많은 아파트 단지)
- **マンモス**書店(매머드 서점 ; 규모가 아주 큰 서점)

도전

1 지금 잔돈이 없습니다.
   ➡ _____

2 친구로부터 연락이 없습니다.
   ➡ _____

3 그 방에는 책상도 의자도 없습니다.
   ➡ _____

Hint 지금 今   연락 連絡   방 部屋   의자 椅子

08 | ~은 없습니까?
～はありませんか

작문 감기에 잘 듣는 약은 없습니까? 감기 風邪 | 약 薬

風邪(かぜ)によく効(き)く薬(くすり)はありませんか。

「좋은 효과가 있다」를 그냥 번역하면 「よい効果(こうか)がある」가 되는데 회화체에서는 약의 효능을 거론할 때 「効(き)く・効かない(効き目(め)がある・効き目がない)」를 많이 쓴다.

- 이 약은 배탈에 효과가 있다.
  → この薬は腹痛(ふくつう)に効(き)く。
- 야단쳐도 효과가 없다.
  → しかっても効き目がない。
- 선전이 효과를 나타내서 물건이 많이 팔렸다.
  → 宣伝(せんでん)が効いて品物(しなもの)がたくさん売(う)れた。

도전
1 팸플릿은 없습니까?
  → _____

2 질문은 없습니까?
  → _____

3 이 근처에 편의점은 없습니까?
  → _____

Hint 팸플릿 パンフレット 질문 質問(しつもん) 근처 近(ちか)く 편의점 コンビニ

09 ~이(가) 있습니다
～がいます

작문 형제로는 형이 한 명, 누나가 두 명, 동생이 한 명 **있습니다**.
형제 兄弟 | 형/오빠 兄・お兄さん | 누나/언니 姉・お姉さん | 남동생/여동생 弟 / 妹

兄弟は兄が一人、姉が二人、弟が一人 います。

존재 유무를 나타낼 때 주체가 생물(사람, 동물)일 때에는 「～がいます(~이(가) 있습니다)」를 사용한다.

참고 | 가족 호칭

친족 호칭	자기 친족	남의 친족	부드러운 표현
할아버지	祖父	おじいさま	おじいさん
할머니	祖母	おばあさま	おばあさん
아버지	父	お父さま	お父さん
어머니	母	お母さま	お母さん
형	兄・姉	お兄さま・お姉さま	お兄さん・お姉さん
동생	弟・妹	弟さん・妹さん	

도전

1 집에는 아버지랑 어머니랑 남동생이 한 명 있습니다.
   ➡ _____

2 저 학교에는 유학생이 10명 있습니다.
   ➡ _____

3 지금 집에 있습니까?
   ➡ _____

Hint 한 명 ひとり   학교 学校   유학생 留学生

10 | ~은/는 없습니다
～はいません

작문 교실 안에 선생님은 없습니다. 교실 教室 | 선생님 先生

教室の中に先生はいません。

❶ 「いません(없습니다)」은 생물의 존재 유무를 나타내는 말로 「います」의 부정형이다. 「없다」라는 반말체로 나타내려면 「いる」의 부정형 「いない」가 된다.
「～도 없습니다」와 같이 표현할 때는 「～もいません」으로 나타낸다.

- 부엌에는 아무도 없습니다.
  → 台所にはだれもいません。

참고 | だれ (누구)・どなた (어느 분)
「だれ」의 공손한 말은 「どなた」이다.

- だれか来たようです。(누가 온 것 같습니다.)
  → どなたかお見えになったようです。(어떤 분이 오신 것 같습니다.)
- これはだれの荷物ですか。(이건 누구 짐입니까?)
  → これはどなたの荷物でしょうか。(이건 어느 분의 짐인지요?) 등.

그러나 「だれも彼も(누구나 모두)」, 「だれしも(누구든지)」, 「だれひとり(누구 하나)」 등, 고정되어 있는 표현에서는 「どなた」로 바꾸어 쓸 수 없다.

- だれも彼も知らん顔をしている。(모두가 모르는 체하고 있다.)
- だれしも欠点はある。(누구든 결점은 있다.)
- だれひとり知らない者はない。(누구 하나 모르는 사람이 없다.)

❷ 주체가 무생물인 경우에 「없습니다」는 「ありません」이 된다.

- 연필은 없습니다.
  → えんぴつはありません。

도전

1 집에는 애완 동물은 없습니다.
→ _____

2 교실에는 선생님도 학생도 없습니다.
→ _____

3 오늘은 손님이 한 명도 없습니다.
→ _____

Hint 애완 동물 ペット　교실 教室(きょうしつ)　오늘 今日(きょう)　손님 お客(きゃく)さん

3 형용사 활용하기

11 | ~ㅂ니다(い형용사)
　　 ~(い형용사)です

작문　이 차는 매우 **쌉니다**.　차·자동차 車·自動車 | 매우 とても | 싸다 安い

この車はとても安いです。

❶ い형용사를 이용해 「~입니다」를 표현할 때는 「기본형+です」로 표현한다.
- おいしい (맛있다) → おいしいです(맛있습니다)
- 楽しい (즐겁다) → 楽しいです(즐겁습니다)
- 高い (높다, 비싸다) → 高いです(높습니다, 비쌉니다)
- 重い (무겁다) → 重いです(무겁습니다)

❷ 「매우, 아주」라는 뜻을 나타내는 부사로는 「とても」 외에도 「非常に」「大変」등 여러 가지가 있다.
- 저 코끼리는 매우 크네요.
  → あの象は**非常に**大きいですね。
- 올해 여름은 매우 덥다.
  → 今年の夏は**大変**暑い。

도전

1　이 디지털 카메라는 매우 비쌉니다.
　➡ _____

2　그 시험은 정말로 어렵습니다.
　➡ _____

3　이 근처는 낮에도 밤에도 매우 시끄럽습니다.
　➡ _____

Hint　디지털 카메라 デジタルカメラ　매우 とても　비싸다 高い　시험 試験　정말로 本当に　낮 昼　밤 夜　시끄럽다 うるさい

12 | ~ㅂ니까?(い형용사)
〜(い形容詞)ですか

작문 서울의 겨울은 홋카이도보다 **춥습니까**? 겨울 冬 | 홋카이도 北海道 | 춥다 寒い

ソウルの冬は北海道より寒いですか。

① い형용사의 의문형은 평서문에「か」혹은「ですか(정중형)」를 붙인다.

②「〜より」는 비교를 나타내는 격조사이다.

- 무명보다 비단이 (더) 비싸다.
  → **木綿より**絹が(もっと)高い。

부사처럼 쓰이는 경우도 있다.

- 보다 높은 목표
  → **より**高い目標

③ 여기서 두 가지 여건(서울과 홋카이도)을 미리 판단할 것 없이 그냥 비교할 때에는 의문사를 쓴다.

- 서울과 홋카이도는 어느 쪽이 춥습니까?
  → ソウルと北海道は**どちらが**寒いですか。

도전

1 그 프로그램은 재미있습니까?
   ➡ _____

2 이 스프는 맵습니까?
   ➡ _____

3 회사는 집에서 멉니까?
   ➡ _____

Hint 프로그램 番組   스프 スープ   맵다 辛い   멀다 遠い

13 | ~지 않습니다
〜(い형용사의 어간)くありません

작문 이 구두는 비싸지 않습니다. 구두 くつ | 비싸다 高い

このくつは高くありません。

い형용사의 부정은 어미「い」가「く」로 바뀌고「〜ない」 또는 이보다 정중한 표현인 「〜ありません」이 연결된다.

- おいしい (맛있다)
  → おいしくない (맛있지 않다) → おいしくありません (맛있지 않습니다)
- 楽しい (즐겁다)
  → 楽しくない (즐겁지 않다) → 楽しくありません (즐겁지 않습니다)

참고 | い형용사의 반대어

• 高い 높다 ↔ 低い 낮다	• 高い 비싸다 ↔ 安い 싸다
• 長い 길다 ↔ 短い 짧다	• いい・良い 좋다 ↔ 悪い 나쁘다
• 重い 무겁다 ↔ 軽い 가볍다	• 多い 많다 ↔ 少ない 적다
• 大きい 크다 ↔ 小さい 작다	• 白い 희다 ↔ 黒い 까맣다
• 熱い 뜨겁다 ↔ 冷たい 차갑다	• 厚い 두껍다 ↔ 薄い 얇다

도전

1 주말은 바쁘지 않습니다.
   ➡ _____

2 오늘은 덥지 않습니다.
   ➡ _____

3 그 디자인은 별로 좋지 않습니다.
   ➡ _____

Hint 주말 週末　바쁘다 忙しい　덥다 暑い　별로 あまり　좋다 良い

14 ~지도 ~지도 않습니다
~(い형용사)くも~(い형용사)くもありません

작문 저는 키가 크지도 작지도 않습니다. 키가 크다(작다) 背が高い(低い)

私は背が高くも低くもありません。

❶ い형용사를 동시에 부정할 때는 「~くも~くもありません(~지도 ~지도 않습니다)」이라고 한다.
  • 덥지도 춥지도 않습니다(暑い/寒い)
    → 暑くも寒くもありません。

❷ 키를 말할 때에는 「高い・低い」라고 하지만 그 외에 「크다・작다」라고 할 경우는 「大きい・小さい」라고 한다.

참고 高い의 여러 가지 표현

鼻が高い　　　　しっ！ 声が高い　　　　背が高い
(콧대가 높다)　　(쉬, 목소리가 크다)　　(키가 크다)

도전
1 사이즈가 크지도 작지도 않습니다.
　➡ _____

2 저 레스토랑은 맛있지도 맛없지도 않습니다.
　➡ _____

3 이 정도는 아프지도 가렵지도 않습니다.
　➡ _____

Hint 사이즈 サイズ　레스토랑 レストラン　맛있다 おいしい　맛없다 まずい　이 정도 このぐらい
　　　　아프다 痛い　가렵다 痒い

15 ~한+명사
형용사+명사

작문 그 빨간 연필은 깁니까? 빨간 赤い | 연필 えんぴつ | 길다 長い

その赤いえんぴつは長いですか。

❶ い형용사 뒤에 명사가 올 때는 い형용사의 기본형 그대로 접속한다. 이처럼 명사를 수식할 때의 활용형을 연체형, 또는 명사수식형이라고 하며, 한국어로는 「~ㄴ/~한 (명사)」로 해석된다.

- 빨간 장미 → 赤いバラ
- 큰 눈 → 大きい目
- 짧은 머리 → 短い髪の毛
- 좁은 길 → 狭い道
- 작은 강아지 → 小さい子犬
- 넓은 운동장 → 広い運動場

❷ な형용사의 명사 수식형은 「な형용사의 어간 + な + 명사」의 형태이다. 명사 수식형이 ~な이기 때문에 「な형용사」라는 이름이 붙여진 것이다.

- 예쁜 꽃 → きれいな花
- 번화한 거리 → にぎやかな街
- 조용한 도서관 → 静かな図書館
- 성실한 학생 → まじめな学生

도전

1 교토에는 오래된 절이나 신사가 있습니다.
➡ _____

2 조금 더 짧은 치마는 없습니까?
➡ _____

3 저 다리가 예쁜 사람은 누구입니까?
➡ _____

Hint 교토(지명) 京都 | 오래되다 古い | 절 寺 | 신사 神社 | 조금 더 もう少し | 짧다 短い
치마 スカート | 다리 足 | 예쁘다 きれいだ

16 | ~ㅂ니까?(な형용사)
(な형용사)ですか

작문 선배들은 모두 후배들에게 친절합니까? 선배 先輩 | 모두 皆 | 후배 後輩 | 친절 親切

先輩たちは皆後輩たちに親切ですか。

① な형용사의 의문형은 어간에 「か」 혹은 「ですか(정중형)」를 붙인다.
② 격조사는 대상을 나타내는 조사로서 「に(사람, 목적물, 장소 등)」가 있다.
③ 복수를 나타내는 접미사 「たち(方)」는 그 단어 자체가 복수 개념을 가질 경우에는 붙이지 않는다. 그리고 사용할 수 있더라도 생략할 때가 많다.

- 우리들 → われわれ(わたしたち)
- 사람들 → 人々(人たち)
- 학생들 → 学生(たち)
- 선생님들 → 先生方

도전

1 괜찮습니까?
   ➡ _____

2 아르바이트는 힘듭니까?
   ➡ _____

3 그녀는 항상 저렇게 조용합니까?
   ➡ _____

Hint 괜찮다 大丈夫 아르바이트 アルバイト 힘들다 大変だ 항상 いつも 조용하다 静かだ

연·습·문·제·1

1. 완전 기본 문장 만들기
2. 있다·없다 표현하기
3. 형용사 활용하기

(01~16)

1 다음 글의 밑줄 친 부분에 들어갈 가장 적당한 말을 아래 ⬭ 에서 골라 넣어 보자.

　私が生まれたところは_____村です。_____空気、_____水が豊富にあります。大きいデパートや高いビルはひとつも_____。学校は、中学と小学校が１つずつあるだけで、高校や、大学は_____。大きい病院もないので、重い病気になると大変です。村の人口のほとんどはお年寄りです。子供や若者は少ししか_____。日本はこんな町や村がたくさん_____。

> ありません　　たくさん　　あります　　小さい　　いません　　きれいな

2 다음 문장을 일본어로 작문해 보자.

❶ 저 사람은 일본인입니다.　~は~です　日本人

　➡ _____

❷ 김 씨는 대학생이 아닙니다.　~は~ではありません　大学生

　➡ _____

❸ 형제는 없습니다. 외동아들(딸)입니다.　~は~いません　兄弟　一人っ子

　➡ _____

❹ 이 근처에 깨끗한 공원이 있습니다.　~があります　きれいだ　公園

　➡ _____

❺ 지금은 덥지도 않고 춥지도 않은 계절입니다.　~くも~くもありません　暑い　寒い　季節

　➡ _____

4 동사 ます형 활용 표현 마스터하기

17 | ~ㅂ니다
~ます

작문 나는 매일 우유를 마<u>십니다</u>. 매일 毎日 | 우유 牛乳 | 마시다 飲む

私は毎日牛乳を飲み<u>ます</u>。

동사 서술문에서 정중한 표현을 할 때 동사에 정중을 나타내는 조동사 「ます」를 붙인다. 이러한 형태를 동사의 ます형이라고 한다. 신문·잡지 등에서 문장어로 쓰일 경우에는 동사의 활용형을 이용해 보통형(반말)의 형태를 쓴다. 한국어처럼 사전에 나오는 기본형과 현재의 시제를 나타내는 「~ㄴ다」형이 따로 있는 것이 아니므로 주의해야 한다.

참고 | 동사의 ます형 (자세한 내용은 15p 동사 활용표를 참조)

ある(있다) → あります(있습니다)	いる(있다) → います(있습니다)
行く(가다) → 行きます(갑니다)	食べる(먹다) → 食べます(먹습니다)
歩く(걷다) → 歩きます(걷습니다)	帰る(돌아가다) → 帰ります(돌아갑니다)
見る(보다) → 見ます(봅니다)	書く(쓰다) → 書きます(씁니다)
過ぎる(지나다) → 過ぎます(지납니다)	送る(보내다) → 送ります(보냅니다)
集まる(모이다) → 集まります(모입니다)	笑う(웃다) → 笑います(웃습니다)

도전

1. 휴대폰을 충전합니다.
   ➡ _____

2. 나는 항상 지하철 안에서 신문을 읽습니다.
   ➡ _____

3. 휴대폰 메일을 친구에게 보냅니다.
   ➡ _____

Hint 휴대폰 携帯 충전 充電 읽다 読む 휴대폰 메일(문자) ケータイメール 보내다 送る

18 | ~하겠습니다
～ます

작문 늦어도 6시에는 돌아가겠습니다. 늦어도 遅くても

遅(おそ)くても6時には帰(かえ)ります。

❶ 정중을 나타내는 조동사「ます」는 의지를 포함한 미래를 나타낼 수도 있다. 그때는「きっと(꼭)」「できるだけ(될 수 있는 대로)」「少(すく)なくとも(적어도)」「遅(おそ)くても(とも)(늦어도)」 등 조건을 나타내는 부사를 같이 쓰기도 하며, 무엇인가 약속을 하는 뜻의 문장이 된다.

❷ 여기서「帰(かえ)るでしょう」라고 한다면 불확실한 추측이 되어 자신이 주체가 되어 말할 경우에는 자신이 없다는 느낌을 주게 된다.「帰(かえ)ります」라면 자신의 행동에 확신을 가지고 하는 말이 되어 상대방에게 성의를 느끼게 한다.

도전

1 오늘은 늦었으니 다음에 오겠습니다.
   ➡ _____

2 열이 있기 때문에 결석하겠습니다.
   ➡ _____

3 그럼, 오늘은 여기서 실례하겠습니다.
   ➡ _____

Hint 열 熱(ねつ)   결석하다 欠席(けっせき)する   실례하다 失礼(しつれい)する

19 | ~합니까? ~ますか

작문 신주쿠에 갈 때는 어디에서 갈아**탑니까**? 신주쿠 新宿 : 갈아타다 乗り換える

新宿に行く時はどこで乗り換え**ますか**。

① 동사 의문문은「평서문+か(의문조사)」또는「동사의 ます형+ます(정중)+か」로 표현한다.

② 동사가 명사를 꾸밀 때는「기본형+명사」의 형태이며, 이러한 명사 수식형의 형태는 미래와 현재의 형태 구분이 없다.
- 갈 때 → 行く時
- 가는 곳 → 行くところ
- 볼 때마다 → 見るたびに

③ **~かえる** : 갈아 ~다, 바꿔 ~다
- 履き**かえる**(갈아 신다)
- 入れ**かえる**(갈아 넣다)
- 取り**かえる**(새것으로 갈다)
- すり**かえる**(슬쩍 바꾸다)
- 置き**かえる**(바꾸어 놓다)

④ 「~에」는 장소·시간 등을 나타내는 격조사로「に」에 해당한다. 단「에게」, 「한테」 등 대상에 따라 구별할 것 없이 모두「に」를 쓴다.
- 학교에 가다 → 学校に行く
- 12시에 만나다 → 12時に会う
- 역사에 대해서 → 歴史について
- 어머님께 드리다 → お母さんにさしあげる

도전

1 노래방에 자주 갑니까?
　➡ _____

2 야구 경기를 자주 봅니까?
　➡ _____

3 일본 잡지를 자주 읽습니까?
　➡ _____

Hint　노래방 カラオケ　자주 よく　야구 경기 野球の試合　잡지 雑誌

20 | ~하지 않습니다
～ません

작문 올해 장마는 비가 그다지 내리지 않습니다. 장마 梅雨 | 비 雨 | 그다지 あまり | 내리다 降る

今年の梅雨は雨があまり降りません。

❶ 동사의 부정형은 형용사와 마찬가지로「동사의 ない형+ない」또는「동사의 ます형+ません(정중)」으로 부정의 뜻을 나타낸다.

❷ 언제나 하고 있는 습관이나 버릇 등을 나타낼 경우도 있다.

- 그는 집에서 담배를 피우지 않습니다.
  → 彼は家でたばこを吸いません。

- 겨울에는 차가운 음료수가 잘 팔리지 않습니다.
  → 冬には冷たい飲み物がよく売れません。

도전

1 휴일에는 일을 하지 않습니다.
   ➡ _____

2 영어를 전혀 모릅니다.
   ➡ _____

3 올해 겨울은 코트가 팔리지 않습니다.
   ➡ _____

Hint 휴일 休日 | 일 仕事 | 전혀 全然 | 겨울 冬 | 코트 コート | 팔리다 売れる

21 | ~하지 않겠습니다
~ません

작문 앞으로는 같은 잘못을 거듭하지 않겠습니다. 앞으로 これから | 잘못 過ち | 거듭하다 繰り返す

これからは同じ過ちを繰り返しません。

❶ 「ません」은 현재형이지만, 「~하지 않겠다」라는 앞으로의 의지를 표현할 수 있다.
  - 비가 오면 가지 않겠습니다.
    → 雨が降れば行きません。

❷ 「앞으로」는 직역하면 「前に」가 되지만 「前に」라면 「이전에」라는 뜻이 된다. 「앞」이 시간의 전후 관계뿐 아니라 위치 관계를 나타내는 점도 한국어와 마찬가지다.
  - 그 집 앞에 → その家の前に
  - 앞뒤 → 前後 [cf. 안팎 → 表裏(おもてうら라고도 읽음)・内外]

❸ 「잘못」에는 「過ち」와 「誤り」의 두 가지 의미가 있다. 「過ち」는 도덕적, 법률적인 잘못으로 「過誤(과오)」라고도 한다. 「誤り」는 단순한 실수・틀림을 의미한다. 한자의 구별에 주의할 것.

도전

1 저는 다음 회의에는 출석하지 않겠습니다.
  ➡ _____

2 오늘은 우체국에는 가지 않겠습니다.
  ➡ _____

3 그와는 이야기하지 않겠습니다.
  ➡ _____

Hint 다음 次回   회의 会議   출석 出席   우체국 郵便局

22 | ~하지 않겠습니까? ~ませんか

작문 쇼핑하러 가지 않겠습니까? 쇼핑 ショッピング

ショッピングに行きませんか。

상대방의 의사를 묻는 부정 의문형은 부정문에 의문 조사 「か」를 붙인다. 「~하지 않습니까?」라는 의문의 의미도 있지만, 「~하지 않겠습니까?」라는 권유의 의미로도 많이 사용된다.

- 숙제를 안 하니?
  → 宿題をしないの**か**。
- 혼자 가는 편이 좋지 않아요?
  → ひとりで行く方が良くあり**ませんか**。
- 주소를 알려 주시지 않겠습니까?
  → 住所を知らせてください**ませんか**。

도전

1 메일 주소, 교환하지 않겠습니까?
  ➡ _____

2 무언가 새로운 기획을 생각하지 않겠습니까?
  ➡ _____

3 다음에 같이 골프치러 가시지 않겠습니까?
  ➡ _____

Hint 메일 주소 メールアド　교환 交換　기획 企画　생각하다 考える　골프치러 가다 ゴルフに行く

23 | ~합시다
～ましょう

작문 노인에게는 자리를 양보**합시다**. 노인 老人 | 자리 席 | 양보하다 譲る・譲歩する

老人には席を譲り**ましょう**。

❶ 동사 기본형의 권유를 나타낼 경우 1그룹 동사는 「う」를 붙이고, 2그룹과 3그룹 동사는 어간에 「よう」를 붙여 쓴다. 정중형인 「～ます」의 권유형은 「～ます+よう」인 「～ましょう」가 된다.

- 読む(읽다) → 読**もう**(읽자)
  読みます(읽습니다) → 読み**ましょう**(읽읍시다)
- 話す(이야기하다) → 話**そう**(이야기하자)
  話します(이야기합니다) → 話し**ましょう**(이야기합시다)
- 食べる(먹다) → 食べ**よう**(먹자)
  食べます(먹습니다) → 食べ**ましょう**(먹읍시다)
- 起きる(일어나다) → 起き**よう**(일어나자)
  起きます(일어납니다) → 起き**ましょう**(일어납시다)
- 勉強する(공부하다) → 勉強し**よう**(공부하자)
  勉強します(공부합니다) → 勉強し**ましょう**(공부합시다)

❷ 「양보하다」를 「譲歩する」라고 할 수도 있는데 좀 딱딱한 표현이다. 특히 자기의 의견이나 주장을 거두고 남에게 따라간다는 뜻을 나타낸다.

- 이번 회의에서는 상대 쪽이 꽤 양보했다.
  → 今度の会議では相手側がかなり**譲歩した**。
- 이 문제에 대해서는 양보할 수 없다.
  → この問題については**譲歩できない**。

❸ 원래「譲歩」란 길을 비켜서 남이 가게 해 준다는 뜻이므로,「一歩も譲れない(조금도 양보 못하다)」또는「百歩譲って(백보 양보해서)」라는 표현 등으로 쓰인다. 즉 결코 받아들일 수 없는 조건이지만 비록 그것을 인정한다 할지라도 그 결론만은 안 된다는 뜻이다.

- 백보 양보해서 그가 잘못했다 할지라도 그것만으로 쫓아내는 것은 너무하다.
  → **百歩ゆずって**彼がまちがっていたとしても それだけで追い出すのはあんまりだ。

도전

1 오늘은 이제 돌아갑시다.
  ➡ _____

2 새로운 버전을 다운로드 합시다.
  ➡ _____

3 책상 주변을 정리합시다.
  ➡ _____

Hint 버전 バージョン 다운로드 ダウンロード 책상 机 주변 周り 정리하다 片付ける

24 | ~하죠
～ましょう

작문 당신의 소망은 무엇이든지 이루어 드리죠. 소망 望み・願い | ~든지 ~でも | 이루다 かなえる・成す | 드리다 さしあげる

あなたの望みは何でもかなえてあげましょう。

앞에서 나온 것과 같이 「～ましょう」는 「~합시다」라는 의미를 나타낼 때도 쓰이지만, 자신이 할 행동을 부드럽게 말하는 표현으로도 사용된다.
아래의 두 문장을 살펴 보자.

- 私が行きます。
  내가 가겠습니다.

- 私が行きましょう。
  내가 가죠.

위의 두 문장 모두 자신이 가겠다는 의지를 나타내지만, 「～ましょう」를 이용한 표현이 좀더 부드러운 회화체 문장에서 많이 쓰인다.

참고 「あげる」는 「やる」의 존댓말인가?
문법상으로나 사전에서는 「あげる(드리다)」가 「やる(주다)」의 존댓말로 풀이되고 있다. 그러나 말이란 세월 따라 그 용법도 변하게 마련이다. 지난날 존댓말이었던 「あげる」가 오늘날에는 품위가 격하되어서 거의 「やる」와 동격으로 쓰이고 있다. 예를 들어「これ、犬にあげなさい。(이거, 개에게 줘요.)」라고까지 말하곤 하니까 말이다. 이렇듯 「일간 편지를 드리겠습니다.」라고 할 때, 「そのうちにお手紙あげます。」로 표현하면 결코 존댓말이 아니며「そのうちにお手紙をさしあげます」로 말해야 한다. 예를 들면

- コーヒーでも**さしあげ**(×あげ)ましょうか。 커피라도 드릴까요?

- 私が書いて**さしあげ**(×あげ)ましょう。 제가 써 드리겠습니다.

등으로 표현해야 한다. 한마디로 말해서「さしあげる」가 존댓말이다.

도전

1 제가 형에게 이야기해 보죠.
   ➡ _____

2 교토는 제가 안내하죠.
   ➡ _____

3 다음 하이킹에는 제가 도시락을 만들어 가죠.
   ➡ _____

Hint 안내하다 案内(あんない)する   하이킹 ハイキング   도시락 弁当(べんとう)   만들다 作(つく)る

25 | ~할까요?
～ましょうか

작문 도서관에서 그 책을 찾아 **볼까요**? 도서관 図書館 | 책 本 | 찾다 探す

図書館でその本を探してみ**ましょうか**。

❶ 권유문에 의문 조사 「か」를 붙이면 상대방의 의사를 묻는 뜻이 된다.

❷ 동사가 원래의 의미를 잃거나 약화되면서 주동사와 결합하여 그 동작을 도와 주는 보조 동사의 역할을 할 경우가 있다.

- ～**てみる** (~해 보다)
    - → 行って**みる** (가 보다)
    - → 読んで**みる** (읽어 보다)
    - → 着て**みる** (입어 보다)

- ～**てあげる** (~해 주다)
    - → 買って**あげる** (やる) (사 주다)

- ～**てくる** (~해져 오다)
    - → 晴れて**くる** (개어져 오다, 맑아져 오다)

- ～**ておく** (~해 두다)
    - → 書いて**おく** (써 두다)

- ～**てしまう** (~해 버리다)
    - → なくして**しまう** (잃어 버리다)

동사의 て형과 접속하는 형태와는 달리 동사의 ます형과 접속하는 보조동사도 있다.

- ～**はじめる**/～**だす** (~기 시작하다)
    - → 食べ**はじめる** (먹기 시작하다)

- ~かねる/~にくい (~기 어렵다)
    → 出しかねる(=出しにくい) (내기 어렵다)
- ~ぬく (~해 내다)
    → 耐えぬく (견뎌 내다)

참고 | 捜す · 探す

(1) 「捜す」는 행방을 모르는 것을 「찾다」라는 뜻.
    → 犯人を捜す。(범인을 찾다.)

(2) 「探す」는 자기가 원하는 것을 「찾다」라는 뜻.
    → 下宿を探す。(하숙을 구하다.)

따라서 「人捜し」는 행방 불명이 된 사람을 찾는 것이 되고, 「人探し」는 적당한 사람을 구한다는 뜻이 된다.

도전

1 조금 쉴까요?
   ➡ _____

2 창문을 조금 열까요?
   ➡ _____

3 제가 자료를 수집할까요?
   ➡ _____

Hint 쉬다 休む 창문 窓 열다 開ける 자료 資料 수집하다, 모으다 集める、収集する

26 | ~했습니다 / ~ました

작문 여름 방학에 오사카에 **갔습니다**. 오사카 大阪

夏休みに大阪に行き**ました**。

① 「~ました」는 동사의 정중체인「~ます」에 과거를 나타내는 조동사「た」를 접속시킨 형태이며「~했습니다」라는 과거 정중체를 나타낸다.

② 참고로 반말체인「~했다」라고 만들려면 기본형에 과거를 나타내는 조동사「た」를 접속하면 된다.
1그룹 동사 중 끝음이 [~う、~つ、~る]로 끝나는 동사는「~った」의 형태로 바뀌며, [~く、~ぐ]로 끝나는 동사는「~いた、~いだ」의 형태로 바뀐다. [~ぬ、~ぶ、~む]로 끝나는 동사는「~んだ」의 형태로 바뀌며, [~す]로 끝나는 동사는「~した」의 형태로 바뀐다.
2그룹 동사는 끝음의 [~る]를 떼고「~た」로 접속하면 된다.
마지막으로 3그룹 동사는 불규칙 활용을 하므로 する는 [した], 来る는 [来た]로 활용한다.

도전
1 마지막 전철이었는데, 만원이었습니다.
　➡ _____

2 뉴스에서 듣기까지, 그 일을 전혀 몰랐습니다.
　➡ _____

3 어제는 회식에 가서, 술을 많이 마셨습니다.
　➡ _____

Hint 마지막 전철 最終電車　만원 満員　뉴스 ニュース　회식 会社の飲み会　술 酒

27 ~하러 / ~に

작문 우체국에 80엔짜리 우표를 사러 갑니다. 80엔짜리 80円(の) | 우표 切手

郵便局に80円の切手を買いに行きます。

① 앞에서 설명한 바 있지만 동사 ます형에 접속되는 「に」는 뒤에 오는 「行く」「来る」 등의 직접 목적을 나타낸다.

② 조사 「に」가 명사에 접속될 때는 격조사로 봐야 한다.
- 쇼핑하러 간다. → 買物に行く。

③ 「짜리」는 「~に 値する(~값어치의)」라는 뜻인데 물건·경우에 따라 표현이 다르다.
- 1,000엔짜리(지폐) → 1,000円札
- 10원짜리(동전) → 10ウォン玉
- 500원짜리 담배 → 500ウォンのタバコ
- 이것은 얼마짜리나 될까? → これはいくらぐらいのものだろうか。

참고 買う(사다) · 売る(팔다)

화폐 경제에서는 사고 파는 행위가 대금을 교환 조건으로 이루어지지만, 사고 파는 그 자체는 반드시 금전만을 조건으로 하지는 않는다. 예를 들면, 다음과 같다.
- 恨みを買う (원한을 사다)
- 冷笑を買う (냉소를 사다)
- 歓心を買う (환심을 사다)
- 才能を買う (재능을 인정하다)
- 名を売る (이름을 팔다)
- 友を売る (친구를 배반하다)
- けんかを売る (싸움을 걸다)
- こびを売る (아양을 떨다)

도전 1 내일은 회사 면접을 보러 갑니다.
⇒ _____

2 비디오가게에 비디오를 반납하러 갔다 왔습니다.
⇒ _____

3 먼저 숙제를 하고, 밥을 먹고, 그리고 나서 친구랑 놀러 갑니다.
⇒ _____

Hint   면접을 보다 面接を受ける   비디오가게 レンタルビデオ屋   반납하다 返す

28 ～하면서 ～ながら

작문 걸으면서 침을 뱉는 것은 하지 맙시다. 걷다 歩く | 침을 뱉다 唾を吐く

歩き**ながら**唾を吐くのはやめましょう。

① 접속 조사「ながら(～면서)」는 동사 ます형, 형용사 기본형에 접속되어 동시 진행과 역접을 나타낸다.
- 먹으면서 이야기하다. → 食べ**ながら**話す。
- 노래하면서 걸어가다. → 歌い**ながら**歩く。
- 알면서 모르는 척하다. → 知り**ながら**知らないふりをする。

② 음악을 들으면서 책을 읽거나 TV를 보면서 공부하는 사람들을「ながら族」라고도 한다.

참고 신체 현상에 관한 문장

기침이 나다	咳が出る	콧물이 나다	鼻水が出る
하품을 하다	あくびをする	땀을 흘리다	汗をかく
방귀를 뀌다	おならをする	다리를 떨다	びんぼうゆすりをする
눈물이 나다	涙が出る	눈물을 흘리다	涙を流す

도전

1 그는 항상 노래를 부르면서 청소를 한다.
　_____

2 내 남편은 신문을 보면서 식사를 한다.
　_____

3 세탁을 하면서 설거지를 한다.
　_____

Hint 청소 掃除　신문 新聞　세탁 洗濯　설거지 皿洗い

29 | ~하세요 / ~なさい

작문 다음 괄호 안에 적당한 단어를 넣으세요.   다음 次(の) | 괄호 カッコ(括弧) | 적당하다 適当だ | 단어 単語 | 넣다 入れる

次のカッコの中に適当な単語を入れなさい。

「~なさい」란 어미는 강한 명령의 뜻을 가지고 있기 때문에 아랫사람, 특히 어른이 어린아이에게 쓰거나 시험지의 지시 사항처럼 사무적인 말투에 쓰인다.

- 빨리 장난감을 치워라. → はやくおもちゃをかたづけ**なさい**。

- 옳은 것에는 ○를 틀린 것에는 ×를 하시오.
  → 正しいものには○(まる)を、まちがっているものには×(ばつ)をつけ**なさい**。

참고 | 문장 부호에 관한 단어

。	句点(まる)	，	読点(てん)	！	感嘆符
？	疑問符	' ' 「 」" "	引用符	―	ダッシュ
→	矢印	( )	小 カッコ	〈 〉	中 カッコ
〔 〕	大 カッコ	「 」	かぎカッコ	《 》	二重 カッコ
---	点線、リーダー	＿＿	傍線・下線		

도전

1 방 청소를 하세요.
   →＿＿＿＿＿＿＿＿＿＿＿＿＿＿＿＿＿＿＿＿＿＿＿＿＿＿＿＿

2 먼저 숙제를 하세요.
   →＿＿＿＿＿＿＿＿＿＿＿＿＿＿＿＿＿＿＿＿＿＿＿＿＿＿＿＿

3 야채를 더 먹으세요.
   →＿＿＿＿＿＿＿＿＿＿＿＿＿＿＿＿＿＿＿＿＿＿＿＿＿＿＿＿

Hint 방 部屋   야채 野菜

30 ~하기 쉽다 / ~やすい

작문 가을 날씨는 변하기 쉽다. 변하다 変わる | ~기 쉽다 ~やすい

秋の天気は変わりやすい。

① 동사 ます형에 접속되는 「やすい」는 동사를 형용사화시키며, 「간단히 ~하는 경향이 있다」 「~하기 일쑤다」 등의 의미도 있다. 비슷한 말로 「がち(だ)」가 있다.
- 지각하기 일쑤다. → 遅刻しがちだ。

〈「やすい」의 사용례〉
- 변하기 쉽다 → 変わりやすい
- 배우기 쉽다 → 学びやすい
- 알기 쉽다 → わかりやすい
- 잊기 쉽다 → 忘れやすい

② 반대말로 「~하기 힘들다」 「~하기 어렵다」라는 의미를 나타내는 「~にくい」 「~がたい」 등이 있다.
- 배우기 힘들다 → 学びにくい
- 믿기 어렵다 → 信じがたい

도전

1 조금 더 알기 쉬운 말로 설명해 주세요.
➡ _____

2 이 디지털 카메라는 누구라도 사용하기 쉽습니다.
➡ _____

3 이 펜은 닳아서 쓰기 힘들다.
➡ _____

Hint 설명 説明   디지털 카메라(디카) デジタルカメラ(デジカメ)   닳다 かすれる

31 | ~하고 싶다
~たい

작문 학자로서 연구를 위해 진력하고 싶다. 학자 学者 | 연구 研究 | ~을 위해 ~のために |
진력하다 つくす

学者として研究のためにつくしたい。

❶ 희망, 의지를 나타내는 조동사「たい」는 동사의 ます형에 접속되어 형용사 활용을 한다. 공손한 표현으로는 형용사처럼「~たいです」또는「~たいと思います」라고 한다. 일반적인 평서문에서는 주어가 1인칭인 '나' 일 때 밖에 사용할 수 없다.
  • 私は日本に行きたいです。(나는 일본에 가고 싶습니다. ○)
  • 田中さんは日本に行きたいです。(다나카 씨는 일본에 가고 싶습니다. ×)

❷「~ために」는 목적을 나타내는데 명사에 접속될 때는 꼭 조사「の」를 붙이고, 동사의 경우에는 명사수식형에 접속된다.
  • 출세를 위하여 모든 것을 희생한다.
    → 出世のためにすべてを犠牲にする。

도전
1 한 번 디즈니랜드에 가 보고 싶다.
   ➡ _____

2 시험이 끝났기 때문에, 내일은 푹 쉬고 싶다.
   ➡ _____

3 올해 겨울이야말로, 스노우보드를 해보고 싶었다.
   ➡ _____

Hint 디즈니랜드 ディズニーランド   스노우보드 スノーボード

32 | ~해 하다(하게 여기다)
〜がる

작문 싫어하는 일을 시켜도, 능률은 올라가지 않을 것이다. 싫어하다 いやがる | 시키다 させる | 능률 能率 | 올라가다 上がる

いやがる仕事をさせても能率は上がらないだろう。

❶ い형용사, な형용사, 희망을 나타내는 조동사「たい」의 어간에 접속되어「〜하게 여기다, 〜처럼 한다」는 뜻을 첨가하는「〜がる」는 い형용사, な형용사를 동사로 만든다.
특히「たい」와 결합되어「〜たがる」형태로 많은 동사에 접속된다.

❷「〜たい」는 주어가 1인칭일 때 외에 사용할 수 없었지만「〜たがる」는 주어가 2, 3인칭일 때 사용할 수 있는 표현이다.
- 다나카 씨는 일본에 가고 싶어합니다.
  → 田中さんは日本に行きたがっています。

〈「がる」의 사용례〉
- 嬉しがる (기뻐하다)
- 悲しがる (슬퍼하다)
- 行きたがる (가고 싶어하다)
- 食べたがる (먹고 싶어하다)

도전

1 미국에 있는 사촌은 김치를 먹고 싶어했다.
→ _____

2 그렇게 슬퍼하지마. 또 금방 만날 수 있으니까.
→ _____

3 아들이 매일 게임을 하고 싶어해서 고민입니다.
→ _____

Hint 사촌 いとこ 슬프다 悲しい 고민하다, 난처하다 困る

연·습·문·제·2

4. 동사 ます형 활용 표현 마스터하기

(17~32)

1 다음 글의 밑줄 친 부분에 들어갈 가장 적당한 말을 아래 ◯ 에서 골라 넣어 보자.

　　私は先月交通事故を起こしました。運転をし_____携帯電話で話していて、前の車にぶつかり_____。今も毎日車を運転しますが、運転中に携帯電話は絶対に使い_____。どうしても電話をし_____ときは、道の脇に車を停めます。それから、電話をかけます。みなさんも、運転中の携帯電話の使用をやめ_____。「私は大丈夫だ」と思っていませんか。「あなただけが大丈夫だ」ということは絶対にありません。お互いに交通ルールを守り_____。そして、事故を減らし_____。

> ましょう　　ました　　ませんか　　ながら　　思って　　たい

2 다음 문장을 일본어로 작문해 보자.

❶ 어제, 친구와 함께 불고기를 먹었습니다.　~ました　昨日　友達　焼き肉
　➡ _____

❷ 같이 영화보러 가지 않겠습니까?　~ませんか　一緒に　映画　~に
　➡ _____

❸ 도와드릴까요?　~ましょうか　手伝う
　➡ _____

❹ 이 약은 먹기 쉽습니다.　~やすい　薬
　➡ _____

❺ 걸으면서 담배를 피는 것은 그만합시다.　~ながら　歩く　タバコ　吸う　やめる
　➡ _____

5 동사 て형으로 어휘력 키우기

33 | ~하고 / ～て

작문 위스키는 그만두고 맥주를 마시지 않겠습니까? 위스키 ウイスキー | 그만두다 やめる | 맥주 ビール

ウイスキーはやめてビールを飲みませんか。

① 「~고」는 단순 접속을 나타내는 조사인데 일본어 접속 조사로는 「～て(で)」가 있다. (접속 형태는 이 책의 15p 동사 활용표를 참조하자.)

② 「やめる」는 몇 가지 의미가 있다.
- 일을 중지하고 휴식하다 → 仕事を**止めて**休憩する
- 회사를 퇴직하다 → 会社を**辞める**
- 장사를 그만두다 → 商売を**やめる**

③ 「飲む」는 「(음료를) 마시다」란 뜻인데, 특히 「술을 마시다」라는 뜻으로 쓰일 경우가 있다.
- 친구와 술을 마시러 간다 → 友だちと飲みに行く
- 술집 → 飲み屋
- 술값 → 飲み代
- 술꾼 → 飲ん兵衛 (「飲む」+「兵衛」(옛날 사람 이름으로 많이 쓰임)

> 참고 |
> 「～ませんか」는「~하지 않을래?」라는 상대방의 권유나 의지를 물어 보는 표현으로서, 좀더 직접적으로「~하자」라는 말로 권유를 표현할 수 있다. 이러한 표현은 동사의 의지형「う」「よう」로 쓰는 경우가 많다.
> - さあ、行こう。 자, 가자.
> - もうやめようよ。 이제 그만두자.

도전

1 회사를 그만두고, 새로운 장사를 시작하다.
   ➡ _____

2 신주쿠에서 갈아타고, 하라주쿠에서 내립니다.
   ➡ _____

3 이력서에 사진을 붙이고 여기에 도장(인감)을 찍어주세요.
   ➡ _____

Hint 장사 商売   신주쿠(지명) 新宿   갈아타다 乗り換える   하라주쿠(지명) 原宿   이력서 履歴書
      도장(인감) 印鑑

34 | ~해서 / ~て

작문 무심코 남의 일에 참견해서 욕을 먹었다. 무심코 何気（なにげ）なく | 남 人（ひと） | 일 仕事（しごと） | 참견하다 口（くち）出しする | 욕을 먹다 悪口（わるくち）を言われる

何気（なにげ）なく人（ひと）の仕事（しごと）に口（くち）出（だ）しをして悪口（わるくち）を言（い）われた。

❶ 「~해서」는 원인이나 이유를 나타내는 접속조사로 일본어로는 「~て(で)」를 많이 이용한다.

❷ 조사 「~て(で)」는 단순한 연결 및 계기(契機), 이유, 역접 등의 여러 가지 뜻을 나타낸다.

- 다쳐서 병원에 갔다. (이유)
  → けがをして病院（びょういん）に行った。

- 책을 읽고 줄거리를 썼다. (계기)
  → 本（ほん）を読（よ）んであらすじを書（か）いた。

- 많은 사람들이 찾아도 찾아낼 수 없다. (역접)
  → 多（おお）くの人達（ひとたち）が探（さが）して(も)見（み）つからない。

도전

1 한눈 팔아서 부딪쳤다.
   → _____

2 꾸물거려서 기차를 놓치고 말았다.
   → _____

3 남의 집을 엿봐서 의심을 살 때가 있다.
   → _____

Hint 한눈 팔다 よそ見（み）をする   부딪치다 ぶつかる   꾸물거리다 ぐずぐずする   기차 汽車（きしゃ）   놓치다(탈 것을 못 타다) 乗（の）りそこなう   엿보다 のぞく   의심을 사다 疑（うたが）いをかけられる

35 | ~하고 나서
~てから

작문 학교를 졸업하고 나서 15년이 지났다. 졸업 卒業 | ~하고 나서 ~てから・~て以来

学校を卒業してからもう15年が過ぎた。

❶ 「동사 て형+てから」는 시간의 경과를 말할 때 그 기점을 나타낼 때 많이 쓰이는 말로 「~하고 나서, ~한 지」라는 뜻이다.
- 취직한 지 3년이 지났다. → 就職してから3年経った。
- 헤어진 지 몇 년이 지났다. → 別れてから数年が過ぎた。

❷ 과거를 나타내는 조동사 「た」는 완료를 나타내기도 한다. 따라서 영어처럼 그 형태의 차이로 구별하기도 어렵고 한국어와 비슷하다.
여기서 지나가는 시점은 현재인데도 지나가는 동작 자체는 끝났기 때문에 「た」를 쓴다. 또 완료의 특징으로 완료한 상태가 계속될 경우가 있다.
- 꽃이 피었다. → 花が咲いた。 (지금까지 계속 피어 있다.)
- 목이 마르다. → のどがかわいた。 (지금도 목이 마르다.)
- 피곤하다. → 疲れた。 (지금도 피곤하다.)

도전

1 결혼하고 나서 딱 2년이 지났다.
➡ _____

2 일본에 온 지 벌써 5년입니다.
➡ _____

3 퇴직하고 나서 3년간, 매일 매일 봉사활동을 열심히 했다.
➡ _____

Hint 딱 ちょうど   퇴직 退職   봉사활동 ボランティア活動

36 ~하고 있습니다(진행)
～ています

작문 아기가 큰 소리로 울고 있습니다. 아기 赤ちゃん | 울다 泣く

赤ちゃんが大きな声で泣いています。

① 현재의 시점에서(바로 눈앞에서) 어떤 동작이 진행될 때 「동사 て형+ている(~ています)」를 쓴다.
- 거북이가 느릿느릿 걸어가고 있습니다.
  → かめがのろのろ歩いています。

② 일본어로 아기를 표현하는 말로는 「赤ちゃん」 외에도 「赤んぼう」, 「赤子」 등이 있다. (젖먹이 → 乳のみ子)

③ 「울다」는 사람의 경우에 「泣く」, 동물의 경우에 「鳴く」처럼 한자로 구별한다.

도전

1 누군가가 당신을 부르고 있습니다.
　➡ _____

2 여러 가지로 문제가 있기 때문에 곤란합니다.
　➡ _____

3 모두는 그렇게 말하지만, 나는 그를 믿고 있다.
　➡ _____

Hint 부르다 呼ぶ　곤란하다 困る　믿다 信じる

37 | ~했습니다
～ています

작문 그녀는 결혼**했습니다**. 결혼 結婚

かのじょ けっこん
彼女は結婚しています。

① 동사 중에는 순간적으로 그 동작이 끝나면서 그 후에 결과·상태가 지속되는 몇 가지 단어가 있다.

- 그는 죽었습니다.
  かれ し
  → 彼は死んでいます。

- 얼음이 녹았다.
  こおり と
  → 氷が溶けている。

② 과거에 일어난 일이지만 상태가 지속될 경우 「～て(で)いる」라는 지속형 표현을 쓴다는 것이 한국어와 구별되는 점이다. 하지만 동작이 끝났다는 사실만을 말할 때에는 그냥 과거완료형을 쓴다.

- 그녀는 지난 토요일에 결혼했다.
  かのじょ せんしゅう どようび
  → 彼女は先週の土曜日に結婚した。

도전

1 냉장고 안의 아이스크림이 녹았습니다.
  ➡ _____

2 이야기를 많이 들었습니다.
  ➡ _____

3 그 일에 관해서는 여러 가지 들었습니다.
  ➡ _____

Hint   아이스크림 アイスクリーム   녹다 溶ける   관하다 関する

38 | ~해져 있습니다(상태)
～ています

작문 벽에 그림이 걸려져 있습니다. 벽 壁 | 그림 絵 | 걸리다 かかる

壁に絵がかかっています。

상태의 지속 및 진행을 나타내는 표현으로 「～ている」라는 표현을 사용하기도 하는데, 이러한 경우 「～ている」의 주체가 되는 동사는 자동사를 사용한다.
또한, 대상이 저절로 그 상태에 놓여져 있는 것을 가리키며 그 상태는 어떠한 의도로 만들어 놓았다기보다 자연스럽게 그렇게 되어 있는 상태를 말한다.

- 문이 열려 있습니다.
→ ドアが開いています。

- 창문이 닫혀 있습니다.
→ 窓が閉まっています。

도전

1 회의실에 의자가 나란히 서있습니다(놓여져 있습니다).
➡ _____

2 맥주가 차가워져 있습니다.
➡ _____

3 창 유리가 깨져 있습니다.
➡ _____

Hint 회의실 会議室   나란히 서다 並ぶ   차가워지다 冷える   창 유리 窓ガラス   깨지다 割れる

39 | ~하지 않았습니다
～ていません

작문 약속 시간이 지났는데도, 아직 아무도 오지 않았습니다. 약속 約束 | 아직 まだ

約束の時間が過ぎたのに、まだだれも来ていません。

① 「아직」이라는 부사 뒤에 부정문이 올 때는 그때까지 행동이 실현되지 않았다는 뜻으로 과거형을 쓰는데, 일본어로는 「～ていない(いません)」라고 하여 행동이 실현되지 않은 상태가 지금까지 계속되어 있는 것을 나타낸다.

- 그 이야기를 듣지 못했습니다.
  → その話はまだ聞いていません。
- 경주에는 아직 안 가봤습니다.
  → 慶州にはまだ行っていません。
- 아직 요금을 지불하지 않았습니다.
  → まだ料金をはらっていません。

② 회화체 문장에서는 「い」를 생략할 경우도 많다.
- まだ来てません。

도전

1 내일은 엄마의 생일인데(도 불구하고) 아직 선물을 사지 않았습니다.
　➡ _____

2 이번 달은 아직 광열비를 내지 않았습니다.
　➡ _____

3 오늘은 아직 점심은커녕 아침도 먹지 않았습니다.
　➡ _____

Hint 인데(도 불구하고) のに　선물 プレゼント　광열비 光熱費　~은(는)커녕 どころか

40 | ~해져 있었습니다
～ていました

작문 소방차가 왔을 때, 불은 벌써 **꺼져 있었습니다**. 소방차 消防車 | 불 火 | 꺼지다 消える

消防車が来た時、もう火は消えていました。

어떤 동작이 과거의 다른 동작보다 앞서서 행해지거나 과거의 시점에서 어떤 상태가 지속되었을 때, 영어에서는 과거 완료형을 쓰고 한국어에서도 대과거란 어법이 있으나 일본어에는 특별한 표현이 없다. 과거와 마찬가지로 조동사「た/だ(ました)」혹은 과거에서의 상태 지속을 나타내는「～ていた(～ていました)」등을 쓴다.

도전

1 서둘러서 왔는데 전화는 이미 끊어져 있었습니다.
   → _____

2 병원에 도착했을 때 환자는 숨져 있었습니다.
   → _____

3 공주가 눈을 떴을 때 왕자는 성에 닿아 있었습니다.
   → _____

Hint 서두르다 急ぐ 끊어지다 切れる 공주 王女 왕자 王子 성 城 닿다, 도착하다 着く

41 ~해져 있습니다
～てあります

작문 문이 열려 있습니다.   문 ドア・戸 | 열다 開ける

ドアが開けてあります。（あいています）

「자동사의 て형+いる」는 상태의 지속 및 진행을 나타내지만 「타동사의 て형+てある」는 미리 어떤 상태를 만들어 놓았다는 뜻이 된다. 또한 「～ている」형은 대상이 저절로 그 상태에 놓여져 있는 것을 가리키는 데 비해, 「～てある」형은 상태를 그냥 사실로 설명한 것이며 누가 의식적으로 그 상태를 만들었다는 것을 나타낸다.

- 냉장고에 우유가 들어 있다. → 冷蔵庫に牛乳が入っている。
  　　　　　　　　　　　　　　冷蔵庫に牛乳が入れてある。
- 잉크가 남아 있다. → インクが残っている。
  　　　　　　　　　　インクが残してある。
- 지갑이 떨어져 있다. → 財布が落ちている。
  　　　　　　　　　　　財布が落としてある。

도전

1 하루 종일 에어컨이 켜져 있습니다.
　➡ _____

2 저녁 밥이 만들어져 있습니다.
　➡ _____

3 항상 냉장고에 맥주가 넣어져 있습니다.
　➡ _____

Hint　하루 종일 一日中　에어컨 エアコン・クーラー　켜다 つける　냉장고 冷蔵庫　맥주 ビール
　　　넣다 入れる

42 | ~아(어) 주세요, 십시오
～てください

작문 오전 10시에 은행 입구에 **계십시오**.　오전 午前 | 은행 銀行 | 입구 入口

午前10時に銀行の入口に**いてください**。

❶ 동사의 て형에 「～てください」를 접속하면 「~해 주세요」라는 뜻으로 부탁이나 부드러운 명령을 나타내는 표현이 된다.

❷ 명령형은 상대와의 관계에 따라 대강 4가지로 나눌 수가 있다.
　① 아랫사람에게 쓰는 가장 낮은 말
　　～しろ(해라·해) : 동사 명령형 → 書け・見ろ・食べろ・来い 등
　② 문장어로 무엇을 요구할 때에 쓰이는 말
　　～せよ(하라) : 한자어+する의 명령형 → 改正せよ・釈放せよ 등
　③ 공손하지만 강한 명령형. 아랫사람에게 쓰일 때가 많다.
　　～しなさい(하시오) : 동사 て형+なさい → 立ちなさい・聞きなさい 등
　④ 공손하고 부드러운 명령형. 부탁하는 느낌이 있다.
　　～してください(하세요/하십시오/해 주세요/하시지요)
　　: 동사 て형+てください → 残ってください・喜んでください 등

참고 | 시간 범위를 나타내는 단어

| 오후 午後 | 정오 正午 | 이른 저녁 夕方 | 밤 夜 |
| 밤중 夜中 | 새벽 明け方 | 아침 朝 | 낮 昼 |

※자정은 보통 午前0時(오전 영시)라고 함.

도전

1 조금 기다려 주세요.
   ➡ _____

2 제 이야기를 잘 들어 주세요.
   ➡ _____

3 조금 더 천천히 걸어 주세요.
   ➡ _____

Hint 천천히 ゆっくり

43 | ~지 마십시오(~지 말아 주세요) / ~ないでください

작문 해가 질 때까지 작업을 쉬지 **마십시오**. 해가 지다 日が暮(く)れる | 작업 作業(さぎょう) | 쉬다 休(やす)む

日(ひ)が暮(く)れるまで作業(さぎょう)を休(やす)ま**ないでください**。

❶ 「~하지 마세요」라는 금지의 명령문은 동사의 ない형에 「~ないでください」를 접속해서 나타낼 수 있다. 이 표현은 명령이라기보다 「~하지 않을 것을」 부탁하는 부드러운 금지 표현이다.

❷ 「~ㄹ 때까지」는 「~する時まで」인데 보통 「時」를 생략해서 「~するまで(연체형 + 부조사 「まで」)」라고 한다.

❸ 「まで」는 범위, 한도의 뜻을 가지며, 명사·조사·용언 등에 접속된다.
　• 彼が来る**まで** (그가 올 때까지)
　• 彼が来る日**まで** (그가 오는 날까지)

❹ 「作業」처럼 「作」자를 「さ」라고 읽는 단어에는 「動作(どうさ)(동작)」「発作(ほっさ)(발작)」「作用(さよう)(작용)」「作法(さほう)(작법, 몸가짐)」 등이 있다.

도전

1 차를 세우지 마십시오.
　➡ _____

2 낙서를 하지 마십시오.
　➡ _____

3 불을(전기를) 끄지 마세요.
　➡ _____

Hint　세우다 止(と)める　낙서 落書(らくが)き　끄다 (電気(でんき)を)消(け)す

44 ~해 주세요
～(명사)してください

작문 기회가 있으면 부장님께 소개해 주세요. 기회 機会 | 부장님 部長 | 소개 紹介

機会があれば部長に紹介してください。

❶ 「소개해 주세요」와 같이 「명사+してください」라는 표현도 자주 쓰는 표현이다.

❷ 한국어로는 「부장」에 「님」이라는 존칭과 「께」라는 존칭 조사까지 쓰는데 일본어에서는 「님」을 붙이지 않고 직급만으로 표현한다.

- 사장님 → 社長
- 선생님 → 先生
- 교수님 → 教授
- 신부님 → 神父

지위를 나타내는 말 외에 「님」이 붙을 때는 「様」로 번역할 경우도 있기는 하다.

- 스즈키님 → 鈴木様
- 아버님 → お父様

❸ 기회는 「機会」말고도 여러 가지 표현으로 나타낼 수 있다.

- 기회를 엿보다 → 折りを見はからう
- 기회를 틈타서 → 機に乗じて
- 기회주의 → 日和見主義・御都合主義

도전

1 기회가 있으면 상대방에게 충고해 주세요.
 ➡ _____

2 시간이 있으면 나에게 협조해 주세요.
 ➡ _____

3 이 부분을 한번 더 설명해 주세요.
 ➡ _____

Hint 상대방 相手　충고 忠告　협력(협조) 協力　설명 説明

45 ~(해)도
~ても(でも)

작문 그녀는 아무리 먹어도 살이 안 찌는 것 같다. 살찌다, 뚱뚱해지다 太る

彼女(かのじょ)はいくら食(た)べても太(ふと)らないようだ。

❶ 동사와 형용사의 て형에 접속되는「~ても(でも)」는 강한 가정과 조건을 제시하는 뜻으로 쓰인다.

❷ 앞에「たとえ(비록, 가령)」「いくら・どんなに(아무리)」등의 부사를 수반할 경우가 많다.
- 설사 선생님이 가자고 하더라도 가지 않겠다.
  → たとえ先生(せんせい)が行(い)こうといっても行(い)かない。

❸ 같은 뜻의 접속사로「それでも(그래도)」가 있다.
- 몸은 작다. 그래도 힘은 세다.
  → 体(からだ)は小(ちい)さい。それでも力(ちから)は強(つよ)い。

도전
1 그 시계는 싸도 성능이 좋다.
　➡ _____

2 누가 봐도 그는 멋있다.
　➡ _____

3 몇 번 불러도 대답이 없다.
　➡ _____

Hint　성능 性能(せいのう)　멋있다 かっこいい　부르다 呼(よ)ぶ　대답, 답변 返事(へんじ)

46 | ~(해)도 좋다/되다
～ても（でも）いい

작문 이 책상을 오른쪽으로 옮겨도 되겠습니까? 옮기다 ずらす・うつす・どける

このつくえを右側(みぎがわ)にずらしてもいいですか。

상대방에게 허가하거나, 허가를 구하는 표현으로 「～てもいい」라는 표현이 흔히 쓰인다. 같은 의미로 「～てもかまわない」라고도 하며 「～てもさしつかえない」는 좀 공손한 표현이다.

- 이 연필을 써도 됩니까?
  → このえんぴつを使(つか)ってもいいですか。
- 내일 다시 찾아와도 됩니까?
  → 明日(あした)また来(き)てもいいですか。
- 여기서 담배를 피워도 괜찮습니까?
  → ここでタバコを吸(す)ってもいいですか。

도전

1. 화장실을 빌려도 되겠습니까?
   → _____

2. 또 만나러 와도 됩니까?
   → _____

3. 오늘 밤 늦게 전화를 걸어도 됩니까?
   → _____

Hint 화장실 トイレ 빌리다 借(か)りる 밤늦게 夜遅(よるおそ)く 전화를 걸다 電話(でんわ)をかける

47 | ~하고만 있다
～て(で)ばかりいる

작문 그렇게 놀고만 있으면 합격 못 해요. 그렇게 そんなに | 놀다 遊ぶ | 합격 合格

そんなに遊んでばかりいると合格できません。

① 「~하고만 있다」라는 표현으로는「～て(で)ばかりいる」를 일반적으로 많이 사용하며, 동사의「て형」과 접속한다.

② [다른 것은 하지 않고 계속 ~만 한다]라는 의미로, 약간은 부정적인 내용을 가지며, 습관적인 행동을 나타내기도 한다. 위의 문장에서 나온 것처럼, 「遊んでばかりいる」가 가장 대표적인 표현이라고 할 수 있다.

③ 「～て(で)ばかりいる」와 비슷한 표현으로「동사의 ます형+続ける(계속해서 ~하다」라는 표현이 있는데, 이 표현은 단지 그 행동이나 상태가 계속되는 것을 나타내며 시간적으로 오랜 기간을 나타내는 경우가 많다.

- 최근, 사장님은 하반기 판매 실적에 대해 계속 이야기하고 있다.
  → 最近、社長は下半期の販売実績について話し続けている。

도전
1 그는 아침부터 (술을) 마시고만 있습니다.
  ➡

2 우리 아이는 매일 놀고만 있어서 대학에 들어갈 수 있을 것 같지도 않아요.
  ➡

3 그녀는 남자 친구와 헤어져서 매일 울고만 있다.
  ➡

Hint 대학 大学 매일 毎日 ~할 것 같지 않다 ~そうもない 남자 친구 彼氏 헤어지다 別れる
     울다 泣く

연·습·문·제·3

5. 동사 て형으로 어휘력 키우기

(33~47)

1 다음 글의 밑줄 친 부분에 들어갈 가장 적당한 말을 아래 ◯에서 골라 넣어 보자.

　　私は日本に留学する前は地震のことを知りませんでした。しかし、日本に_____地震を何度か経験しました。以前は非常食などを準備_____でしたが、今は小さいかばんの中に缶詰やペットボトルの水が_____あります。懐中電灯も_____、避難経路も確認しました。地震のことをいつもいつも考え_____かまいませんが、準備はしておいて_____。日本は地震大国のひとつです。

> ください　　なくても　　していません　　来て　　入れて　　買って

2 다음 문장을 일본어로 작문해 보자.

① 주말에 남동생은 자고만 있습니다.　~てばかりいる　弟　寝る

　➡ _____

② 이 일을 하고 나서 집에 돌아갑니다.　~てから　帰る

　➡ _____

③ 이 수건을 써도 됩니까?　~てもいい　タオル　使う

　➡ _____

④ 죄송합니다만, 조금 더 큰 소리로 말해 주세요.　~てください　もう少し　大きい声

　➡ _____

⑤ 서류는 서랍에 넣어져 있습니다.　~てあります　書類　入れる

　➡ _____

6 문장을 자연스럽게 연결하는 접속 표현 익히기

48 | ~때문에
〜(문말형식)＋から

작문 겨울이기 때문에 따뜻한 음식이 좋습니다. 겨울 冬 | 따뜻하다 温かい

冬だから温かい食べものがいいです。

① 문장과 문장을 이어주는 역할을 하는 것으로 접속사 및 접속 조사가 있다. 접속사는 비교적 큰 갈래에서 쓰이는데 비해 짧은 단위의 문절을 연결시키는 접속 조사는 문장에 미묘한 맛을 더한다.

② 문장에 접속되는 「から」는 이유·원인을 나타낸다. 같은 의미로 쓰이는 접속사 「だから(그러니까)」「それで(그래서)」등을 짧은 문장에서 쓸 경우 이유를 강조하게 된다.

- 겨울이다. 그러니까 따뜻한 음식이 좋다.
  → 冬だ。**だから**温かい食べものがいい。

③ 연결된 문장 전체가 정중한 표현일 경우 「から」앞에 「です」「ます」등의 조동사를 붙일 때가 있다.

- 제가 가니까 걱정하지 마세요.
  → 私が行き**ます**から心配しないでください。

도전

1 더우니까 아이스 커피를 마십시다.
   ⇒ _____

2 이 공원은 조용하니까, 매일 산책합니다.
   ⇒ _____

3 제가 그것을 할 테니까, 당신은 병원에 가세요.
   ⇒ _____

Hint 덥다 暑い　아이스커피 アイスコーヒー　조용하다 静かだ

49 | ~때문에
～(문말형식)＋ので

작문 손님이 오기 때문에 방을 깨끗이 청소합니다. 손님 客・お客さん | ~때문에 ~ので・~ために | 방 部屋 | 깨끗이 きれいに | 청소 掃除

お客さんが来るので部屋をきれいに掃除します。

❶ 「ので」는 「から」와 똑같이 쓰이는데 약간 설명하려는 느낌이 있다. 회화에서는 「ので」보다 「から」를 많이 쓴다.

❷ 「ので」는 문장의 보통형에 접속된다. 공손한 표현에서 「です・ます」를 쓰면 좀 어색하다. 「私が行きますので心配しないでください。」보다 「私が行きますから」가 더 자연스럽다.

❸ 또한 「から」는 이유・원인임을 강조할 때 서술어가 될 경우가 있으나 「ので」는 서술어가 될 수 없다.

- 왜냐하면 손님이 오기 때문이다. → なぜなら客が来る**から**だ。(○)
  → なぜなら客が来る**ので**だ。(×)

참고 「ので」・「から」
① ほかの約束がある**ので**失礼します。(다른 약속이 있어서 실례합니다.)
② ほかの約束がある**から**失礼します。(다른 약속이 있기 때문에 실례합니다.)
위의 두 문장을 비교하면, ①은 「ほかの約束がある」라는 사실을 말하면서 「실례하겠다」는 행동에 비중을 둔 부드러운 표현이라 하겠으며, ②는 「ほかの約束がある」라는 이유를 정면으로 내세워서 「실례하겠다」는 뉘앙스로서 원인・이유에 치중한 표현이라 하겠다.
이러한 뜻에서인지 일본 여성들은 보통 「ので」쪽을 사용한다.

도전

1 머리가 아프기 때문에 오늘은 회사를 쉬겠습니다.
   ➡ _____

2 밤이기 때문에 공원에는 아무도 없습니다.
   ➡ _____

3 수업이 있기 때문에 나중에 전화하겠습니다.
   ➡ _____

Hint 머리 頭   아프다 痛い   밤 夜   공원 公園   수업 授業   전화 電話

50 | ~지만 / ~が

작문 말하기는 쉽지만 실행은 어렵다. 말하다 いう・しゃべる | 쉽다 やさしい | 실행 実行 | 어렵다 難しい

言うのは易しいが、実行は難しい。

❶ 「~が(지만)」는 역접을 나타내는 접속조사이다. 여기에서는 전후의 글을 반대의 뜻으로 접속시키고 있다.
- 값은 비싸지만 품질은 좋다. → ねだんは高いが、品質は良い。
- 길은 먼데 시간이 없다. → 道は遠いが、時間がない。
- 짐은 무겁지만 마음은 가볍다. → 荷物は重いが、心は軽い。

❷ 「やさしい」는 「易しい(쉽다)」와「優しい(상냥하다)」두 가지 의미가 있다. 또 한국어로「~기 쉽다(어렵다)」라고 할 때「~しやすい(~しにくい)」혹은「~するのがやさしい(~するのがむずかしい)」라고 한다.
- 듣기 어렵다 → 聞きにくい
- 말하기 쉽다 → 言いやすい

도전

1 케이크가 있지만 다이어트 중입니다.
  ➡ _____

2 이 방은 집세가 싸지만 역에서 멀다.
  ➡ _____

3 여행 가고 싶지만 돈도 시간도 없다.
  ➡ _____

Hint 다이어트 ダイエット   집세 家賃   여행 旅行

51 | ~다가(는데) / 〜(과거형)＋が

작문 중간까지 달리다가, 결국 되돌아왔다. 중간 途中 | 달리다 走る | 결국 結局 | 되돌아오다 引き返す

途中まで走っ**が**結局引き返した。

「~다가」는 어떤 동작을 하다가 도중에 다른 동작으로 바꾼다는 접속 어미인데, 일본어로 한다면 역접의 접속 조사「が」를 쓰거나「〜ていて」로 나타낸다. 진행 중에 다른 동작을 하므로 진행형을 쓸 때도 많다.

- 전에는 회사에 다녔는데 지금은 장사를 하고 있다.
  → 前は会社に行っていた**が**今は商売をしている。

- 눈이 내리다가 금방 그쳤다.
  → 雪が降っていた**が**すぐ止んだ。

도전

1 꿈을 꾸다가 잠이 깼다.
   ➡ _____

2 심한 비가 내리고 있었는데, 5분정도 전에 그쳤습니다.
   ➡ _____

3 전화를 하고 있는데, 갑자기 끊어졌다.
   ➡ _____

Hint 잠이 깨다 目がさめる | 심한 비 激しい雨 | 그치다 やむ | 갑자기 突然 | 끊어지다 切れる

52 | ~지만
～(문말형식)けれど

작문 다들 그렇게 말하지만 나는 그를 믿고 있다. 　다들 皆・みんな｜믿다 信じる

皆はそういうけれどわたしは彼を信じている。

① 문장에 접속되는「けれど(も)」는「が」와 똑같이 쓰이는데 양보, 전제가 되는 조건이나 앞·뒤 관계가 반대임을 보다 강조하는 느낌이 있다.

② 말의 독립성이 강하기 때문에 그냥 접속사로도 쓰이고, 조사로 쓰일 때에도「けれど」로 끊음으로써 여운을 남길 경우가 있다.

- 모두 그렇게 말한다. 그러나 나는 그를 믿고 있다.
  → 皆はそういう。けれど(も)わたしは彼を信じている。

- 맞벌이를 하면 수입은 많아지겠지만….
  → 共かせぎをすれば収入は多くなるだろうけれど…。

③ 회화에서는 흔히「けれど」의「れ」를 생략한다.

- 皆はそういうけど…。

도전

1 재미있는 영화지만 오락성이 부족하다.
   ➡ _____

2 날씨는 좋지만 기분이 들뜨지 않는다.
   ➡ _____

3 복잡하게 보이지만, 실은 원리는 단순하다.
   ➡ _____

Hint 재미있다 おもしろい　오락성 娯楽性　부족하다, 결여되다 欠ける　들뜨지 않다 (気分など)冴えない
복잡하다 複雑だ　원리 原理　단순 単純

53 ～인데(도 불구하고)
～(문말형식)のに

작문 이렇게 추운데(도 불구하고) 밖에 나가다니! 춥다 寒い | 나가다 出かける

こんなに寒いのに外に出かけるなんて。

① 문장의 보통형에 접속되는 「のに」는 앞·뒤의 글이 반대라는 뜻을 나타내거나 뒷부분의 행위에 대해서 불만의 뜻을 표시할 때 쓰인다.

② 또한 문장 끝에 놓여서 강한 불만을 나타낼 경우가 있다.

- 좀 더 일찍 일어났더라면 기차 시간에 맞췄을 텐데.
  → もう少し早く起きていれば汽車の時間に間に合ったのに。

③ 「～なんて」「～とは」는 놀람, 감탄을 나타낸다.

- 이럴 때에 쓰러지다니!
  → こんな時に倒れるなんて。

- 숙제를 잊어 버리다니!
  → 宿題を忘れるなんて。

도전

1 어린이인데 어른처럼 말한다.
   ➡ _____

2 이렇게 더러운데도 왜 갈아 입지 않니?
   ➡ _____

3 일본어 시험이 가까운데도 박 씨는 전혀 공부할 마음이 없다.
   ➡ _____

Hint 말하다 言う·口をきく   더럽다 汚い   갈아 입다 着がえる

54 | ~하고
～(문말형식)し

작문 그 회사는 대우도 좋고 장래성도 있다. 대우 待遇 | 장래성 将来性

その会社は待遇もいいし将来性もある。

❶ 문장에 접속되는 「し」는 열거한 일을 호응시켜 강조하는 뜻을 나타낸다.

- 감기에 걸려서 머리가 아프고 열도 있다.
  → 風邪をひいて頭が痛いし熱もある。

- 이 가게는 점원도 친절하고 요리도 맛있다.
  → この店は店員も親切だし料理もおいしい。

❷ 같은 뜻의 접속사로「それに・その上(그 위에, 게다가)」등이 있다.

- 그 회사는 대우가 좋다. 게다가 장래성도 있다.
  → その会社は待遇がいい。その上将来性もある。

도전

1 그는 재능도 있고 노력도 한다.
  ➡ _____

2 이 옷은 사이즈도 딱이고, 디자인도 좋다.
  ➡ _____

3 이 백화점은 상품도 좋고, 가격도 적당하다.
  ➡ _____

Hint 재능 才能   딱 ぴったり   상품 商品   적당하다 適当だ

7 문장 속의 감초 조사 익히기

55 (의) (の)

작문 이번에 새로 온 영어 선생님에게 한눈에 반했다. 이번 今回 | 새로 新しく |
영어 英語 | 한눈에 반하다 一目ぼれする

今回新しく来た英語の先生に一目ぼれした。

❶ 한국어로 격조사 「의」를 생략할 경우에 일본어로는 생략할 수 없을 때가 많다.
- 국어 선생님 → 国語の先生
- 바닷가 마을 → 海辺の村
- 꿈나라 → 夢の国
- 동해바다 작은 섬 모래밭에 → 東海の小島の砂浜に

❷ 「一目ぼれする(한눈에 반하다)」는 관용구인데, 그 외에도 「よそ見(を)する(한눈(을)팔다)」「一目で見える(한눈에 보이다)」등이 있다.

도전

1 옆 방에서 음악이 들린다.
   ➡ _____

2 언덕에서는 마을 모습이 잘 보인다.
   ➡ _____

3 가을에는 코스모스꽃이 핍니다.
   ➡ _____

Hint 옆 방 となりの部屋 음악 音楽 언덕 丘 마을 모습 村の様子 가을 秋 코스모스꽃 コスモスの花 피다 咲く

56 ~중에 / ～中で/の中で

작문 하지는 1년 중에 가장 낮이 길다.　하지 夏至｜일년 중에 一年中で｜낮 昼

夏至は一年中でもっとも昼が長い。

❶ 「~중에」는 「～中で・～の中で」라고 할 때가 많다.
- 일본 사람 중에 → 日本人の中で
- 오랜 역사 중에 → 長い歴史の中で
- 소설 "상록수" 중에 → 小説「常緑樹」の中で

❷ 여름 「夏」자는 보통 「か・なつ」라고 발음하지만 「夏至」에 한해서 「げ」라고 읽는다.

참고 | **절기**

일본의 절기는 한국과 거의 비슷하지만 음력을 쓰지 않는 사회생활 속에서 원래 지니고 있던 의미가 점점 없어져 가는 것 같다.

節分	2월 3일(양력, 이하 같음). 입춘 전날 악귀를 쫓아내는 의식으로 콩을 뿌림.
立春	입춘. 2월 4일경.
彼岸	피안. 춘분·추분의 전후 각 3일간. 이 시기에 성묘를 감.
春分	춘분. 공휴일. 북반구에서 낮과 밤의 길이가 같음.
八十八夜	입춘부터 88일째 날. 차(녹차)잎 따기가 성행됨.
入梅	장마에 들어가는 날. 6월 10일쯤. 「梅雨入り」라고도 함.
梅雨明け	장마가 끝나는 것. 7월 중순쯤.
土用	입추전 18일간. 특히 「土用」가 시작되는 날에 뱀장어를 먹는 습관이 있음.
二百十日	입춘부터 210일째 날. 특히 태풍이 자주 오는 날이라고 함.
秋分	추분. 공휴일. 북반구에서 낮과 밤의 길이가 같음.
冬至	↔夏至. 북반구에서 낮이 가장 길어짐. 이날 호박을 삶아 먹으면 감기에 안 걸린다고 함.

도전

1 남동생은 가족 중에 제일 키가 크다.
   ➡ _____

2 반(중)에서 기무라 씨가 제일 머리가 좋다.
   ➡ _____

3 8월은 일년 중에 가장 태풍이 많다.
   ➡ _____

Hint   키가 크다 背(せ)が高(たか)い   반 クラス   머리가 좋다 頭(あたま)がいい   제일 一番(いちばん)   태풍 台風(たいふう)   많다 多(おお)い

57 | 몇~ / 何~

작문 1년에 휴일은 **며칠** 있습니까? 1년 一年 휴일 休日

一年のうち休日は**何**日ありますか。

① 명수사에 붙여서 수량을 묻는 접두어 「몇」은 보통 「何~」이라고 한다(「何年(몇 년)」「何匹(몇 마리)」 등).

② 「일년 중에」는 「一年中で」라고 하는데, 어떤 범위 중에서 무언가 하나를 골라내는 것을 의미한다. 「一年のうち」는 다만 범위만 제시하는 것으로 뒤에 오는 문장을 별로 구속하지 않는다.

참고 | 한자 「日」의 여러 가지 음

その日 그날	休みの日・休日 쉬는 날	誕生日 생일
記念日 기념일	元日 설날	祝日(祭日) 국경일
日曜日 일요일	3月12日 3월 12일	

도전

1 한 달에 휴일은 며칠 있습니까?
   ➡ _____

2 전화 번호는 몇 번입니까?
   ➡ _____

3 수면 시간은 하루에 몇 시간입니까?
   ➡ _____

Hint 한 달 1ヵ月 휴일 休日 며칠 何日 몇 번 何番 수면 시간 睡眠時間 몇 시간 何時間

58 | ~에 / ~に

작문 12시에 서울역 앞 광장에 모입니다. 모이다 集まる

12時にソウル駅前広場に集まります。

격조사「に」는 시간·장소 등 여러 뜻을 가지고 있다.
단,「이번에」「다음에」「아침에」등 어느 정도 폭이 있는 시간대를 나타낼 때「~에」라고 해석되는 부분에는「に」를 쓰지 않는 경우도 있다.

- 아침에 산책하다.
  → 朝、散歩する。

- 다음 주에 만나자.
  → 来週会おう。

- 옛날에 있었던 사건
  → 昔あった事件

도전

1 내일 아침 6시에 우리집에 오세요.
  ➡ _____

2 토요일에 콘서트에 가시지 않겠습니까?
  ➡ _____

3 2월 6일에 인천공항에 도착합니다.
  ➡ _____

Hint 콘서트 コンサート   인천공항 インチョン空港   도착 到着

59 | ~에게
~に

작문 이 책은 형에게 받았다. 형(오빠) 兄 | 받다 もらう

この本は兄にもらった。

① 동작의 대상을 나타내는 「に」는 장소·시간을 나타내는 「に」와 똑같다. 또한 자신에게 어떤 동작을 미치는 대상을 가리키는 「에게서」를 「に」라고 할 수 있다.
- 친구에게서 협조를 받다.
  → 友だちに協力してもらう。

② 과거, 완료를 나타내는 조동사 「た(だ)」는 동사의 과거형(た형)에 접속된다.
- 行く(가다) → 行った(갔다)
- 来る(오다) → 来た(왔다)
- 帰る(돌아가다, 돌아오다) → 帰った(돌아갔다, 돌아왔다)
- 飛ぶ(날다) → 飛んだ(날았다)
- 話す(이야기하다) → 話した(이야기했다)

도전

1 내일 저에게 반드시 전화를 주십시오.
   ➡ _____

2 이 계약서를 과장님에게 전해 주십시오.
   ➡ _____

3 이 노란색 머플러는 박 씨에게, 이 하얀색 장갑은 이 씨에게 줄 것입니다.
   ➡ _____

Hint 반드시 必ず 주십시오 下さい 계약서 契約書 과장님 課長 전하다 渡す 노란색 黄色
머플러, 목도리 マフラー 하얀색 白 장갑 手袋 주다 あげる

60 ~하러 ~에
〜に〜に

작문 기분 전환하러 아이(eye)쇼핑을 (하러) 갑시다.　기분 전환 気分転換 | ~러 ~に
・~しに | 아이쇼핑 ウインドーショッピング

気分転換にウインドーショッピングに行きましょう。

❶ 목적을 나타내는 연결 어미 「~하러」는 「に」 또는 「~しに」라고 한다.
  - 꽃구경하러 간다. → 花見(し)に行く。
  - 물건을 사러 간다. → 買物(し)に行く。

❷ 「~을 가다」도 역시 목적을 나타내는데 여기서는 「가다」의 직접 목적이 「쇼핑」이고 「쇼핑을 가다」의 목적어가 「기분 전환」이라는 복잡한 구조이다.
  - 등산을 가다. → 登山に行く。
  - 유학을 가다. → 留学に行く。

도전

1 꽃구경하러 여의도 공원에 가시지 않겠습니까?
  ➡ _____

2 식료품을 사러 롯데마트에 갑니다.
  ➡ _____

3 영어를 공부하러 미국에 갑니다.
  ➡ _____

Hint　꽃구경 花見　여의도 공원 ヨイド公園　식료품 食料品　사다 買う　롯데마트 ロッテマート
　　　영어 英語　미국 アメリカ

61 | ~을/를
～に、～が

작문 내일 오후에 그녀를 만납니다. 내일 明日 | 오후 午後 | 만나다 会う

明日の午後彼女に会います。

❶ 「~를」은 보통 목적격 조사로 「を」라고 표현하는데, 동사에 따라서 「に」나 「が」를 써야 하는 경우도 있다.
- 그를 만나다 → 彼に会う
- 기차를 타다 → 汽車に乗る
- 사실을 알게 되다 → 事実がわかる
- 음악을 좋아하다 → 音楽が好きだ

❷ 「오후에」의 「에」는 보통 번역하지 않는다.
- 이번에 → 今度 (×)今度に
- 다음 주에 → 来週 (×)来週に

도전

1 내일 아침에 비행기를 탑니다.
　→ _____

2 다음 주에 선생님을 만나려고 합니다.
　→ _____

3 나는 스포츠 중에 야구를 좋아합니다.
　→ _____

Hint 아침 朝　비행기 飛行機　다음 주 来週　선생님 先生　스포츠 スポーツ　야구 野球

62 | ~에서 ~를 / ～から ～に

작문 부산에서 배를 타고 일본에 갑니다. | 부산 釜山 | 배 船 | 타다 乗る | 일본 日本

釜山から船に乗って日本へ行きます。

❶ 「から(~에서)」는 행동의 기점, 시작되는 시간, 어떤 행위를 받을 때 그 동작의 주체를 나타낸다.

- 지구에서 달까지
  → 地球から月まで
- 회의는 오후 2시부터 시작됩니다.
  → 会議は午後2時から始まります。
- 선생님에게 충고를 받았습니다.
  → 先生から(に) 忠告を受けました。

❷ 방향을 나타내는 「へ」는 도착점을 나타내는 「に」와 거의 비슷하게 쓰인다.
- 대전으로 간다. → 大田へ行く(大田に行く)。

❸ 앞에서도 언급한 바 있는데 「~를 타다」 「~를 만나다」 등은 모두 「~に乗る」 「~に会う」라고 한다.

도전

1 여기에서 택시를 탑시다.
  ➡ _____

2 회사에서 집까지 자동차를 타고 돌아갑니다.
  ➡ _____

3 시모노세키에서 페리를 타고 부산으로 갑니다.
  ➡ _____

Hint 택시 タクシー 자동차 自動車 돌아가다 帰る 시모노세키 下関 페리 フェリー 부산 釜山

63 | ~로(원료·재료) ～で

작문 빵은 밀로 만듭니다. 빵 パン | 밀 小麦 | 만들다 作る

パンは小麦で作ります。

원료·재료를 나타내는「で」는「から」로 바꿔 쓸 수도 있다.

- 술은 쌀로 만든다.
  → 酒は米で作る。= 酒は米から作る。

- 치즈는 우유로 만든다.
  → チーズは牛乳で作る。= チーズは牛乳から作る。

참고 | 음식 재료

콩	豆・大豆	파	ねぎ	무	大根
마늘	にんにく	양파	たまねぎ	두부	豆腐
배추	白菜	당근	にんじん	감자	じゃがいも
쌀	米	부추	にら	시금치	ほうれんそう
소금	塩	설탕	砂糖	후추	こしょう

도전

1 메밀 국수는 메밀 가루로 만듭니다.
   ➡ _____

2 한국의 소주는 무엇으로 만듭니까?
   ➡ _____

3 두부는 콩으로 만들고 묵은 도토리로 만듭니다.
   ➡ _____

Hint 메밀(메밀 국수) そば 가루 粉 소주 焼酎 두부 豆腐 콩 大豆 묵 ムク 도토리 どんぐり

64 | ~로(수단·방법)
～で

작문 내 꿈은 자전거로 한국 일주하는 것이다. 꿈 夢 | 한국 일주 韓国一周 | 것 こと・もの

私の夢は自転車で韓国一周することだ。

❶ 수단·방법을 나타내는 「で」의 용법이다.

- 비행기로 일본에 가다.
  → 飛行機で日本へ行く。

❷ 형식명사 「こと」는 앞에 오는 내용을 받아 명사화시킨다. 주어가 될 때는 「の」로 바꿀 수 있다.

- 自転車で世界一周すること(の)が私の夢だ。

참고 | 교통 수단

버스	バス	지하철	地下鉄	전철	電車
기차	汽車	배	船	트럭	トラック
택시	タクシー	자동차	自動車	자전거	自転車
오토바이	オートバイ				

도전

1 신청서는 볼펜으로 써 주세요.
   ➡ _____

2 결과는 후일에 메일로 알리겠습니다.
   ➡ _____

3 이 부분을 가위로 자르고, 엽서에 붙여서 응모해 주세요.
   ➡ _____

Hint 신청서 申請書 볼펜 ボールペン 쓰다 書く 결과 結果 후일 後日 메일 メール 알리다 知らせる
      부분 部分 가위 はさみ 자르다 切る 엽서 はがき 붙이다 貼る 응모 応募

65 | ~로(조건) / ～で

작문 어린이는 무료<u>로</u> 입장할 수 있습니다. 무료 無料・ただ | 입장 入場 | ～ㄹ 수 있다(가능) できる

子どもは無料で入場できます。

❶ 조건을 나타내는 「で」는 다음과 같은 용례가 있다.
  • 선두로 들어오다. → 先頭で入ってくる
  • 혼자서 오다. → 一人で来る
  • 1,000엔에 팔다. → 1,000円で売る

❷ 「～ㄹ 수 있다」는 가능을 나타내는 조동사 「れる(られる)」를 써서 표현하지만 「한자어 + する」동사의 경우에는 한자어에 「できる」를 붙이면 된다.
  ＊「한자어+する」 동사의 가능형
  • 連絡する(연락하다) → 連絡できる(연락할 수 있다)
  • 質問する(질문하다) → 質問できる(질문할 수 있다)
  • 乗車する(승차하다) → 乗車できる(승차할 수 있다)

도전

1 전원이 협조하다.
  ➡ _____

2 5만원에(으로) 사기로 하겠습니다.
  ➡ _____

3 만장일치로 가결했습니다.
  ➡ _____

Hint 전원 全員　협력(협조) 協力　만장일치 満場一致　가결 可決

66 | 정도
くらい

작문 그 정도가 되면 성공이라고 해도 된다. 정도 くらい・程度 | 성공 成功 | ~아(어)도 된다 て(も)よい(いい)

そのくらいできれば成功だと言ってもよい。

❶ 정도를 나타내는 부조사로는「くらい」「ほど」「程度」 등이 있다.
- 5천 원 정도의 물건
  → 5,000ウォンくらいの品物
- 사람 키만한 나무
  → 人の背ほどの木
- 10명 정도 필요하다.
  → 10人程度必要だ。

❷ 여기서「できれば」는 단순한 가정(미래)이 아니라 벌써 하고 난 후에 그 결과를 봐서 하는 말이다. 시제를 분명히 하기 위해「できたら」라고 할 수도 있다.

도전

1 통화료는 한달에 4만 원 정도입니다.
➡ _____

2 10명 정도 멤버가 필요합니다.
➡ _____

3 이 정도는 아무 것도 아니에요.
➡ _____

Hint 통화료 通話料 멤버 メンバー 필요하다 必要だ 아무 것도 아니다 何でもない

67 ~보다
～より

작문 일본에는 후지산**보다** 높은 산은 없습니다. 후지산 富士山 | 보다 より

日本には富士山**より**高い山はありません。

① 비교를 나타내는 격조사 「より」는 부사로도 쓰인다.
- 보다 높은 산에 올라가려고 한다. → **より**高い山に登ろうとする。
- 보다 높이, 보다 빨리, 보다 아름답게 → **より**高く、**より**速く、**より**美しく

또한 「より」가 한계를 나타낼 경우가 있다.
- 이렇게 할 수밖에 없다. → こうする**より**ほかない。

② 한자 「山」은 산 이름이나 한자 숙어로 쓰일 때는 「さん」이라고 읽고 단독으로 쓰일 때는 「やま」라고 하는 경향이 있으나 예외도 있다.

三原山 (東京都大島 소재)　　安達太良山 (福島県 소재)
山男 (산에 사는 사나이)　　山間 (산간)　　山小屋 (산막)
山寺 (깊은 산 속에 있는 절)　　山火事 (산불)

지역에 따라서는 「やま」가 「광산・탄광」을 의미할 경우도 있다.

도전
1. 이 동물원에는 코끼리보다 큰 동물은 없습니다.
   ➡ _____

2. 이것보다 더 싼 것은 없습니까?
   ➡ _____

3. 그 문제는 생각한 것보다 쉽습니다.
   ➡ _____

Hint 동물원 動物園　코끼리 象　생각한 것보다 思ったより　쉽다 易しい

68 | ~부터 / ～から

작문 시합은 오전 10시**부터** 시작됩니다.   시합 試合 | ~부터 ~から | 시작되다 始まる

試合は午前10時**から**始まります。

① 시간적으로 어떤 일이 시작될 때를 나타내는 「から」는 문장체에서는 「より」라고 쓰이기도 한다.
- 午前10時**から** → 午前10時**より**

② 또한 어떤 동작을 시작하는 사람에게 쓸 경우도 있다.
- 저부터 시작하겠습니다. → 私**から**始めます。
- 먼저 선생님부터 들어가세요. → まず先生**から**お入りください。

③ 「~를 통해서」란 뜻으로 「으로」가 쓰일 때 「から」라고 한다.
- 창문으로 달빛이 비쳐 온다. → 窓**から**月光がさしてくる。
- 굴뚝에서 연기가 난다. → 煙突**から**煙が出る。

도전

1 3월 2일부터 수업이 시작됩니다.
   ➡ _____

2 아침부터 컨디션이(몸의 상태가) 나쁘다.
   ➡ _____

3 그럼 저부터 시작하겠습니다.
   ➡ _____

Hint 수업 授業   시작되다 始まる   컨디션(몸의 상태) 体の具合   시작하다 始める

69 | ~까지
~まで

작문 배로 미국**까지** 갈 생각입니다. 배 船 | 미국 アメリカ | ~할 생각 つもり

船でアメリカまで行くつもりです。

❶ 시간이나 어떤 동작이 미치는 한도를 나타내는 부조사 「まで」는 동사에 접속될 경우에는 「동사 기본형 + まで(~ㄹ 때까지)」의 형태로 표현한다. 기한을 나타낼 때는 「~までに」라고 표현하기도 한다.

- 네가 올 때까지 여기에 있겠다.
  → 君が来る**まで**ここにいる。

- 신문을 볼 때까지 몰랐다.
  → 新聞を見る**まで**知らなかった。

- 내년까지 꼭 끝내겠습니다.
  → 来年**までに** 必ず終えます。

❷ 원래 한도를 나타내는 「まで」가 나아가서 마지막임을 나타낼 경우가 있다.

- 이 장면에서 삼루 주자가 돌아오지 않으면 그만이다.
  → この場面で三塁ランナーがかえらなければそれ**まで**だ。

도전

1 우승할 때까지 노력한다.
　➡ _____

2 아침 9시까지 그쪽으로 가겠습니다.
　➡ _____

3 최후까지 포기하지 않고 계속하겠습니다.
　➡ _____

Hint 우승 優勝　노력 努力　그쪽 そちら　최후 最後　포기하다 あきらめる

70 ~까지 / ~まで

작문 빌린 돈 때문에 집**까지** 팔아야 합니다.　빌린 돈 借金(しゃっきん) | 때문 ため | 까지 まで・すら |
~아(어)야 하다 ~なければならない

借金(しゃっきん)のために家(いえ)**まで**売(う)らなければなりません。

❶ 「まで」는 시간이나 장소를 한정하는 것 외에도 어떤 행동이 미치는 범위를 강조하는 뜻을 나타내기도 한다. 그 밖에 「すら」「をも」등도 비슷한 의미를 나타낸다.

- 너마저 그런 소리를 하느냐?
  → おまえ**まで**そんなことを言(い)うのか。
- 이것마저 인정하지 않는다니!
  → これ**すら**認(みと)めないとは。
- 바위마저 부수는 힘.
  → 岩(いわ)**をも**くだく力(ちから)。

❷ 의무, 당연함을 나타내는 뜻으로 「~なければならない」 이외에도 「~ねばならぬ」「~べきだ」 등의 표현이 있다.

도전

1 그는 혼자서 옷장까지 들어올린다.
 →＿＿＿＿＿＿＿＿＿＿＿＿＿＿＿＿＿＿＿＿＿＿

2 그런 일조차 모르는 겁니까?
 →＿＿＿＿＿＿＿＿＿＿＿＿＿＿＿＿＿＿＿＿＿＿

3 다른 사람 것까지 가져갈 줄은….
 →＿＿＿＿＿＿＿＿＿＿＿＿＿＿＿＿＿＿＿＿＿＿

Hint 옷장 タンス　들어올리다 持(も)ち上(あ)げる

71 | ~(이)라도, ~(이)나
(명사)でも

작문   저 카페에서 차나 마실까요?   카페 カフェ | 차 お茶

あのカフェでお茶でも飲みましょうか。

① 「でも」는 몇 가지 선택 대상이 있는데 특히 그것을 들고 싶다는 뜻이 아니라 예를 들어서 말한 것에 지나지 않는다는 느낌이 있다.

② 「茶」는 보통 「ちゃ」라고 발음하지만 「さ」라고 읽는 경우도 있다.
「喫茶店(다방)」, 「茶道(다도)」, 「茶飯事(다반사)」, 「茶話会(다과회)」 등이 있다.

③ 일본 사람이 「茶」라고 하면 녹차를 의미하지만 카페에 차를 마시러 간다면 커피 종류를 가리키는 경우도 있다.

도전

1. 일요일에 영화라도 볼까요?
   ➡ _____

2. 저 가게에서 도시락이라도 살까요?
   ➡ _____

3. 오늘은 아무 것도 하지 말고, 텔레비전이나 볼까?
   ➡ _____

Hint 가게 店   도시락 弁当   텔레비전 テレビ

72 | ~(의문사)든지 / ~(의문사)でも

작문 누구든지 간단히 사용할 수 있습니다. 누구든지 誰でも | 간단히 簡単に

誰でも簡単に使えます。

❶ 아무런 조건이라도 괜찮다는 뜻으로 「でも」를 쓸 경우가 있다. 흔히 의문 대명사와 함께 쓰인다.
- なんでも (아무거나)
- だれでも (누구든지)
- どこでも (어디든지)
- いくらでも (얼마든지)

❷ 구체적으로 조건 내용을 예시할 때는 두 개 이상 「~でも~でも」라는 형태로 열거한다.
- 과일이면 사과든 배든 다 먹는다.
  → くだものならりんごでも梨でもみな食べる。

❸ 「~ㄹ 수 있다」는 「한자어 + できる」「동사 + れる(られる)」외에 동사 자체에 가능의 뜻을 가진 말이 있다.
- 使える (쓸 수 있다)
- 行ける (갈 수 있다)
- 歌える (노래 부를 수 있다)
- 飲める (마실 수 있다)
- 死ねる (죽을 수 있다) 등

도전

1 단 것은 무엇이든지 좋아합니다.
→ _____

2 얼마든지 마시세요.
→ _____

3 요즘에는 어디에서든지 인터넷이 가능합니다.
→ _____

Hint 단 것 甘いもの   요즘 このごろ   인터넷 インターネット   가능하다 可能だ

73 ~조차 / ~さえ

작문 오늘 밤은 흐려서 별조차 보이지 않는다. 오늘 밤 今夜 | 흐리다 曇る | 별 星 | 조차 さえ

今夜は曇って星さえ見えない。

「~조차」라는 의미로「さえ」를 많이 쓰는데, 강조의 뜻으로 쓰일 때도 있다.

- 시간만 있으면 같이 식사도 할 수 있는데.
  → 時間さえあればいっしょに食事もできるのに。

- 그 사람만 오면 다른 사람들도 다 올텐데.
  → 彼さえ来れば他の人たちもみな来るはずなんだが。

참고 | 날씨에 관한 단어 ①

쾌청 快晴	맑음, 갬 晴れ	흐림 曇り	비 雨
눈 雪	바람 風	서리 霜	얼음 氷
눈보라 ふぶき	고드름 つらら	무지개 虹	태풍 台風

도전

1 냉장고에는 김치조차 없다.
   ➡ _____

2 그녀는 히라가나조차 모른다.
   ➡ _____

3 지갑 속에는 10엔조차 없다.
   ➡ _____

Hint 냉장고 冷蔵庫 김치 キムチ 모르다 知らない 지갑 財布

74 ～야말로 / ～こそ

작문 다음 번이야말로 반드시 이길 것입니다. 다음 번 今度 | ～야말로 ～こそ | 반드시 必ず | 이기다 勝つ

今度こそ必ず勝ちます。

❶ 많은 것 중에서 하나를 빼내서 강조하는「～야말로」는「こそ」로 표현한다.
❷ 또한「こそすれ」의 형태로「다른 것은 생각할 수 없다」는 뜻을 나타내기도 한다.
 • 칭찬을 하면 했지 나무랄 이유가 없다.
  → ほめこそすれ叱る理由はない。

참고 | **여러 가지 부사**

반드시·기필코 必ず	꽤 かなり	꼭 きっと
훨씬 ずっと	아마 たぶん	오로지 もっぱら
철저히 しっかり	대단히 たいへん	꽤, 좀처럼 なかなか
즉시 さっそく	천천히 ゆっくり	이미 すでに
매우, 도저히 とても	제대로, 단정히 ちゃんと	막상·정작 いざ

도전

1 올해야말로 시험에 합격하겠습니다.
 ➡ _____

2 이쪽이(저)야말로 잘 부탁드립니다.
 ➡ _____

3 평화야말로 인류의 바램입니다.
 ➡ _____

Hint 합격 合格 평화 平和 인류 人類 바램 願い

연·습·문·제·4

6. 문장을 자연스럽게 연결하는 접속표현 익히기
7. 문장 속의 감초 조사 익히기

(48~74)

1 다음 글의 밑줄 친 부분에 들어갈 가장 적당한 말을 아래 ◯ 에서 골라 넣어 보자.

　12月23日、和歌山県＿＿＿＿動物園でパンダの赤ちゃん＿＿＿＿生まれました。赤ちゃんの公開日には赤ちゃんを見ようと、多くの人がやってきました。遠く＿＿＿＿車＿＿＿＿何時間もかけて、動物園＿＿＿＿来た人もいました。赤ちゃんのストレスを考えて、公開時間は午前10時＿＿＿＿午後1時＿＿＿＿の３時間だけでした。パンダの赤ちゃんを見た人はみんな、そのかわいさに歓声を上げていました。

> が　　から　　に　　で　　の　　まで

2 다음 문장을 일본어로 작문해 보자.

❶ 이 소포를 속달로 부탁드립니다.　　~で　お願いします

　➡ _____

❷ 한자는 어렵지만, 매일의 생활에 필요합니다.　　~けれど　毎日　生活　必要

　➡ _____

❸ 저 레스토랑은 맛없고 비싸고 좋지 않습니다.　　~し　まずい

　➡ _____

❹ 서류 접수는 9월 11일부터 10월 2일까지입니다.　　~から　~まで　書類　受付

　➡ _____

❺ 여름방학인데도 어제는 대학교에 가서 친구를 만났습니다.　　~のに

　➡ _____

Step 2

응용표현

기초표현을 응용해서
풍부한 어휘 실력을 쌓는다

8 가정형, 과거형을 이용한 표현 익히기

75 | ~하지 않으면
~でなければ

작문 자금이 넉넉하지 않으면, 사업의 발전은 어렵다. 자금 資金 | 넉넉하다 豊かだ
사업 事業 | 발전 発展

資金が豊かでなければ事業の発展は難しい。

❶ い형용사의 가정형은 어미의 い를 떼어내고「ければ」를 접속해서 표현한다. 위의 문장에서「~하지 않으면」은「~ではない(~하지 않다)」의 가정형이므로 ない의 い를 떼어내고「ければ」를 접속한 형태인「~ではなければ」가 된 것이다.
이때「では」의「は」는 생략가능하다.

- 깨끗하지 않으면 → きれいで(は)なければ。
- 싫지 않으면 → きらいで(は)なければ。

❷「~하지 않으면 ~할 수 없다」라는 말은「~하면 ~할 수 있다」라는 표현으로 바꿔 쓸 수 있기 때문에 윗 문장을「자금이 넉넉해야 사업의 발전은 쉽다.」로 바꿔도 일본어의 뜻은 똑같다.

- 열심히 공부해야 시험에 붙는다.
  → 一生懸命勉強しなければ試験に落ちる。
  (一生懸命勉強すれば試験に合格する。)

도전
1 건강하지 않으면, 해외 여행은 갈 수 없습니다.
  → _____

2 싸지 않으면 저는 살 수 없습니다.
  → _____

3 편리하지 않으면 필요없습니다.
  → _____

Hint 건강하다 健康だ 해외 여행 海外旅行 편리하다 便利だ 필요 必要

76 | ~면 / ～ば

작문 자네가 성공하면 문제없다. 자네 きみ | 성공 成功 | 문제 問題

きみが成功すれば問題ない。

❶ 형용사나 동사의 가정형에 접속되는 접속 조사 「ば」는 가정·조건을 나타낸다.
❷ 의미상 단순한 가정, 어떤 정해진 조건 아래 언제나 그런 결과가 나오는 항상 조건, 병렬 등 세 가지로 나눌 수 있다.

- 비가 오면 가지 않는다. (단순 가정)
  → 雨が降れば行かない。
- 사람이 오면 짖는다. (항상 조건)
  → 人が来ればほえる。
- 비도 오고 바람도 분다. (병렬)
  → 雨も降れば風も吹く。

도전

1 네가 가면 나도 간다.
　➡ _____

2 비가 내리면 이벤트는 중지입니다.
　➡ _____

3 그녀가 행복하다면 그보다 좋은 일이 없다.
　➡ _____

Hint　이벤트 イベント　행복 幸福・しあわせ

77 | ~면 / ~たら

작문 만약 1억 엔에 당첨된다면, 먼저 무엇을 하겠습니까? 만약 もし・万一 | 1억 一億 | 당첨되다 当たる | 먼저 まず

もし一億円当たったらまず何をしますか。

「たら(だら)」는「~(하)면」「~(하)거든」이라는 뜻으로, 어떤 사실이 성립된 시점에서 그 사실을 조건으로 제시하며 말할 때 사용된다.
1그룹 동사가「む」「ぶ」「ぬ」로 끝날 때에는「たら」가「だら」로 된다.

- 맘에 안 들면 만나지 않아도 된다.
  → 気に入らなかったら会わなくてもいい。

- 편리하다면 써 보자.
  → 便利だったら使ってみよう。

- 매일 술을 많이 마시면 몸에 좋지 않다.
  → 毎日お酒をたくさん飲んだら体によくない。

도전

1 끈이 길면 자르면 된다.
  →＿＿＿＿＿＿＿＿＿＿＿＿＿＿＿＿＿＿＿＿＿＿＿

2 봄이 되면 등산이라도 가자.
  →＿＿＿＿＿＿＿＿＿＿＿＿＿＿＿＿＿＿＿＿＿＿＿

3 한 번에 그렇게 많이 먹으면 위장에 좋지 않다.
  →＿＿＿＿＿＿＿＿＿＿＿＿＿＿＿＿＿＿＿＿＿＿＿

Hint 끈 ひも 길다 長い 자르다 切る 등산 登山 위장 胃腸

78 | ~면, ~니까
~と

작문 실제로 해 보**니까** 생각보다 쉬웠다. 실제 実際(に) | 생각보다 思ったより | 쉽다 やさしい

実際にやってみる**と**思ったよりやさしかった。

① 동사의 종지형에 접속되는「〜と」는 조건, 동시, 때, 역접 등의 다양한 뜻을 나타낸다.
- 가을이 되면 단풍이 아름답다. (조건) → 秋になると紅葉が美しい。
- 밖에 나갔더니 비가 오기 시작했다. (동시) → 外に出ると雨が降り出した。
- 집에 돌아와 보니 아무도 없었다. (때) → 家に帰ってみるとだれもいなかった。
- 어디 가더라도 너에게는 상관 없다. (역접)
  → どこに行こうときみには関係ない。

② 같은 뜻으로「すると(그랬더니, 그래서)」라는 접속사가 있다.
- 실제로 해 봤다. 그랬더니 생각보다 쉬운 일이었다.
  → 実際にやってみた。すると思ったよりやさしいことだった。

도전

1 실제로 이야기해 보면 그는 그렇게 나쁜 사람은 아닙니다.
 ➡ _____

2 밖에 나가 보니까, 갑자기 눈이 내리기 시작했다.
 ➡ _____

3 집에 가 보니까, 집에는 아무도 없었다.
 ➡ _____

Hint 갑자기 急に 아무도 誰も

79 | ~하면 할수록
~ば~ほど

작문 꿈은 크면 클수록 좋다. 꿈 夢 | 크다 大きい | 좋다 いい

夢は大きければ大きいほどいい。

❶ 가정의 접속 조사 「ば」와 정도를 나타내는 부조사 「ほど」를 합쳐서 「~함에 따라 더욱 ~하다」는 뜻을 나타낸다.

❷ 또한 신분, 사정에 알맞는 것을 나타내는 「だけ」를 쓰면 그만큼의 보답이 있다는 의미가 뒤에 이어진다.

- 꿈은 크면 큰 만큼 실현하지 못했을 때의 실망도 크다.
  → 夢は大きければ大きい**だけ**実現できない時の失望も深い。

❸ 한국어와 마찬가지로 「大きければ(크면)」를 생략할 수 있다.

- 꿈은 클수록 좋다.
  → 夢は大きい**ほど**いい。
- 학생일수록 몸가짐은 단정하게 해야 한다.
  → 学生である**ほど**身だしなみをきちんとすべきだ。

도전

1. 일본어는 공부하면 할수록 어려워집니다.
   ➡ _____

2. 그 책은 읽으면 읽을수록 재미있다.
   ➡ _____

3. 여름에 가까워지면 가까워질수록 해가 길어집니다.
   ➡ _____

Hint 공부 勉強 어렵다 難しい 읽다 読む 여름 夏 가까워지다 近づく 해 日

80 | ~했다 / ~た

작문 비행기는 방금, 인천국제공항에 도착**했습니다**. 방금 たった今 | 인천국제공항 仁川国際空港 | 도착 到着

飛行機はたった今仁川国際空港に到着しました。

❶ 과거를 나타내는 표현으로「~た」형을 이용하여 많이 표현한다. 이「~た」형은 현재까지 그 동작이 종료한 것을 의미하면서 그 상태가 계속되거나 바로 눈앞에서 끝났다는 것을 나타내는 현재완료의 성격도 가지고 있다.

❷ 「たった今」는「今」를 강조하는 말로「바로 이 순간」「지금 당장」이란 뜻인데 역시 끝난 지 얼마 안 된다는 뜻의 표현으로「ばかり」「ところ」가 뒤에 따를 경우도 많다.

- 막 도착한 참이다.
  → たった今着いたところだ。

도전

1 12시가 되었습니다. 정오 뉴스입니다.
   ➡ _____

2 지금 막, 다른 사람들은 모두 밖으로 나가버렸습니다.
   ➡ _____

3 저도 지금 막 도착했습니다.
   ➡ _____

Hint 정오 お昼 지금 막 たった今

81 | ~한 ~았(었)다
～た～た

작문 북상한 태풍은 열대성 저기압이 되었다. 북상 北上 | 태풍 台風 | 열대성 熱帯性 | 저기압 低気圧

北上した台風は熱帯性低気圧になった。

문장 중에 명사를 수식하는 동사가 들어있을 때 시제의 일치가 일어난다. 하지만 엄격한 일치 현상이 아니기 때문에 일치되지 않을 경우도 많다.

- 연락할 사항을 칠판에 썼다.
  → 連絡する事項を黒板に書いた。
- 그녀가 쓴 글씨는 언제나 예쁘다.
  → 彼女が書いた字はいつもきれいだ。

참고 | 날씨에 관한 단어 ②

고기압 高気圧		(장마·온난·한랭)전선 (梅雨·温暖·寒冷)前線		
집중호우 集中豪雨	홍수 洪水	파랑 波浪		해일 津波
회오리바람 たつまき	소나기 夕立	큰비 大雨		풍속 風速

도전

1. 아침까지 계속 내린 비가 그쳤다.
   ➡ _____

2. 얼어붙은 길에서 몇 번이나 미끄러졌다.
   ➡ _____

3. 발끝이 해진 양말을 버렸다.
   ➡ _____

Hint 그치다 やむ 얼어붙다 凍りつく 미끄러지다 すべる 발끝 つま先 해지다 破れる 양말 靴下 버리다 捨てる

82 | ~하거나 ~하거나
～たり～たり

작문 일요일에는 인터넷을 하<u>거나</u> DVD를 보<u>거나</u> 합니다. 인터넷 インターネット | ~거나 ～たり・～とか

日曜日(にちようび)にはインターネットをし**たり**ＤＶＤを見(み)**たり**します。

① 동사의 た형에 접속되는「たり(だり)」는 같은 동작을 반복하거나 몇 가지 동작을 병렬할 때에 쓰인다. 과거의 의미를 갖는 た형과 접속하지만 과거의 의미는 나타내지 않는다는 것에 주의한다.

- 아침에는 산책을 하거나 화초를 손질하며 지냅니다.
  → 朝(あさ)は散歩(さんぽ)をし**たり**草花(くさばな)を手入(てい)れして過(す)ごします。
- 왔다갔다 하면서 서성거렸습니다. → 行(い)っ**たり**来(き)**たり**しながらうろつきました。

② 병렬의 뜻을 나타내는 복합 조사로「～とか(～どか)」가 있다.

- 휴일에는 테니스를 친다든가 책을 읽는다든가 하며 지냅니다.
  → 休日(きゅうじつ)にはテニスをする**とか**本(ほん)を読(よ)む**とか**して過(す)ごします。

도전

1 오전 중에는 청소를 하거나 빨래를 하거나 합니다.
→ _____

2 오후에는 쇼핑을 가거나 식사준비를 하거나 합니다.
→ _____

3 정월(설날)에는 떡국을 먹거나, 오세치요리를 먹거나 합니다.
→ _____

Hint 오전 午前(ごぜん) 청소 掃除(そうじ) 빨래 洗濯(せんたく) 오후 午後(ごご) 쇼핑 ショッピング 정월(설날) お正月(しょうがつ) 떡국 お雑煮(ぞうに) 오세치요리(정월에 먹는 여러가지 음식) おせち料理(りょうり)

83 ~한 채
～たまま

작문 옷을 입은 **채로** 물놀이를 해서는 안 됩니다. ~채로 ~まま | 물놀이 水遊び

服を着**たまま**水遊びをしてはいけません。

❶ 「~한 채」라는 의미를 표현할 때 「～たまま」를 사용한다. 동사의 た형과 접속하여 그 상태나 행동이 지속되는 것을 나타낸다.

❷ 「명사+のまま」의 형태로 쓰여 「~대로」의 의미를 나타내기도 한다.

❸ 「遊び」는 「遊ぶ」의 명사인데 「유희」와 「진지하게 하지 않는 것」 「주색에 빠지는 것」 등의 의미를 포함한다.
  - 火遊び (불장난, 진실성이 없는 연애)
  - 夜遊び (밤놀이)
  - 遊びでする (진지하게 그 일을 하지 않는다)

도전

1 구두를 신은 채로 방에 들어가서는 안 됩니다.
➡ _____

2 우산을 택시 안에 둔 채 내려 버렸다.
➡ _____

3 생각대로 되지 않는 일도 있다.
➡ _____

Hint 구두 靴 신다 履く 우산 傘 택시 タクシー

84 | 막 ~한 참
～たところ

작문 지금 **막 왔습니다**. 막, 딱 ちょうど

ちょうど今来たところです。

① 동사의 과거형인 た형에 ところ라는 형식 명사가 붙은 표현인데, 이 때에 ところ에는 장소를 나타내는 '~곳'의 의미가 아니므로 주의한다.
② '조금 전에 막 어떤 행동을 끝마쳤다' 라는 시간의 시점을 강조하는 표현이다.
③ 「～に」 또는 「～で」라는 조사와 함께 「동사의 た형＋ところに/で」란 형태로 많이 사용 되는데, 이럴 때에는 「～하자마자」라고 해석한다.
- 父が家を出たところに(ところで)、父を訪ねてお客さんが来た。
  → 아버지가 집을 나가자마자 아버지를 찾아온 손님이 왔다.

도전

1 오사카행 신칸센은 바로 조금 전에 막 출발했습니다.
   ➡ _____

2 집을 나가려던 찰나에 전화가 걸려 왔다.
   ➡ _____

3 막 역에 도착하자마자 지갑이 없는 것을 알아차렸습니다.
   ➡ _____

Hint ～행 ～行き 오사카 大阪 신칸센 新幹線 출발 出発 전화 電話 도착하다 着く 지갑 財布
알아차리다 気づく

85 ~한 지 얼마 안 된, 막 ~한
～たばかり

작문 지금 회사에서 막 돌아왔습니다. 회사 会社 | 돌아오다 帰ってくる

今、会社から帰ってきたばかりです。

① 동사의 た형에「～ばかり」라는 부조사(副助詞)가 접속한 형태이다.
② 앞서 살펴봤던「～たところ」란 표현과 유사한 표현으로「바로 조금 전에 어떤 행동을 마쳤다」라는 의미를 나타낸다.
③ 이 표현에서「ばかり」는 명사와 같은 형태로 문장 안에서 사용한다.
(～たばかりの명사(조금 전에 ~한 명사), ～たばかりで(조금 전에 ~해서…)

• 買ってきたばかりの服が破れた。
  → 조금 전에 사온 옷이 찢어졌다.

도전

1 일주일 전에 막 오픈한 가게인데, 벌써 문을 닫았다.
   ➡ _____

2 갓 태어난 아기는, 우는 것에 의해서 의사를 전달할 수 밖에 없습니다.
   ➡ _____

3 유럽에서 막 돌아와서, 시차때문에 졸립니다.
   ➡ _____

Hint 오픈 オープン 가게 店 문을 닫다(폐점하다) 閉店する 아기 赤ちゃん 우는 것 泣くこと
의사 意思 전달하다 伝える 유럽 ヨーロッパ 시차 時差ぼけ

86 | ~하는 편이 좋다
～たほうがいい

작문 오늘은 추우니까, 조금 더 따뜻한 옷을 입는 편이 좋습니다.

조금 더 もう少し | 따뜻한 あたたかい | 옷 服 | 입다 着る

もう少しあたたかい服を着たほうがいいです。

① 남에게 권유할 때 쓰는 표현으로「～ほうがいい」를 쓴다. 이 경우, 앞에 오는 동사의 형태는 과거형인「～た」형을 쓰는 것이 보통이다.

- 좀더 쉬는 것이 좋습니다. → もう少し休んだほうがいいです。

② 또한 명사에 붙을 때는「の」를 붙여서 쓰며 い형용사・な형용사는 연체형(명사수식형)으로 접속된다.

- 전등은 형광등이 좋습니다.
  → 電灯は蛍光灯のほうがいいです。
- 책은 새로운 것이 좋습니다.
  → 本は新しいほうがいいです。
- 여관은 조용한 편이 좋습니다.
  → 旅館は静かなほうがいいです。

도전

1 당분간 외출을 피하는 편이 좋습니다.
   ➡ _____

2 이제 막 페인트를 칠한 거니까, 이 벤치에는 앉지 않는 편이 좋습니다.
   ➡ _____

3 비가 내릴 것 같으니까, 우산을 가지고 가는 편이 좋습니다.
   ➡ _____

Hint 당분간 当分 외출 外出 피하다(삼가다) 控える 칠하다 塗る 우산 傘

87 ~한 적이 없다
〜たことがない

작문 그런 이상한 이야기는 들은 적이 없다. 이상하다 変だ・おかしい | 이야기 話

そんなおかしい話は聞いたことがない。

❶ 과거의 경험을 나타내는 표현으로 「〜たことがある/ない(~한 적이 있다/없다」라는 표현이 자주 사용된다. 과거의 내용이므로 동사의 과거형인 「〜た」형과 접속한다.

❷ 경험을 나타내는 표현으로 「ある・ない」가 쓰일 때가 있다.
- 한국에 가본 적이 있다.
  → 韓国に行ったことがある。
- 비행기를 타본 적이 없다.
  → 飛行機に乗ったことがない。

❸ 한국어에서는 형용사를 두 개 이상 붙여 놓을 때와 같은 관형형으로 쓰는 것을 피하려는 경향이 있으나 일본어는 그냥 연체형(명사수식형)을 연속해서 사용할 수 있다.
- 멀리 지나가 버린 과거의 이야기. → 遠い過ぎ去った過去の話。

도전

1 중국어를 공부한 적이 없다.
  ➡ _____

2 그런 노래는 들어본 적이 없다.
  ➡ _____

3 그 책을 읽은 적이 없다.
  ➡ _____

Hint 중국어 中国語   노래 歌

연·습·문·제·5

8. 가정형·과거형을 이용한 표현 익히기

(75~87)

1 다음 글의 밑줄 친 부분에 들어갈 가장 적당한 말을 아래 ⬜ 에서 골라 넣어 보자.

　　学生時代から離れれ_____離れる_____、勉強したくなるのは不思議なことだ。学生時代は勉強が嫌いだった。大学を卒業した_____のころは「これでもう勉強_____いい」と思った。それなのに、しばらくすると日本語やパソコンの使い方を習いたくなった。若いころに始めていれば、今よりももっと簡単に単語を覚え_____パソコンの機能を使っ_____できたはずだ。もう少し早くに始めていればと何度も後悔した。学生時代_____経験できない楽しいことはたくさんあるだろう。しかし、将来のことを考えて学生のうちに勉強しておくことは大切なことだ。

> ば　　ほど　　ばかり　　たり　　でなければ　　しなくても

2 다음 문장을 일본어로 작문해 보자.

① 아르바이트를 하지 않으면, 생활할 수 없습니다. ~ば　アルバイト　生活
　➡ _____

② 요즈음의 사건은 알면 알수록 화가 납니다. ~ば~ほど　このごろ　事件　腹が立つ
　➡ _____

③ 일본의 대학에 합격하면, 3월부터 일본에 갈 것입니다. ~たら　合格
　➡ _____

④ 주말에는 책을 읽거나 공부를 하거나 해서 보냅니다. ~たり　週末　公園
　➡ _____

⑤ 어제는 매우 더웠기 때문에 에어컨을 켠 채 잤습니다. ~たまま　暑い　エアコン　寝る
　➡ _____

9 의지, 추측, 인용, 명령, 금지의 표현 알아두기

88 | ~하라 / ~せよ

> **작문** 일하는 여성의 권리를 보장**하라**. 일하다 働く | 여성 女性 | 권리 権利 | 보장 保障
>
> 働く女性の権利を保障**せよ**。

① 「구호, 요구서」 같은 문장에서 쓰이는 명령형으로 「(주로)한자어 + せよ」 형식이 있다. 간결하고 힘찬 어감이 있지만 적대감을 느끼기 쉬우므로 함부로 쓰지 않도록 한다.

② 「女性(여성)」와 비슷한 말로 「女(여자)」「女子」 등이 있는데 그 중 「女」는 특수한 의미로 「정부(본처가 아닌 애인)」란 뜻도 있으므로 사용에 유의해야 한다.

③ 「女性」는 존중하는 느낌이 있고 사회적인 입장 등을 거론할 때 사용하며 근대적인 개념이기도 하다. 나이로는 청년기 이후에 쓰인다. 「女子」는 「女子職員(여직원)」「女子学生(여학생)」「女子の種目(여자 종목)」 등의 예로 한정되며, 젊은 여자라는 느낌이 든다.
또 「婦人(부인)」이라는 말은 성인 여자라는 어감이 있고 「婦人警官(부인 경찰/여경찰)」「貞淑な婦人(정숙한 부인)」 등의 용례가 있다.

참고 | 「働く」의 쓰임새

(1) 사람·동물의 경우
- 彼はまじめによく働く。(그는 착실히 일을 잘한다.)
- 牛は田ですきを引いて働く。(소는 논에서 쟁기를 끌며 일한다.)

(2) 기계의 경우
- エンジンがうなりを上げて一日じゅう働いている。
  (엔진이 웅웅 소리를 내며 온종일 가동되고 있다.)

그런데 기계의 경우는 자동적으로 움직이는 것에 한하며, 그렇지 않은 도구 같은 것에는 「働く」로 표현하지 않는 것이 보통이다.
(×) このそろばんはよく働く。(이 주판은 잘 가동한다.) 라고는 하지 않는다.

도전

1 의료보험 제도를 개선하라.
   ➡ _____

2 노동자의 복리후생을 충실하게 해라.
   ➡ _____

3 다음에서 바른 것을 고르시오.
   ➡ _____

Hint 의료보험 医療保険 제도 制度 개선 改善 노동자 労働者 복리후생 福利厚生 충실 充実
바르다 正しい 고르다 選ぶ・選択する

89 | 가라(~해(라))
行け (명령형)

작문 불만이 있으면 이 집에서 나가라. 불만 不満 | 나가다 出て行く

不満があるならこの家から出て行け。

아랫사람에게 쓰는 명령형인데 어조가 강하므로 말다툼할 때나 나무랄 때에 쓰인다. 형태는 각 동사의 명령형으로 표현한다.

1그룹동사	끝음의 [u]음을 [e]음으로 바꾼다	読む → 読め／書く → 書け
2그룹동사	끝음의 [る]를 [ろ]로 바꾼다	見る → 見ろ／食べる → 食べろ
3그룹동사	する → せよ、しろ／来る → 来い	

- 주저하지 말고 이리 와라.
  → 迷わないでこっちに来い。

- 용무가 있으면 빨리 전화해라.
  → 用事があればさっさと電話しろ。

도전

1 자기 일은 스스로 생각해라.
   ➡ _____

2 제출일은 지켜라.
   ➡ _____

3 움직이지마! 손들어! 3000만 엔 내놔!
   ➡ _____

Hint 스스로 自分で   제출 提出   손들다 手を上げる

90 | ~하지 말 것
~ないこと

작문 어린이는 이 강에서 헤엄치지 말 것. 강 川・河 | 헤엄치다 泳ぐ

子どもはこの川で泳がないこと。

❶ 「~ないこと」는 금지 사항을 지시하는 문장에서 쓰인다. 사무적인 어조 때문에 회화보다는 게시판, 설명서 등 문장어로서 쓸 경우가 많다.

- 답안에는 볼펜을 쓰지 말 것.
  → 答案にはボールペンを使わないこと。
- 잔디에 들어가지 말 것.
  → 芝生に入らないこと。

❷ 한국어로 「강」은 크기에 따라 「강」「개울」「시내」등 여러 가지 호칭이 있으나 일본어의 「かわ」는 총칭이 된다. 큰 것을 「河」자를 써서 나타낼 경우도 있는데 고유 명사인 하천 이름은 다 「江戸川」, 「信濃川」처럼 「川」자를 쓴다.

도전
1. 이 해변에는 들어가지 말 것.
   ➡ _____

2. 옆사람과 이야기하지 말 것.
   ➡ _____

3. 시험개시 후 50분간은 퇴실하지 말 것.
   ➡ _____

Hint 해변 海岸   개시 開始   퇴실 退室

91 | ~라고 합니다(전문)
～そうです

작문 시청 앞 광장에는 많은 사람들이 모인다고 합니다. 시청앞 市庁前 | 광장 広場
| 사람들이 모이다 人々が集まる

市庁前広場にはたくさんの人々が集まるそうです。

❶ 자기가 직접 체험하지 않고 남이 한 말을 듣고 전달하는 전문(伝聞)을 나타내는 조동사「そうだ」는 용언 및「ない」「たい」「だ」등 조동사의 종지형에 접속된다. な형용사형으로 활용하지만 실제로는 종지형으로 쓰이는 것이 일반적이다.
또한 전문형을 쓸 때는 문체의 느낌상 전문 사실 자체는 정중체를 쓰지 않는 경우가 많다.

- 모인다고 합니다.
  → 集まるそうです。 (×)集まりますそうです。
- 모였다고 합니다.
  → 集まったそうです。 (×)集まりましたそうです。

❷「많다」는 여러 가지 번역이 가능하지만 사람이 많을 경우에는「たくさんの人(々)」와 더불어「大勢の人(々)」도 잘 쓰인다.

도전
1 이번 여행은 경주로 간다고 합니다.
➡ _____

2 이 마을에는 여관이 한 곳도 없다고 합니다.
➡ _____

3 '나라'는 일본의 옛 수도라고 합니다.
➡ _____

Hint 경주 慶州 마을 街 여관 旅館 나라 奈良 옛 수도 古都

92 | ~였다고 합니다.
～たそうです

작문 그 노인은 젊었을 때 파일럿이었다고 합니다. 　노인 老人 | 파일럿 パイロット

その老人は若いころパイロットだったそうです。

「そうだ」「そうです」는 항상 현재 시제로만 쓰인다.
다만 과거의 사실을 지금에 전해 들었을 경우 「そうだ」 앞에 오는 문장을 과거 또는 완료형으로 끝나도록 하면 된다.

- 지금은 엄격한 그도, 예전에는 매우 상냥했었다고 합니다.
  → 今は厳しい彼も、前はとてもやさしかったそうです。

- 옛날에는 전화가 없어서 불편했었다고 합니다.
  → 昔は電話がなくて不便だったそうです。

- 그녀가 키우던 강아지는 2년 전에 죽었다고 합니다.
  → 彼女の飼っていた子犬は 2 年前死んだそうです。

도전

1 그도 옛날에는 부자였다고 합니다.
  ➡ _____

2 결국, 찾고 있었던 사람과 만나지 못했다고 합니다.
  ➡ _____

3 10년 전에는 가게도 많이 있고, 사람들의 왕래도 많았었다고 합니다.
  ➡ _____

Hint 옛날 昔　　부자 金持ち　　결국 結局　　왕래 行き来

93 | ~일 것 같다
～そうだ

작문 지금이라도 비가 내릴 것 같다. 지금이라도 今にも | 내리다(내리기 시작하다) 降りだす

今にも雨が降りだしそうだ。

① 어떤 모양을 추측하는 뜻으로 쓰이는「そうだ」는 동사의 ます형, 형용사 및 그 외의 조동사 어간에 접속된다.
다만 「良い」「ない」의 경우에는 「さ」를 첨가하여 「良さそうだ(좋은 것 같다)」「なさそうだ(없는 것 같다)」가 되고, 활용은 な형용사와 마찬가지지만 명령형은 없다.

②「～そうだ」「～そうになる」는「～(ㄹ) 뻔하다」의 뜻으로 쓰일 때가 있다.

- 자칫하면 다칠 뻔했다.
  → すんでのところでけがをしそうだった。
- 하마터면 무너질 지경이 되었다.
  → あやうくくずれそうになった。

도전

1 그는 겉으로는 성실할 것 같은데….
   ➡ _____

2 발이 부어서 아플 것 같다.
   ➡ _____

3 나온 요리는 어떤 것도 맛있을 것 같다.
   ➡ _____

Hint 겉으로는 一見・見かけは 성실하다 まじめだ 붓다 腫れる

94 | ~듯한, ~일 것 같은
～そうな

작문 그 노인은 유령이 나올 듯한 집에 살고 있었습니다. 노인 老人 | 유령 幽霊

~것 같은 ~ような・~そうな

その老人は幽霊が出そうな家に住んでいました。

① 「~일 것 같다」라는 의미를 나타내는 「~そうだ」 뒤에 명사가 올 경우 な형용사 활용을 하므로 명사 수식형인 「~そうな」가 된다. 「~할 듯한 [명사], ~일 것 같은 [명사]」의 의미로 많이 쓰이는 표현이다.

② 비슷한 표현으로, 동사·조동사의 ない형에 접속되는 조동사 「ん」에 정도를 나타내는 부조사 「ばかり」를 결합시킨 「~んばかり」도 있다.

- 유령이 나올 것 같은 집
  → 幽霊が出んばかりの家。
- 하늘이 무너질 듯이 비가 내린다.
  → 天がくずれんばかりに雨がふる。

도전

1 그녀는 울 것 같은 얼굴을 하고 있었다.
  ➡ _____

2 비쌀 것 같은 가게였기 때문에 안에 들어가지 않았습니다.
  ➡ _____

3 최 씨는 어려울 것 같은 책만 읽고 있다.
  ➡ _____

Hint 울다 泣く 얼굴 顔

95 ~인 것 같다
～ようだ

작문 여기가 유명한 절인 **것 같다**. 유명하다 有名だ | 절 寺

ここが有名な寺の**ようだ**。

❶ 추측, 불확실한 단정을 나타내는 조동사 「ようだ」는 「～そうだ」와 비슷한 의미로 쓰이며, 문장의 보통형에 접속된다.

- 우리 집보다 훨씬 넓은 것 같다.
  → わが家よりずっと広い**ようだ**。
- 야마다 씨는 벌써 잠든 것 같습니다.
  → 山田さんはもう寝た**ようです**。

❷ 단 명사에 접속될 때에는 조사 「の」를 붙여 「～のようだ」로 쓰고, な형용사는 「어간+な」의 형태로 「～なようだ」로 쓴다.

도전
1 아무래도 열이 있는 것 같다.
  → _____

2 그의 이야기는 아무래도 진짜인 것 같다.
  → _____

3 그 남자 아이는 아무래도 말을 듣지 않는 것 같다.
  → _____

Hint 아무래도 どうやら 열 熱 진짜 本当

96 | ~같은 / ~のような

작문 그의 집은 성과 같은 건물이다. 성 城 | 건물 建物

彼の家は城のような建物です。

비유 표현으로서의 「ような」는 명사에 접속될 때가 많다. 비유의 용법중에서도 직유(直喩)라고 하여, 일상 생활에서 문학적인 표현까지 흔히 쓰이는 용법이기도 하다. 명사 뒤에 「~のような」의 형태로 많이 쓰인다.

- 우뢰와 같은 목소리가 들려옵니다.
  → かみなりのような声が聞こえてきます。
- 하루살이같은 인생이다.
  → かげろうのような人生だ。
- 화살과 같이 세월이 지나갔다.
  → 矢のように歳月が過ぎた。

도전

1 남성인데도 여성같은 목소리로 말을 한다.
  ➡ _____

2 양동이를 엎은 것같은 비가 내렸다.
  ➡ _____

3 어디선가 들은 적이 있는 것같은 이야기다.
  ➡ _____

Hint 남성 男性　여성 女性　목소리 声　양동이 バケツ　엎다 ひっくり返す

97 ~인 것 같다 / ~らしい

작문 아무래도 길을 잃은 것 같다. 아무래도 どうやら | 길을 잃다 道に迷う

どうやら道に迷ったらしい。

❶ 추측을 나타내는 조동사 「らしい」는 동사·형용사 및 조동사의 종지형, 명사, 조사 「の(소유)」 「から(기점)」 「まで(한도)」 등에 접속되어 형용사 활용을 한다.
- 그 사람은 학생인 것 같다.
  → 彼は学生らしい。
- 방 안이 지저분한 것을 보니 손님이 왔었나 보다.
  → 部屋の中が散らかっているから客が来たらしい。

❷ 「道に迷う」의 「に」는 목적, 대상을 나타내는 조사이다.
- 비를 맞았다. → 雨にふられた。
- 승리에 도취하다. → 勝利に酔う。

❸ 또한 「らしい」가 접미어로서 「~답다」라는 뜻을 나타낼 경우가 있다.
- 헌법에는 인간답게 살 권리가 보장되어 있다.
  → 憲法には人間らしく生きる権利が保障されている。

도전

1 그는 그래픽디자이너인 것 같다.
   ➡ _____

2 그 회사는 경영자가 바뀐 것 같다.
   ➡ _____

3 어젯밤, 그는 그녀에게 차인 것 같다.
   ➡ _____

Hint 그래픽디자이너 グラフィックデザイナー 경영자 経営者 바뀌다 変わる 퇴짜맞다, 차이다 振られる

98 ~일 것이다, ~겠다
～だろう

작문 이번 학기의 성적으로는 진급도 어려울 것이다. 이번 학기 今学期 | 성적 成績 | 진급 進級

今学期の成績では進級もむずかしいだろう。

❶ 추측을 나타내는「だろう(でしょう)」는 종지형으로 문장 끝에 올 경우가 많기 때문에 여기서는 하나의 조동사(활용 없음)로서 다루기로 한다.

❷ 동사・형용사・조동사 등의 연체형 및 명사, 조사「の」, な형용사의 어간에 접속된다.

- 버스는 12시까지 여기에 도착할 것이다.
  → バスは12時までにここに到着するだろう。
- 그는 학생이 아닐 것이다.
  → 彼は学生ではないだろう。

도전

1 한 집의 주인으로서, 가족의 행복을 지키는 것은 당연할 것이다.
   ➡ _____

2 당신의 도움이 없었더라면 아마 이 계획은 실패했을 것이다.
   ➡ _____

3 저녁 노을이 지면 다음날은 날씨가 좋을 것이다.
   ➡ _____

Hint 한 집 一家 주인 主人 실패 失敗 저녁 노을이 지다 夕焼けになる

99 | ~겠죠(~할 것입니다)
～でしょう

작문 아무리 막아도 저 사람은 가**겠죠**. 아무리 いくら | 막다 引き止める

いくら引き止めてもあの人は行く**でしょう**。

❶ 「だろう」의 겸양어가 「でしょう」이다. 접속은 「だろう」와 마찬가지이고 활용도 없다. 「でしょう」 앞에 오는 문장까지 정중형(공손한 표현)으로 하면 좀 어색하다.

- 내일 회사에 갈 것입니다.
  → あした会社に行くでしょう。(○)
  → あした会社に行きますでしょう。(×)

- 아무리 열심히 하더라도 선생님만 못할 것입니다.
  → いくら一生懸命やっても先生には及ばないでしょう。

- 아무리 위험하다고 말해도 그는 갈 것입니다.
  → いくら危ない言っても彼は行くでしょう。

❷ 단 존경어에는 접속될 수 있다.
- 저녁을 잡수실 것입니다.
  → 夕食をめしあがるでしょう。

도전
1 불이 켜지지 않으니까 아마도 정전이겠죠.
   ➡ _____

2 석양이 예쁘니까, 내일도 맑겠죠.
   ➡ _____

3 아무리 젊어 보인다고 해도 30살은 되겠죠.
   ➡ _____

Hint 켜지다 つく 정전 停電 석양 夕焼け

100 | ~하자, ~하겠다(의지)
〜よう

작문 오늘이야말로 그녀에게 고백하자. ~야말로 こそ(강조) | 고백 告白

今日（きょう）こそ彼女（かのじょ）に告白（こくはく）しよう。

❶ 「よう」는 의지를 나타내고 다음과 같은 동사의 형태에 접속된다.

〈동사의 의지형〉

1그룹동사	끝음의 [u]음을 [o]음으로 바꾸고 [う]를 붙인다	読む → 読もう／書く → 書こう 話す → 話そう／行く → 行こう
2그룹동사	끝음의 [る]를 떼고 [よう]를 붙인다	見る → 見よう／食べる → 食べよう
3그룹동사	する → しよう／来る → 来よう	

❷ 「よう」가 추측을 나타낼 경우도 있는데 문어적인 느낌이 있다. 그 때는 「だろう」로 바꿔 쓸 수 있다.

- 이윽고 영원한 평화가 이루어질 것이다.
  → やがて永遠（えいえん）の平和（へいわ）がなしとげられよう。
  → やがて永遠の平和がなしとげられるだろう。

❸ 「こそ」는 특히 그 말을 내세워 강조할 때 쓰는 표현으로 「~야말로・~니까」라는 뜻을 가지고 있다.

- 저야말로 잘 부탁드립니다.
  → こちらこそどうぞよろしくお願（ねが）いします。

도전

1 내일이야말로 빨리 일어나겠다.
　➡ _____

2 실적이 있으면 융자를 인정하겠다.
　➡ _____

3 그 문제는 전문가에게 맡기자.
　➡ _____

Hint　일어나다 起きる　실적 実績　융자 融資　전문가 専門家　맡기다 任せる

101 | ~하지 않겠다
～まい

작문 이런 사고는 두 번 다시는 일으키**지 않겠다**. 사고 事故 | 다시 再び・二度と(~ない) | 일으키다 起こす

このような事故は二度と起こすまい。

① 부정의 의지를 나타내는「まい」는 1그룹 동사는 기본형에, 2그룹 동사는 끝음인「る」를 뺀 ない형에 접속한다. 그리고 3그룹 동사인「する」는「しまい」와「するまい」의 두 가지 형태로 표현하며「来る」는「来るまい」로 표현한다.
- 내일부터 그와는 만나지 않겠다. → 明日から彼とは会う**まい**。
- 아무리 피곤해도 운동은 쉬지 않겠다. → いくら疲れても運動は休む**まい**。

②「まい」는 좀 문어적인 느낌이 있으며, 구어로는「ない」를 쓰면 된다.
- 다시는 일으키지 않겠다. → 二度と起こさ**ない**。

③ 공손한 표현으로는 조동사「ます」를 붙여서「～ますまい」로 한다. 하지만 일반적으로 많이 사용하지는 않는다.
- 다시는 고향에 돌아가지 않겠습니다. → 二度と故郷に帰ります**まい**。

도전

1. 저런 맛없는 가게, 두 번 다시 가지 않겠다.
   ➡ _____

2. 오늘부터는 한 방울도 술을 마시지 않겠다.
   ➡ _____

3. 어떤 일이 있어도 포기하지 않겠다.
   ➡ _____

Hint 두 번 다시 二度と 한 방울도 一滴も 포기하다 諦める

102 | ~하지 않을 것이다
～まい

작문 옛날 일을 이야기해 봤자 지금의 젊은 사람들은 이해하지 못할 것이다.
옛날 昔 | ~해 봤자 してみたところで | 이해하다 理解する

昔の話をしてみたところで若い人(に)は理解できまい。

❶ 「まい」는 부정의 추측을 나타낼 수도 있다.
  접속, 활용은 의지를 나타내는 「まい」와 마찬가지다. 구어로 하면 「~ないだろう」로 바꿔 쓸 수도 있다.

  • 젊은 사람들은 이해할 수 없을 것이다.
    → 若い人は理解できまい。
    → 理解できないだろう。

  • 이렇게 되면 도망칠 수 없을 거예요.
    → こうなったら逃げられますまい。

  • 그가 안 가면 그녀도 가지 않을 것이다.
    → 彼が行かなければ、彼女も行くまい。

❷ 「~してみたところで」는 강한 가정을 나타내는 표현이다.

도전

1 고향에 돌아가봤자 살 집도 없을 것이다.
  ➡ _____

2 이제 와서 뭐라고 말해도 달리 방법이 없을 것이다.
  ➡ _____

3 이렇게 된다면 그에게 부탁하는 수 밖에 없을 것이다.
  ➡ _____

Hint 이제 와서 今になって   달리 방법이 없다 しかたがない・どうにもならない   부탁하다 頼む・お願いする

연·습·문·제·6

9. 의지·추측·인용·명령·금지의 표현 알아두기

(88~102)

1 다음 글의 밑줄 친 부분에 들어갈 가장 적당한 말을 아래 ◯에서 골라 넣어 보자.

　　コーヒーショップから外に出ると、アスファルトの道の色が変わっていた。どうやら雨が_____ようだった。空を見上げると、今にも雨がふりだし_____雲が広がっていた。きっともう一降りする_____。早く家にもどらなくては。傘を持ってこなかった。昨日の天気予報では、今日は一日中晴れだといっていたが、予報は見事に外れた。天気予報なんて信じ_____。そんなことを考えているうちに、大粒の雨がポツポツと降りはじめた。どうも今日はついていない_____。新しい服を着ている日に限って雨が降る。

> まい　　降った　　ようだ　　だろう　　そうな

2 다음 문장을 일본어로 작문해 보자.

❶ 선거결과가 나온 것 같습니다.　~ようだ　選挙結果

　➡ _____

❷ 설마 그가 도쿄 대학에 합격할 리가 없다.　~まい　まさか　東京大学　合格

　➡ _____

❸ 내일은 눈이 내린 다고 하니까, 조금 빨리 집을 나가자.　~らしい　早めに　~よう

　➡ _____

❹ 이미 오늘은 늦었으니까, 또 내일 계속하자.　~よう　遅い　続きをする

　➡ _____

❺ 그녀가 기뻐할 것 같은 선물을 사고 싶은데, 무엇이 좋을까?　~だろう　~そうな　喜ぶ　プレゼント

　➡ _____

10 다양한 문말 표현 알아두기

103 | ~까? ~(동사의 보통형)か

작문 저 녀석이 약속대로 하리라 생각하는가? 저 녀석 あいつ | 약속대로 約束どおりに

あいつが約束どおりにすると思うか。

❶ 친구끼리 쓰는 말로 「문장의 보통형+か」 형태가 있는데, 여기서는 단순한 의문문이라기보다 강한 의문을 표시하여 부정적인 의미를 나타낸다.
- 約束どおりにすると思う**か**。
  = 約束どおりにしない。

❷ 「~다고(라고) 생각하다」라는 표현은 「~と思う」로 나타낼 수 있다.
- 그가 틀렸다고 생각합니다.
  → 彼がまちがった**と思います**。
- 매화꽃이 아름답다고 생각합니다.
  → 梅の花が美しい**と思います**。
- 우리는 같은 인간이라고 생각합니다.
  → われわれは同じ人間だ**と思います**。

도전

1 도대체 무슨 이야기가 있는가?
   ➡ _____

2 이렇게 늦은 밤에 어디에 가는가?
   ➡ _____

3 이런 곳에서 무엇을 하는가?
   ➡ _____

Hint   도대체 いったい

104 | ~할까?
〜(동사의 의지형)か

작문 혼자 갈까, 아니면 친구랑 같이 갈까? 혼자 一人(で) | 아니면 それとも・あるいは

一人で行こうかそれとも友達と一緒に行こうか。

❶ 「동사의 의지형+か」는 친구끼리 쓰는 말 또는 혼잣말(독백)로 쓴다.
「~ㄹ까 말까」는 「〜しようかやめようか」 또는 「〜するかどうか」라고 한다.

- 회사를 그만둘까 말까 고민하고 있다.
  → 会社をやめようかどうか悩んでいる。

❷ 「와(과) 같이」는 경우에 따라 몇 가지 번역이 가능하다.

- 자식과 같이 살다.
  → 子どもといっしょに(共に)暮らす。

- 나와 같은 나이
  → 私と同い年(年齢)

- 열화와 같이 화를 내다.
  → 烈火のように(ごとく)怒る。

도전

1 야구를 볼까, 축구를 볼까?
   ➡ _____

2 규동(덮밥)을 먹을까, 아니면 타꼬야끼를 먹을까?
   ➡ _____

3 가격이 비싸서 살까 말까 망설이고 있다.
   ➡ _____

Hint 규동(덮밥) 牛丼　아니면 それとも　타꼬야끼 たこやき　가격 値段　망설이다 迷う

105 | ~할까? ~하랴? 절대 ~않을 거야!
～もの(もん)か

작문 절대로 지지 않을 거야! 절대로 絶対に | 지다 負ける

絶対に負けるもんか。

❶ 동사의 기본형과 접속해서 반어적으로 사용되는 표현이다. 자연스러운 한국어로 해석할 때에는 '~하랴, 할까!, 하지 않을 거야!' 등으로 해석된다.

❷ 반어적인 표현은 오히려 일반적인 표현보다 더 강조하는 느낌을 나타낸다. 따라서 이 표현도 절대로 두 번 다시는 하지 않겠다는 말하는 이의 강한 의지를 느낄 수 있는 표현이다.

- 두 번 다시 저 레스토랑에 가지 않을 거야! 웨이트레스의 태도가 너무 나쁘다.
  → 二度とあのレストランに行くものか。ウエートレスの態度が悪すぎる。

도전

1 당첨되지 않을 복권 따위를 사랴? 라고 생각하면서도, 또 사 버렸다.
   ⇒ _____

2 두 번 다시 같은 실패를 반복하랴?
   ⇒ _____

3 다이어트 중이기 때문에, 케이크의 유혹에 지지 않을 거야!
   ⇒ _____

Hint 당첨되다 当たる   복권 宝くじ   따위 なんて   두 번 다시 二度と   실패 失敗   반복하다 繰り返す
다이어트 ダイエット   케이크 ケーキ   유혹 誘惑   지다 負ける

106 | ~되다 / ~する

작문 텔레비전에 비해서 비디오는 좀처럼 보급되지 않는다. 텔레비전 テレビ | 비하다 比べる | 비디오 ビデオ | 좀처럼 なかなか | 보급 普及

テレビに比べればビデオはなかなか普及しない。

① 한국어로 「~하다」 「~되다」는 일본어로 「~する」 「~なる」로 표현할 수 있지만 「명사+する」 동사 중, 「~する」의 형태만으로 「~하다, ~되다」의 두 가지 의미를 표현하는 동사가 있다는 것에 주의해야 한다.

② 보통, 앞의 주어 「~が」가 동사의 주체가 될 경우 「~가 ~되다」라고 해석되며, 목적어를 가질 경우 「~(을)를 ~하다」라고 해석된다.
- 분야가 확대되다 → 分野が拡大する
- 교섭이 계속되다 → 交渉が継続する
- 과학이 발전되다 → 科学が発展する

도전

1 앞으로의 예정이 결정되다.
　➡ _____

2 FTA에 관한 회의가 계속되고 있다.
　➡ _____

3 새로운 사업은 간단하게 확대되지 않는다.
　➡ _____

Hint 예정 予定　결정되다 決定する　캐릭터 キャラクター　계속되다 継続する　사업 事業　간단하다 簡単だ　확대되다 拡大する

107 | ~라고 합니다 / ~といいます

작문 '매미'는 일본어로 뭐라고 합니까? 매미 せみ | ~라고 하다 という

「メミ」は日本語（にほんご）で何（なん）といいますか。

❶ 「~という」는 「~라고 하다」라는 뜻으로 인용, 예시할 때 쓰이는 말이다.

- 생활협동조합을 줄여서 "생협"이라고 한다.
  → 生活協同組合（せいかつきょうどうくみあい）を略（りゃく）して（略語（りゃくご）で）「生協（せいきょう）」という。

- 「안녕하십니까?」를 영어로 뭐라고 합니까?
  → 「アンニョンハシムニカ」を英語（えいご）で何（なん）といいますか。

- 「さようなら」를 중국어로 뭐라고 합니까?
  → 「さようなら」を中国語（ちゅうごくご）で何（なん）といいますか。

❷ 이 문장에 쓰인 조사 「で」는 수단·방법을 나타내는 조사로 쓰였다.

- 영어로 말할 수 있습니까?
  → 英語（えいご）で話（はな）せますか。

- 공항까지 뭐로 갑니까?
  → 空港（くうこう）まで何（なに）で行（い）きますか。

도전

1 학생식당을 줄여서 '학식(가쿠쇼쿠)'이라고 합니다.
   ➡ _____

2 아르바이트를 일본에서 바이트, 한국에서 알바라고 합니다.
   ➡ _____

3 나는 하시모토 나오꼬라고 합니다.
   ➡ _____

Hint 줄이다 略（りゃく）する・縮（ちぢ）める 아르바이트 アルバイト

108 | ~이다 / ~だ

작문 4월부터는 훌륭한 사회인이다. 훌륭하다 立派だ | 사회인 社会人

4月からは立派な社会人だ。

❶ 사실을 말하는 단정 조동사 「~だ」가 미래를 나타내는 문장에서 쓰일 때가 있다. 그것은 그 사실이 분명하고 변함이 없는 것을 의미한다.

- 5년이 지나면 나도 대학생이다.
  → 5年たてば私も大学生だ。

- 이것만 있으면 완벽하다.
  → これさえあれば完璧だ。

- 그와 함께 있으면 행복하다.
  → 彼と一緒にいると幸せだ。

❷ 「社会人」은 학생 등과 구별되고 실제 사회에서 일하고 활동하는 사람을 가리키는 말인데, 사회의 어떤 영역에 속하는 사람이란 용법으로 「宗教人(종교인)」「企業人(기업인)」「芸能人(연예인)」 등이 있다.

도전

1 3년만 지나면 나도 20살이다.
   ➡ _____

2 이 시합에서 이기면 우승이다.
   ➡ _____

3 이 일이 끝나면 기다리고 기다리던 주말이다.
   ➡ _____

Hint 20살 二十歳 이기다 勝つ 우승 優勝 기다리다 待つ 주말 週末

109 | ~지도 모른다
～かもしれない

작문 오늘은 손님이 올지도 모릅니다. 손님 お客さん

今日はお客さんが来るかもしれません。

불확실한 추측을 나타내는 표현으로 「～かもしれない」를 쓰는데 「～かどうかわからない」보다 그 가능성이 좀 많다.

～だろう ＞ ～かもしれない ＞ ～かどうかわからない ＞ ～ないだろう

- 손님이 올 것이다.
  → お客さんが来るだろう。
- 손님이 올지도 모른다.
  → お客さんが来るかもしれない。
- 손님이 올지 안 올지 모르겠다.
  → お客さんが来るかどうかわからない。
- 손님은 안 올 것이다.
  → お客さんは来ないだろう。

도전

1 내일 태풍이 올지도 모른다.
→ _____

2 어쩌면, 그를 전철 안에서 만날 수 있을지도 모른다.
→ _____

3 저것은 인기 상품이기 때문에 벌써 다 팔렸을지도 모른다.
→ _____

Hint 태풍 台風 어쩌면 もしかしたら 인기상품 人気商品

11 그 밖의 여러 가지 표현 맛보기

110 | ~가 ~가는
~(보통형)か~(보통형)かは

작문 빠른지 느린지는 문제가 아닙니다. | 빠르다 早い | 느리다 遅い | 문제 問題

早いか遅いかは問題ではありません。

❶ 「~한지 아닌지」라는 표현을 쓸 경우, 정중한 표현을 쓰면 어색하다.
   (×) 速いですか遅いですかは問題ではありません。

❷ 「빠르다」「느리다」처럼 반대 개념을 비교하여 선택할 때도 있으나, 「~かどうか (~냐 아니냐, (~ㄹ)까 말까)」를 사용하거나 혹은 한 가지 개념을 갖고 다른 개념과 암시적으로 비교할 경우도 있다.

- 시간적으로 빠르냐는 것은 문제가 아니다.
  → 時間的に早いかは問題ではない。
  → 다른 요건이 있는 것을 암시함

- 갈까 말까 주저하고 있다.
  → 行くかどうか迷っている。

참고 | 速い・早い

足が**速い**
(발이 빠르다)

早くおきる
(일찍 일어나다)

도전

1 좋은지 나쁜지는 문제가 아닙니다.
   ➡ _____

2 쿠미 씨가 회를 좋아하는지 싫어하는지 모르겠습니다.
   ➡ _____

3 그는 갈지 어떨지 아직 망설이고 있습니다.
   ➡ _____

Hint 쿠미씨 久美さん   회 刺身   망설이다 迷う

111 | ~뿐만 아니라
～だけでなく

작문 유원지에는 어린이**뿐만 아니라** 어른들도 많이 있다.

유원지 遊園地 | 어린이 子ども | 어른 大人 | 많이 たくさん

遊園地には子ども**だけでなく**大人もたくさんいる。

❶ 「뿐만 아니라」라는 뜻으로 「だけでなく」 이외에도 「ばかりか・のみならず」도 많이 쓰이는 표현이지만, 「ばかりか・のみならず」는 조금 문어적이고 딱딱한 표현에서 이용된다. 또한 문장의 처음에 접속사처럼 쓰이는 「뿐만 아니라」는 「のみならず」를 쓰는 것이 좋다.

- 그녀는 여동생을 대학에 보냈다. 뿐만 아니라 유학도 가게 했다.
  → 彼女は妹を大学に行かせた。**のみならず**留学にも行かせた。

❷ 「많이」는 경우에 따라 여러 가지 표현을 쓸 수 있다.

- 사람이 많이 있다.
  → 人が**おおぜい(大勢)**いる。
- 아버지를 많이 닮았다.
  → 父に**よく**似ている。

도전

1. 식물원에는 식물뿐만 아니라 새들도 많이 있다.
   ➡ _____

2. 공원에는 노인뿐만 아니라 젊은이도 많이 있다.
   ➡ _____

3. 시장에는 옷뿐만 아니라 식료품도 있다.
   ➡ _____

Hint 식물원 植物園 | 새 鳥 | 젊은이 若者 | 시장 市場 | 식료품 食料品

112 | ~해도
～(동사의 의지형)と

작문 누가 뭐라고 하더라도 한 번 결정하면 끝까지 해낸다. 결정하다 決める・定める | 끝 最後・終わり | 해내다 やり通す

だれが何と言おうと一度決めたら最後までやり通す。

❶ 동사의 의지형에 접속되는 「と」는 어떠한 구속 조건이 있다 해도 그것에 구속되지 않는다는 뒷문장에 이어진다.

- 무슨 말을 해도 난 간다.
  → 何を言おうと 私は行く。

명사나 な형용사의 경우, 「명사(な형용사의 어간)+だろうと」로 표현한다.

❷ 「～通す」는 원래 「통과시키다」는 뜻인데 보조 동사로 쓰일 경우에는 끝까지 변함없이 행동을 계속하는 것을 의미한다. 비슷한 말로 「～抜く」가 있다.

- 주장을 관철하다. → 主張を押し通す。
- 요새를 지켜 내다. → とりでを守り通す。
- 끝까지 견뎌 내다. → 最後まで耐え抜く。

도전

1 당신이 가도 아무런 도움이 되지 않는다.
➡ _____

2 얼굴이 예뻐도 마음이 예쁘지 않으면 금방 싫어진다.
➡ _____

3 그 자식이 어디를 가도, 내가 알 바가 아니다.
➡ _____

Hint 도움이 되다 役に立つ 얼굴 顔 예쁘다 きれいだ 마음 心 그 자식 あいつ
      알 바가 아니다 知ったことではない

113 | ~도록(정도로) ~ほど

작문 손바닥이 아프도록(아파질 정도로) 악수했다. 손바닥 手のひら | 악수 握手

手のひらが痛くなるほど握手した。

미치는 한도 또는 정도를 나타내는 연결 어미 「~도록」에 해당하는 말은 「ほど」「まで」「くらい(ぐらい)」「ばかり(に)」 등이 있다. 이들은 거의 똑같이 쓰이는데 「ほど」「くらい」「ばかり」가 비유를 나타내는 데 대해 「まで」는 「실제로 그렇게 될 때까지」라는 뜻으로 쓰인다.

- 밤새도록 공부했다.
  - → 夜が明けるまで勉強した。(○)
  - → 夜が明けるほど勉強した。(×)

도전

1 발이 아프도록 시장을 돌아다녔다.
  ➡ _____

2 기억이 없어질 정도로 술을 마셨다.
  ➡ _____

3 구두가 닳도록 그를 찾아 다녔다.
  ➡ _____

Hint 발 足 돌아다니다 歩きまわる 기억 記憶 닳다 すり減る 찾아다니다 探し回る

114 | 예정, ~할 리
～はず

작문 5시에 올 예정인데 아직 오지 않았습니다. 예정인데 ~はずなのに

5時に来るはずなのにまだ来ていません。

❶ 동사의 기본형과 접속해서 「예정」 「도리」를 나타내는 「はず」는 보통 단정 조동사 「だ(です)」와 더불어 「～はずだ」로 쓰인다. 강한 추측을 나타내기 때문에 자신에 관해서 쓸 수는 없다.

- (○) その仕事は彼がするはずです。 (×) その仕事は私がするはずです。
- 오늘 갈 텐데 아직 나타나지 않았습니다.
  → 今日行くはずなのにまだ現れていません。
- 그 노래는 어린이라도 다 알고 있을 것입니다.
  → その歌は子どもでも知っているはずです。

❷ 도리를 나타낼 경우 「～はずがない(~할 리가 없다)」로 쓰인다.
- 아무리 생각하더라도 알 리가 없다. → いくら考えたってもわかるはずがない。
- 놀기만 하면 성적이 오를 리가 없다.
  → 遊んでばかりいれば成績が上がるはずがない。

도전
1 이런 예정이 아니었는데….
  ➡ _____

2 그런 일을 그가 할 리가 없습니다.
  ➡ _____

3 6시에 도착할 예정인데 8시가 지나도 아무런 연락도 없습니다.
  ➡ _____

Hint 도착 到着

115 | 생각, 예정
～つもり

작문 올 가을에는 결혼할 **예정**입니다. 올 가을 今年の秋 | ～예정이다 ～つもりだ

今年の秋には結婚する**つもり**です。

❶ 「계획」「주관적인 생각」을 나타내는 형식 명사 「つもり」는 앞에 오는 동사의 보통형에 접속하며 단정 조동사 「だ(です)」와 함께 쓰인다. 주관적인 뜻이 있기 때문에 1인칭 주어가 오는 경우가 많다.
　(○) 私ひとりでも行く**つもり**だ。(나 혼자서라도 갈 생각이다.)
　(×) 彼はひとりでも行くつもりだ。
　　　→ (○) 彼はひとりでも行く**つもり**のようだ。
　　　　　(그는 혼자서라도 갈 생각인 것 같다.)
❷ 동사의 기본형 혹은 「ない형+ない」인 현재형에 접속된다.
❸ 계획을 나타낼 때는 미래가 되지만, 벌써 행한 행동에 대해 그때의 마음가짐을 표현할 경우에는 과거가 된다.
　• 문을 닫은 줄 알았는데 열려 있었다. → ドアを閉めた**つもり**だったが開いていた。
　• 깨끗이 씻은 줄 알았는데 아직 더러웠다.
　　→ きれいに洗った**つもり**だったがまだ汚れていた。

도전
1 3월에는 취직할 생각입니다.
　➡ _____

2 내년에는 혼자서 일본에 갈 예정입니다.
　➡ _____

3 그는 도쿄 대학을 시험 볼 생각인 것 같습니다.
　➡ _____

Hint 취직 就職　시험 보다 受験する

116 | 편, 쪽
～ほう

작문 병은 비교적 가벼운 편이다. 비교적 比較的 | 가볍다 軽い | 편 ほう

病気は比較的軽いほうだ。

❶ 원래 방향을 나타내는 「ほう」가 형식 명사로 쓰일 때는 「분야」「방면」「부류」 등의 뜻을 표현한다.

- 뒤쪽으로 돌아가세요.
  → 後ろのほうにまわってください。

- 많이 먹는 편은 아닙니다.
  → たくさん食べるほうではありません。

❷ 무게를 나타내는 「軽い」「重い」를 이용한 표현으로 다음과 같은 표현이 있다.
- 心が軽い (마음이 가볍다)
- 刑が軽い (형이 가볍다)
- 口が軽い (입이 가볍다)
- 責任が重い (책임이 무겁다)
- 罪が重い (죄가 무겁다)
- 足どりが重い (발걸음이 무겁다)

도전

1 학생 때에는 성적은 비교적 좋은 편이었다.
➡ _____

2 말하자면 성격은 밝은 편입니다.
➡ _____

3 항상 방은 깨끗하게 청소를 하는 편입니다.
➡ _____

Hint   성적 成績   성격 性格   비교적 比較的   깨끗하다 きれいだ

117 | 탓, 때문
～せい

작문 가뭄 탓으로 수확이 줄었습니다. 가뭄 日照り | 탓 せい | 수확 収穫 | 줄다 減る

日照りの**せい**で収穫が減りました。

❶ 「～때문에」라는 표현은 「ため」와 「せい」가 있는데, 앞에 나오는 행동때문에 부정적인 결과가 나타났을 때는 「せい」로 표현하며 「～탓에」라고 해석된다.
명사가 앞에 놓여 「명사+のせいで」의 형태로 많이 쓰이며, 앞에 동사가 올 때는 기본형이나 과거형이 쓰인다.

❷ 「せいか(탓인지)」의 형태로 쓰일 때도 있다.

- 비가 온 탓인지 땅바닥이 젖어 있다.
  → 雨が降った**せいか**地面が濡れている。

- 기분 탓인지 건물이 흔들리는 것 같다.
  → 気の**せいか**建物が揺れているようだ。

도전

1 당신 때문에 지각했잖아.
   ➡ _____

2 비 때문에, 불꽃놀이 대회가 중지되었다.
   ➡ _____

3 과음한 탓에 아침부터 머리가 아프다.
   ➡ _____

Hint 불꽃놀이 대회 花火大会 중지 中止 과음하다 (酒を)飲み過ぎる

118 | ~중, 동안
~うち

작문 10명 중에 7명이 충치라고 한다. ~중 うち(で) : 충치 虫歯(むしば)

10人(にん)のうち7人(にん)が虫歯(むしば)だそうだ。

❶ 「내부」를 나타내는 「うち」가 형식 명사로 쓰일 때는 「범위」를 의미한다.
- 10개 중 5개를 팔았다. → 10個(こ)のうち5個(こ)を売(う)った。(수량 범위)
- 1년 중에 가장 아름다운 계절 → 1年(ねん)のうちもっとも美(うつく)しい季節(きせつ)。(시간 범위)
- 이 학교 학생 중 합격한 사람은 없다.
  → この学校(がっこう)の学生(がくせい)のうち合格(ごうかく)した人はいない。(대상 범위)

❷ 「시간 범위」 중 「어떤 행동이 이루어지기 전에」란 뜻으로 쓰일 때가 있다.
- 선생님이 오시기 전에 교실을 치웁시다.
  → 先生(せんせい)がいらっしゃらないうちに(= いらっしゃる前(まえ)に)教室(きょうしつ)をかたづけましょう。

이 경우 「아직 그 행동이 일어나지 않았다」는 뜻을 나타내기 위해 부정을 나타내는 「ない」를 꼭 붙여야 한다. 「いらっしゃるうちに」라고 하면 「계시는 동안에」라는 뜻이 된다.

도전

1 100만대 중에 80만대가 수출품이다.
   ➡ _____

2 일주일 중에 세 번 수업이 있다.
   ➡ _____

3 성인 중에 약 70퍼센트가 20대에 결혼을 한다.
   ➡ _____

Hint ~대 ~台(だい)   수출품 輸出品(ゆしゅつひん)   일주일 一週間(いっしゅうかん)   성인 成人(せいじん)   퍼센트 パーセント   20대 20代(だい)

119 | 덜~, 선~
生~

작문 비가 계속 내려서, 빨래가 덜 마른 상태입니다. 계속 내려서 降り続いて | 세탁물 洗濯物 | 마르다 乾く

雨が降り続いて洗濯物が生乾きです。

❶ 접사(接辞)는 부속어로서 단독으로 쓸 수는 없고 반드시 다른 말의 앞에 붙이거나 (접두어) 뒤에 붙여서(접미어) 쓰인다. 접두어「生」는 어중간하다는 뜻을 첨가한다.

❷「乾き」는「乾く」의 명사형이며「乾きがいい(잘 마르다)」등으로 쓰이는데, 여기서 「生乾き」는 충분히 마르지 않는 상태를 의미한다.

〈「生」의 사용례〉
- **生**返事(건성으로 하는 대답)
- **生**ぬるい(미지근하다)
  목욕물이 아직 미지근하다. → ふろの湯がまだ**生**ぬるい。
- **生**たまご(날계란)
  날계란보다 삶은 계란을 좋아한다. → **生**たまごよりゆでたまごが好きだ。

도전

1 기운없이 건성으로 대답을 했다.
   ➡ _____

2 어설픈 지식으로는 국가시험에 합격할 수 없다.
   ➡ _____

3 그런 흐리멍텅한 생각으로는, 이 불경기를 극복할 수 없다.
   ➡ _____

Hint 기운없다 元気(が)ない   국가시험 国家試験   극복하다 乗り切る

120 | 한(하나) ひと〜

작문 아이는 케이크를 한 입에 먹어 버렸다. 케이크 ケーキ | 한 입 ひと口

子供はケーキをひと口で食べてしまった。

「ひと」는 숫자의「ひとつ(하나)」에서 나온 말인데「하나」외에「조금」「대체로」「어떤」등의 의미도 있다.

〈「ひと」의 사용례〉
- ひと汗かく (한바탕 땀을 흘리다)
- ひと息つく (한숨 돌리다)
- ひと休みする (잠깐 쉬다)
- ひと風呂あびる (가볍게 목욕하다)

참고 | 口가 들어가는 단어 및 관용구

• 입구 入口 • 출구 出口	• 출입구 出入口 • 험담, 욕 悪口
• 실마리, 단서 糸口	• 단 맛이 나는 것 甘口
• 말수가 적다, 과묵하다 口が重い	• 입이 가볍다 口が軽い
• 입맛에 맞는다 口に会う	• 남의 입에 오르다 口に乗る
• 말참견을 하다 口を出す	• 입을 잘못 놀리다 口を滑らす

도전

1 조깅을 해서 한바탕 땀을 흘렸다.
   ➡ _____

2 그의 한마디로 회장은 조용해졌다.
   ➡ _____

3 이쯤에서 잠깐 한숨 돌릴까?
   ➡ _____

Hint 조깅 ジョギング 한마디 一言 회장 会場 이쯤 ここら・このへん

121 | 첫/짝
初／片

작문 첫사랑은 짝사랑이 되는 경우가 많다. 첫사랑 初恋 | 짝사랑 片思い | 경우 場合

初恋は片思いになる場合が多い。

❶ 「初」는 「처음」 「시작」의 의미를 첨가하는데 「初」라고 읽을 경우가 있다. 그 때는 접미어가 될 수도 있다.
- 当初 (당초)
- 年初 (연초)

❷ 「사랑」은 「愛・恋」라고 하는데 「짝사랑」의 경우에는 구어로 「片思い」, 문어적인 표현으로 「片恋」라고 한다. 「思い」는 「생각」이란 뜻인데 때로는 사랑하는 마음을 가리킨다.

❸ 「片」는 「둘 있는 중 한 쪽」 「불완전」 등의 의미도 있다.

〈「初」「片」의 사용례〉
- 初日 (설날의 아침 해)
- 初耳 (처음으로 듣는 것)
- 片手間 (본업의 여가)
- 初舞台 (첫무대)
- 片隅 (한 구석)
- 片腕 (가장 신임하는 부하)

도전

1. 교통사고로 고속도로가 일방통행이 되어 있다.
   ➡ _____

2. 설에는 가족과 함께 일출을 보러 가자.
   ➡ _____

3. 이혼률이 높아지고, 한 쪽 부모와 사는 아이가 늘어나고 있다.
   ➡ _____

Hint 일방통행 片側通行 | 일출 初日の出 | 이혼률 離婚率

122 | ~함(명사화 접미어)
~さ

작문 서울의 추위에도 익숙해졌습니다. 추위 寒さ | 익숙해지다 慣れる

ソウルの寒さにも慣れました。

❶ い형용사・な형용사를 명사화시키는 접미어로「さ」가 많이 쓰인다.
- 이 작품은 조용함을 표현한 것이다.
  → この作品は静かさを表現したものだ。

〈「さ」의 사용례〉
- 美しさ (아름다움)
- 重さ (무게)
- 強さ (강도)
- りっぱさ (훌륭함)
- 静かさ (조용함)
- さわやかさ (상쾌함)

❷ 접미어「さ」와 비슷한 말로「み」가 있는데 그 사용례는 적다.
- 楽しみ (즐거움)
- 深み (깊이, 깊은 곳)
- うまみ (맛, 재미)

도전

1 그 소포의 무게는 얼마나 됩니까?
　➡ _____

2 그 풍경의 아름다움은 말로는 표현할 수 없다.
　➡ _____

3 당신 덕분에 즐거움이 늘었습니다.
　➡ _____

Hint　소포 小包　풍경 風景　늘다 増える

123 | ~한 듯, ~스러움
～気(げ)

작문 그녀의 옆모습이 쓸쓸한 듯이 보인다. 옆모습 横顔 | 쓸쓸한 듯 さびし気に・さびしく

彼女の横顔がさびし気に見える。

형용사의 어간에 접속되는 「気」는 어떠한 모양임을 나타내며 い형용사를 な형용사로 만든다.
주로 「기분」「감정」을 나타내는 말에 쓰인다.

〈「げ」의 사용례〉

- うれし気だ (기쁜 듯하다)
- 悲し気だ (슬픈 듯하다)
- 楽し気だ (즐거운 듯하다)
- 満足気だ (만족스러운 듯하다)

도전

1 그는 처음으로 만점을 받은 시험을 엄마에게 자랑스럽게 보여줬다.
   ➡ _____

2 마라톤 대회에서 우승한 그는, 케이스에서 금메달을 자랑하듯이 꺼냈다.
   ➡ _____

3 크리스마스 선물을 받아서 아이들은 정말로 기뻐하는 듯 하다.
   ➡ _____

Hint 케이스 ケース　금메달 金メダル　꺼내다 出す

연·습·문·제·7

(103~123)

10. 다양한 문말 표현 알아 두기
11. 그 밖의 여러 가지 표현 맛보기

1 다음 글의 밑줄 친 부분에 들어갈 가장 적당한 말을 아래 ◯ 에서 골라 넣어 보자.

　　週末は友達と一緒にスノーボードに行く_____だったが、暖冬の_____で積雪量が足らないということで中止になった。スキー場には3センチぐらいしか雪が積もっていない_____。この雪不足も全世界を襲っている地球温暖化の表れのひとつだろうか。この機会を逃したら今シーズンはもう滑れない_____ので、とっても残念だ。週末は友達とスノーボードで一汗かき、ラウンジで生ビールを楽しむはずだったのに。寒さに震え上がる_____厳冬は嫌だが、冬のようではないこの_____にも閉口してしまう。

> せい　　かもしれない　　らしい　　はず　　暖かさ　　ような　　ようだ

2 다음 문장을 일본어로 작문해 보자.

❶ 나는 어느 쪽이냐면 키가 큰 쪽이다.　~方　背

➡ _____

❷ 생방송 중에 정전이 되었습니다.　生~　最中　停電

➡ _____

❸ 그의 작문은 틀린 것 뿐이어서, 조금 읽기 어렵다.　~だらけ　間違い　読みにくい

➡ _____

❹ 1시간 전에 집을 나왔을 테니까, 슬슬 그녀도 여기에 도착할 것 입니다.　~はず　そろそろ

➡ _____

❺ 그녀는 퀘백에 살았기 때문에, 영어 뿐만 아니라 프랑스어도 할 수 있을지 모릅니다.　~だけでなく

➡ _____

Step 3

고급표현

고급표현으로 **완벽**한
작문 실력을 갖춘다

12 명사에 접속하는 표현

124 | ~(으)로서
～として

작문 세계 평화는 인간으로서 누구나가 바라는 일입니다. 세계 평화 世界の平和 | 인간 人間 | 바라다 願う

世界の平和は人間として、だれもが願うことです。

자격을 나타내는「として」도 원래 조사가 아니고「격조사「と」+「する」의 て형 + 접속조사「て」로 이루어진 복합어이며, 앞에 명사와 접속하여「~로서」라는 뜻을 나타낸다.

- 책임자로서 행동한다.
  → 責任者として行動する。
- 우리나라 대표로서 발언한다.
  → わが国の代表として発言する。

도전

1 장 씨는 통역으로서 그 회사에서 일하고 있습니다.
  ➡ _____

2 저 사람은 작가로서도 탤런트로서도 유명합니다.
  ➡ _____

3 지구인으로서 환경문제를 생각해 봅시다.
  ➡ _____

Hint 통역 通訳　작가 作家　탤런트 タレント　지구 地球　환경문제 環境問題

125 | ~는(은)커녕
~どころか

작문 과장님은커녕(뿐만 아니라) 사장님에게까지 책임이 미친다. 과장님 課長

| 사장님 社長 | 책임 責任 | 미치다 及ぶ

課長どころか社長にまで責任が及ぶ。

❶ 「~どころか(은/는커녕)」은 「だけでなく(뿐만 아니라)」를 더욱 강조하는 말로, 비슷한 표현으로는 「~はおろか(은/는 물론)」가 있다.

❷ 동사에 접속될 경우에는 「どころか」를 많이 쓴다.

• 만나기는커녕 이야기조차 할 수 없다. → 会うどころか 話すらできない。

참고 | 회사의 직책에 관한 단어

주임 主任	계장 係長	대리 代理
소장 所長	차장 次長	부장 部長
국장 局長	상무 常務	전무 専務
이사 理事・取締役	고문 顧問	회장 会長
중역(감사·이사의 통칭) 重役		

도전

1 수학은커녕 산수도 잘 모른다.
➡ _____

2 사교적이지 않기 때문에 애인은커녕 친구도 없다.
➡ _____

3 휴일은커녕 잠 잘 틈도 없을 정도로 바쁘다.
➡ _____

Hint 수학 数学   산수 算数   사교적 社交的   애인 恋人

126 ~투성이 ～だらけ

작문 그가 찾아온 책은 먼지<u>투성이</u>였다. 찾아오다 探してくる | 먼지 ほこり | ~투성이 ～だらけ

彼(かれ)が探(さが)してきた本(ほん)はほこり**だらけ**だった。

접미어 「~투성이」는 「～だらけ」 외에 「～まみれ」「～みどろ」 등으로 표현된다. 명사에 붙어서 그것이 많이 있거나 온통 퍼져 있는 상태를 나타내지만 보통 좋지 못한 일에 대해 쓰인다.

- 어제 본 시험은 틀린 것투성이였다.
  → 昨日(きのう)のテストは間違(まちが)い**だらけ**だった。

- 내 순수한 마음은 상처투성이가 되어 버렸다.
  → 私(わたし)の純粋(じゅんすい)な心(こころ)は傷(きず)**だらけ**になってしまった。

- 교통사고를 당한 피해자는 피투성이였다.
  → 交通事故(こうつうじこ)にあった被害者(ひがいしゃ)は血(ち)**だらけ**だった。

도전

1 그의 설명은 모순투성이이다.
　➡ _____

2 상자 안의 귤은 곰팡이투성이가 되었다.
　➡ _____

3 아이가 진흙투성이가 되어서 밖에서 돌아왔다.
　➡ _____

Hint 설명 説明(せつめい) 　모순 矛盾(むじゅん) 　곰팡이 カビ 　진흙 泥(どろ)

127 | ~만 / ～ばかり

작문 그는 자기 자랑 이야기만 합니다. 자랑 이야기 自慢話(じまんばなし)

かれ　じぶん　　じまんばなし
彼は自分の自慢話**ばかり**します。

❶ 단일임을 나타내는 부조사로는 「ばかり」「のみ」「だけ」 등이 있으나 각기 약간의 차이가 있다.
　① **ばかり** : 「오로지 ~한다」는 뜻으로 한 가지 행위를 계속할 때 쓰인다.
　　　　　　　 会(あ)えばけんか**ばかり**だ。(만나면 싸움뿐이다.)
　② **だけ** 　: 범위, 수량을 한정할 때 쓰인다.
　　　　　　　 1,000ウォン**だけ**貸(か)してくれ。(1,000원만 빌려 줘.)
　③ **のみ** 　: 「だけ」와 같이 쓸 수 있으나 좀 낡은 말투로 문어적인 문장에서 쓰인다.
　　　　　　　 神(かみ)**のみ**ぞん知(し)る。(하느님만이 안다.)

❷ 話의 훈독은 원래 [はなし]이지만 앞에 특정한 단어와 결합하면서 [ばなし]가 되기도 한다.
　• 昔話[むかしばなし] 옛날 이야기　　　• 長話[ながばなし] 길게 이야기함
　• 世間話[せけんばなし] 세상이야기, 잡담

도전
1 그런 변명만 하지 마세요.
➡ _____

2 과거의 실패만을 신경쓰고 있지 말고 뭔가 새로운 일을 생각합시다.
➡ _____

3 사소한 것이지만, 제 마음의 선물입니다.
➡ _____

Hint 변명 言(い)い訳(わけ)　과거 過去(かこ)　사소한 つまらない　마음의 선물 心(こころ)ばかりのお礼(れい)の品(しな)

128 ～에 따라서, ～에 의해서
～によって

작문 시험 결과에 따라서 적성을 판단한다. 시험 試験 | 적성 適性 | 판단 判断

試験の結果によって適性を判断する。

조사는 아니지만 항상 같은 형태로 조사와 비슷한 기능을 가진 복합어 「～によって」는 근거의 대상, 행위의 주체(피동형), 재료, 방법, 원인 등을 가리킨다. 원래 격조사 「に」에, 근거를 나타내는 1그룹 동사 「依る」가 접속된 것인데, 명사에 붙어서 위와 같은 의미를 나타낸다. 「で」또는「から」로 표현할 수도 있다.

- 그 때의 사정에 의해서 결정한다. (의거)
  → その時の事情によって決める。

- 끊임없는 노력으로 성공했다. (원인)
  → たゆまぬ努力によって成功した。

- 전구는 에디슨에 의해 발명되었다. (주체)
  → 電球はエジソンによって発明された。

도전

1 공기는 대부분, 산소와 질소로 되어 있다.
　➡ _____

2 꾸준한 노력에 의해서 그는 성공을 이루어냈다.
　➡ _____

3 택시에 따라서는 법외의 요금을 청구하는 경우도 있기 때문에 주의가 필요하다.
　➡ _____

Hint　공기 空気　대부분 大部分　법외 法外　청구 請求

129 ~에 대해서, ~에 대한
~に関して・関する

작문 한국의 지구온난화 대책에 대한 자료를 찾고 있다.

지구온난화 地球温暖化 | 대책 対策 | 자료 資料 | 찾다 探す

韓国の地球温暖化対策に関する資料を探している。

❶ 「~に関して」는 명사와 접속해서 '~에 대해서, 관해서'라는 의미로 쓰이며, 주로 부사로 사용되지만 「~に関する」는 명사를 꾸미는 연체수식의 기능으로 사용되는 형태로서 '~에 대한, 관한' 이라고 해석한다.
- 본건에 대한 문의는 메일로 접수 받고 있습니다.
  → 本件に関するお問い合わせはメールにて受け付けております。

❷ 「~に関して」는 회화에서 보다 문어적으로 더 많이 사용하며, 회화에서는 「~について(~에 대해서)」라는 형태를 더 많이 사용한다.

도전

1 헤이세이(平成) 18년 12월 1일 인사에 대해서 알려 드립니다.
→ _____

2 요금은 모두 1인 요금입니다만, 호텔에 대해서는 방 한 개에 해당하는 요금입니다.
→ _____

3 세금에 대한 절차는 귀찮다.
→ _____

Hint 헤이세이(일본의 연호) 平成 | 인사 人事 | 요금 料金 | 호텔 ホテル | 해당 当たり | 세금 税金 | 절차 手続き | 귀찮다 面倒だ

130 〜に対して・対する
~에 대해/비해, ~에 대한

작문 일본어는 발음이 간단한 데에 비해 영어는 발음이 어렵다.
발음 発音 | 간단하다 簡単だ | 영어 英語

日本語は発音が簡単なのに対して、英語は発音が難しい。

① 명사에 접속해서 사용하며, 「〜に対して」는 부사적으로, 「〜に対する」는 명사를 수식할 때 사용한다.

② 한국어 해석이 앞에서 살펴본 「〜に関して・関する」와 같아서 그 기능도 같을 것 같지만 그렇지 않다는 것에 주의해야 한다. 「〜に関して・関する」는 앞에 접속되는 '명사의 내용에 대해서'라는 의미로 사용하지만, 「〜に対して・対する」은 무언가 상반된 두 가지의 내용을 비교한다거나 마주하는 대상을 나타낼 때 사용하는 표현이다.

- 부모의 아이에 대한 애정은 끝이 없는 것이다.
  → 親の子供に対する愛情は尽きることがないものだ。

도전

1 한 명에 대한 집단 따돌림이, 최근에 큰 사회 문제가 되고 있다.
   ➡ _____

2 그녀는 나에 대해서 차가운 태도를 취하기 시작했다.
   ➡ _____

3 장애가 있는 사람에 대한 이해를 깊이 해서, 차별이 없는 사회를 만들어야 한다.
   ➡ _____

Hint 집단 集団 따돌림 いじめ 최근 最近 사회 문제 社会問題 차가운 태도 冷たい態度 장애 障害 차별 差別

131 ~을 둘러싸고/ ~을 둘러싼
~をめぐって・めぐる

작문 국회에서는 여・야당이 연금문제를 둘러싸고 대립하고 있다.
국회 国会 | 여야당 与野党 | 연금문제 年金問題 | 대립하다 対立する

国会では与野党が年金問題をめぐって対立している。

❶ 명사와 접속해서 사용되는 표현으로, 「~をめぐって」는 부사로서 사용되며, 「~をめぐる」는 연체수식의 기능으로 명사를 꾸밀 때 사용한다.

❷ 「~に関して・関する」와 유사하지만, 좀더 사회적인 문제에 관한 내용이나, 논의의 여지가 있는 내용에 관련된 문장에서 많이 쓰이는 표현이며, 강조하는 듯한 뉘앙스를 가지고 있다.

- 미국에서, 미디어 소유 규제를 둘러싼 문제가 흔들리고 있다.
  → 米国において、メディア所有規制をめぐる問題が揺れている。

도전
1 범죄의 저연령화를 둘러싸고 뜨거운 토론이 진행되었습니다.
   ➡ _____

2 지금 이 법정에서는 상표권을 둘러싼 재판이 행해지고 있습니다.
   ➡ _____

3 교과서 채택을 둘러싸고 여러 가지 문제가 있다.
   ➡ _____

Hint 범죄 犯罪 저연령화 低年齢化 토론 討論 진행되다 進められる 법정 法廷 상표권 商標権
       재판 裁判 교과서 教科書 채택 採択

132 ~와(는) 다르게/다른
～に反して・反する

작문 일기예보와는 다르게, 오늘은 따뜻한 하루였다. 일기예보 天気予報(てんきよほう) | 따뜻하다 暖(あたた)かい | 하루 一日(いちにち)

天気予報に反して、今日は暖かい一日になった。

① 명사와 접속해서 사용한다.
② 「～に反して」는 부사적으로, 「～に反する」는 명사를 꾸미는 연체 수식의 기능으로 사용하기도 하고 동사로서 서술어의 기능도 한다.
③ 이 표현은 反する라는 동사를 이용한 표현으로서, 「~와 다르게」라고 해석도 가능하나, 「거역하다, 위반되다」라는 의미도 있어서 「~에 거역해서, 거역한」, 「~에 위반되어, 위반된」으로도 해석이 가능하다.

- 선거 결과는 예상과는 다른 것이었다.
  → 選挙(せんきょ)の結果(けっか)は予想(よそう)に反するものになった。

도전

1 그의 발언은 전혀 사실과 다른 것이었다.
   ➡ _____

2 노력했지만, 모두의 기대와는 다른 결과가 되어 버렸다.
   ➡ _____

3 법률에 반한 행위는 처벌받는다.
   ➡ _____

Hint 발언 発言(はつげん) 전혀 まったく 사실 事実(じじつ) 노력하다 努力(どりょく)する 기대 期待(きたい) 결과 結果(けっか)
법률 法律(ほうりつ) 행위 行為(こうい) 처벌받다 罰(ばっ)せられる

133 | ~을 향해서
～に向かって

작문 지금 그 쪽을 향해 가고 있는 중입니다. 그 쪽 そちら | ~하고 있는 중 ~ているところ

今、そちらに向かっているところです。

❶ 명사와 접속해서 사용한다.

❷ '~을 향해서'라고 해석되는데, 두 가지의 의미로 사용된다. 한 가지는 '어떤 방향으로 향한다'라는 의미로 사용하고, 또 한 가지는 무언가 '어떤 목표를 향해서'라는 의미로 사용한다. 또한, 대면하는 대상물이나, 상대를 표현할 수도 있다.

- 꿈을 향해서 노력하는 것은 중요합니다.
  → 夢に向かって、努力することは大切です。

도전

1 골을 향해서 곧장 공을 찼다.
   ➡ _____

2 부모한테 그런 심한 말을 하는 게 아니다.
   ➡ _____

3 사회인이 되면, 얼굴을 대하고 충고해 주는 사람은 적어진다.
   ➡ _____

Hint 골 ゴール 곧장 まっすぐ 공을 차다 ボールをける 심하다 ひどい 사회인 社会人 얼굴을 대하다 面と向かう 충고 忠告

134 | ~용
～向き

작문 이 책은 어린이용이다.

この本は子供向きだ。

❶ 「명사+向き」의 형태로 명사와 바로 접속해서 사용한다.

❷ 접미사 「～用(용)」와 유사하기도 하나, 이것은 어떤 용도의 의미보다도, 사용하는 주체, 대상을 표현해서 그 주체에게 '적합하다' 라는 의미로 사용된다.

❸ 「向き」도 명사이므로 뒤에 명사와 접속할 때에는 「～の」로 연결한다.

- 어린이 대상의 책(어린이용 책)
  → 子供向きの本
- 이것은 일본인 관광객을 위한 상품입니다.
  → これは日本人観光客向きの商品です。

도전
1 노인에게는 노인에게 적합한 식사가 필요하다.
  ➡

2 만인에게 두루 적합한 상품을 만들어 보고 싶다.
  ➡

3 이 영화는 어른용입니다.
  ➡

Hint   노인 老人   필요 必要   만인 万人   영화 映画

135 | ~에 걸쳐서
～にわたって・わたる

작문 오늘 밤에는 산간지역의 넓은 범위에 걸쳐서 비가 내릴 것입니다.

산간지역(부분) 山間部 | 넓은 범위(광범위) 広範囲

今夜は山間部の広範囲にわたって雨が降るでしょう。

❶ 명사와 접속해서 사용하며, 그 범위 전체에 걸친 현상을 나타내는 표현이다.

❷ 「～にわたって」는 부사적으로 사용되는데, 동사 「～にわたる」의 ます형인 「～にわたり」란 형태로도 사용된다. 후자가 조금 더 문어적이라 할 수 있다.
「～にわたる」는 명사 앞에 위치해서 명사를 수식하는 기능으로 사용되는 형태이다.

- 일기도를 보면, 내일은 꽤 넓은 범위에 걸쳐서 눈이 내릴 것 같다.
  → 天気図をみると、明日はかなり広い範囲にわたって雪が降るようだ。

- 넓은 지역에 걸친 화재에 의해서 많은 집들이 불탔다.
  → 広い地域にわたる火事によって多くの家が焼けた。

도전

1 올림픽은, 내일부터 약 3주간에 걸쳐서 열린다.
  ➡ _____

2 토론회는 4시간에 걸쳐서 계속되었다.
  ➡ _____

3 1개월에 걸쳐 입원했었는데, 어제 겨우 퇴원할 수 있었다.
  ➡ _____

Hint 올림픽 オリンピック 열리다 開かれる 토론회 討論会 입원 入院 퇴원 退院

136 | ~부터 ~에 걸쳐서
～から～にかけて

작문 이번 주부터 다음 주에 걸쳐서 심한 비가 내릴 것입니다. 이번 주 今週 | 다음 주 来週 | 심한 비 激しい雨

今週から来週にかけて激しい雨が降るでしょう。

❶ 명사와 접속해서 사용한다.

❷ 「～から～にかけて」가 짝이 되어 주로 사용되며 장소, 시간 등의 범위를 지정할 때 사용한다.
- 12월 31일부터 1월 1일에 걸쳐서 전철의 심야운행이 실시된다.
  → 大晦日から元旦にかけて電車の終夜運転が実施される。
- 이 가디건은 초봄부터 초여름에 걸쳐서 잘 입는다.
  → このカーディガンは春先から初夏にかけてよく着る。

❸ 「～にわたって」와 유사한 표현이나, 「～から～にかけて」는 좀 더 구체적인 범위를 나타내고자 할 때 사용하는 표현이다.

도전

1 국제회의는 7월 9일부터 7월 14일에 걸쳐서 행해졌다.
   ➡ _____

2 북쪽에서 남쪽에 걸쳐서 큰 비가 내렸다.
   ➡ _____

3 여름부터 가을에 걸쳐서 경치가 제일 훌륭하다.
   ➡ _____

Hint 국제회의 国際会議 | 북쪽 北 | 남쪽 南 | 큰 비 大雨 | 여름 夏 | 가을 秋 | 경치 景色 | 훌륭하다 すばらしい

137 | ~에 의해서, ~에 맞게
～に応じて

작문 용도에 맞게 선택하세요. 용도 用途 | 선택하다 選ぶ

用途に応じて選んでください。

❶ 명사와 접속해서 사용한다.

❷ 「～によって(~에 따라서)」와 「～に合わせて(~에 맞게)」의 표현과 비슷한 기능을 하고, 부사적으로 사용된다.

❸ 명사와 접속하지만 다음과 같은 경우는 예외로, 관용적으로 사용된다.

- 도서관에서는 필요에 따라서 책을 빌려 준다.
  → 図書館では、必要に応じて、本を貸してくれる。

- 연령에 맞게 약의 양을 조절해 주세요.
  → 年齢に応じて、薬の量を調節してください。

도전

1 지역의 특성에 따라 적합하게 정책을 전개하는 것이 중요하다.
➡ _____

2 소득 금액에 따라서 부담이 달라집니다.
➡ _____

3 시대나 문화에 따라 가치관은 달라지는 것이다.
➡ _____

Hint 지역 地域　특성 特性　정책 政策　전개 展開　소득 금액 所得額　부담 負担　시대 時代
문화 文化　가치관 価値観

연·습·문·제·8

12. 명사와 접속하는 표현 알아 두기

(124~137)

1 다음 글의 밑줄 친 부분에 들어갈 가장 적당한 말을 아래 ◯ 에서 골라 넣어 보자.

　小学校での英語教育が日本でも始まろうとしている。この件＿＿＿＿＿長期＿＿＿＿＿話し合われてきた。小学校からゲームや音楽などを通して英語に親しんでおけば、中学からの英語学習の手助けになり得るという意見があるの＿＿＿＿＿、小学校で英会話の勉強を始めても中学や高校の英語教育が現状のままであれば、あまり意味がないという意見もある。いずれにせよ、中学校と高校で合計6年間も英語を勉強しているにもかかわらず、日本人の多くが英語を話すことができないという現状を踏まえて、国には結論を出してほしい。

> にわたって　　に関して　　に対して

2 다음 문장을 일본어로 작문해 보자.

❶ 앞으로도 목표를 향해서 노력하겠습니다.　~に向かって　今後とも　目標　努力

　➡ _____

❷ 예상과는 다르게 많은 출석자가 있어서 놀랐습니다.　~に反して　予想　出席者　驚く

　➡ _____

❸ 그의 방에는 텔레비전은커녕 냉장고 조차도 없다.　~どころか　冷蔵庫

　➡ _____

❹ 필요에 따라서 사용량을 조절해 주세요.　~に応じて　必要　使用量　調節

　➡ _____

❺ 3개월에 걸쳐서 국회에서는 새로운 법안에 대한 의논이 계속되었다.　~にわたって　国会　法案

　➡ _____

13 もの・ことが 들어간 표현 외우기

138 | ~것 / ~こと

작문 사람을 믿는 것이 중요합니다. 　믿다 信じる(信ずる) | 중요하다 大切だ

人を信じることが大切です。

원래「현상」「사항」등을 나타내는「こと」가 형식 명사로 쓰일 때 다음과 같은 뜻을 표현한다.

- 내 말을 모릅니까? → 私のいうことがわかりませんか。(말)
- 네가 갈 필요는 없다. → きみが行くことはない。(필요)
- 춘천에 가 보신 적이 있습니까? → 春川に行ったことがありますか。(경험)
- 혼자 갈 때도 있다. → ひとりで行くこともある。(때)
- 약을 먹기로 했습니다. → 薬を飲むことにしました。(~기로 하다)
- 결혼하게 되었습니다. → 結婚することになりました。(~게 되다)

도전

1 긍정적으로 노력하는 것이 중요합니다.
　➡ _____

2 때에 따라서는 노는 것도 필요합니다.
　➡ _____

3 무언가를 시작하는 것보다도 그것을 계속하는 것은 어렵습니다.
　➡ _____

Hint 놀다 遊ぶ　계속하다 続ける

139 | ~하게도
～ことに

작문 놀랍게도 우연히 열차에서 옆에 앉은 사람이 중학교 때 친구였다.
놀라다 驚く | 우연히 偶然(に) | 열차 列車 | 옆에 앉다 隣り合わせる | 중학교 때 中学のとき | 친구 友人

驚いたことに、偶然列車で隣り合わせた人が中学のときの友人であった。

❶ 「~하게도」라는 의미를 나타낼 때 「～ことに」라는 표현을 사용한다. 문법적 형태로 보면, 「こと」라는 명사를 수식할 수 있는 형태라면 어떤 품사라도 관계없이 접속할 수 있을 것 같으나, 실제로는 형용사와의 접속형태로 사용되는 경우가 가장 많다.
- 10년 전에 일어난 사건과 이번 사건은, 이상하게도 일치하는 점이 많이 있다.
  → 10年前に起こった事件と今回の事件は、不思議なことに一致する点がたくさんある。

❷ 사람의 감정을 표현하는 단어와 접속되어 사용되는데, 驚く처럼 동사가 사람의 감정을 표현하는 경우에는 반드시 과거형태인 た형과 접속해야 한다.(驚いたことに)

도전

1 안타깝게도, 옛날에 자주 갔던 레스토랑이 없어져 버렸다.
➡ _____

2 재밌게도, 나랑 내 친구는 동성동명으로 생일도 같은 날이다.
➡ _____

3 기묘하게도, 처음 온 곳인데도 옛날에 왔던 적이 있는 것 같은 기분이 너무나 들었다.
➡ _____

Hint 안타깝다 残念だ | 동성동명 同姓同名 | 기묘하다 奇妙だ | 기분이 들다 気がする

140 | ~ㅁ으로써, ~함에 의해서
～ことによって

작문 식물은 흙으로부터 성분을 흡수함으로써 자라난다. 식물 植物 | 흙 土 | 성분 成分 | 흡수 吸収 | 자라나다 育つ

植物は土から成分を吸収することによって育つ。

❶ 「～ことによって」는 동사의 기본형에 붙어서 방법·원인 등을 나타낸다. 「によって」 부분을 「で」로 바꿀 수도 있다.

- 씀으로써 외우다. (방법)
  → 書くことによって覚える。
- 비가 옴으로써 가뭄이 해소되었다. (원인)
  → 雨が降ることによって日照りが解消された。

❷ 「育つ」는 Ⅰ그룹 동사로 [자라다, 성장하다]라는 뜻이다. 「育つ」의 ます형인 「育ち」는 [가정 교육, 가정 환경]이라는 의미로 사용되기도 한다.

- 가정교육을 잘 받고 자라다. → 育ちがよい。
- 온실에서 자람(고생을 모르고 자란 사람) → 温室育ち

도전

1 거짓말을 함으로써, 죄를 벗으려고 해서는 안 된다.
  ➡ _____

2 사람은 많은 사람들로부터 배우는 것에 의해서 성장하는 것이다.
  ➡ _____

3 서로 절차탁마함으로써 능력을 높이는 것이 이 수업의 목적이다.
  ➡ _____

Hint 죄를 벗다 罪を免れる   서로 お互い   절차탁마 切磋琢磨   목적 目的

141 | ~인 것으로부터, ~한 이유에서, ~로 인해
~ことから

작문 이 주변에는 학생이 많은 것으로 인해 서점도 많다. 주변 辺 | 서점 本屋

この辺は学生が多いことから本屋も多い。

① 동사나 형용사의 보통형과 접속해서 사용한다.

② 어떤 이유나 원인을 나타낼 때 주로 사용하는데 회화체 문장보다 문어적인 표현에서 더 많이 사용되며, [~한 원인이나 이유에 의해서 ~한 결과가 생겼다]와 비슷한 유형의 문장에서 사용된다.

• 도심에서는 어린이가 감소하고 있는 것으로 인해 학교의 수도 줄고 있다.
→ 都心では子供が少なくなっていることから、学校の数も減りつつある。

도전

1 이 주변에는 미군의 기지가 많은 것으로부터, 아메리칸 거리라고 불린다.
➡ _____

2 이 거리는 외국인이 많은 것을 이유로, 국제거리라고 불리고 있다.
➡ _____

3 야마다 선생님은 모든 학생에게 상냥한 것을 이유로, 모두에게 '엄마' 라고 불리고 있다.
➡ _____

Hint 미군 기지 米軍の基地   아메리칸 거리 アメリカン通り   외국인 外国人   국제 거리 国際通り
상냥하다 優しい   불리고 있다 呼ばれている

142 | ~하는 일 없이, ~하지 않고
～ことなく

작문 그녀는 결혼하지 않고, 이 세상을 떠났다. 결혼 結婚 | 이 세상을 떠나다 この世を去る

かのじょ けっこん よ さ
彼女は結婚する**ことなく**、この世を去った。

① 동사의 현재형(동사의 기본형, ない형＋ない)과 접속한다.

② 「동사의 ない형＋ないで(~하지 않고)」와 유사한 표현이나, ことなく는 좀 더 문어적으로 사용되는 단호한 의미의 표현이다.

③ 항상 「ことなく」의 연용형으로만 사용할 수 있는 것은 아니며, 「ことない」라는 형태로 문장의 서술어로써도 사용가능하다.

- 내 친구는 한번도 약속 시간에 늦는 일이 없었다.
→ 私の友達は一度たりとも約束の時間に遅れることはなかった。

도전

1 짝사랑하는 동급생 남자 아이에게 고백하지 않고, 졸업식을 맞이했다.
➡ _____

2 그 소년은 무슨 일이 있어도 우는 일이 없었다.
➡ _____

3 그는 한번도 레귤러 포지션을 얻지 못하고, 야구부를 그만 둬야하는 날이 와 버렸다.
➡ _____

Hint 짝사랑 片思い　동급생 同級生　고백 告白　졸업식 卒業式　레귤러 レギュラー
포지션 ポジション　야구부 野球部

143 ~이니까
～ことだから

작문 그이기 때문에, 지금도 어딘가에서 건강하게 잘 지내고 있을 것이다.
건강하게(건강히) 元気に | 어딘가에서 どこかで

彼のことだから、今もどこかで元気にやっているだろう。

❶ 명사인 こと를 수식할 수 있는 명사 수식의 형태와 접속한다.
- 명사와 접속할 때 : 명사+のことだから
- な형용사와 접속할 때 : ~な+ことだから
- 동사와 접속할 때 : 보통형+ことだから
와 같은 형태로 접속한다.

❷ 말하는 이와 듣는 이가 잘 알고 있는 어떤 사실이나 근거를 나타내는 표현이다. 따라서 뒤에는 '~한 이유에서 ~할 것이다' 처럼 추측의 문장이 온다.
- 항상 늦는 그니까, 오늘도 늦을 것이다.
  → いつも遅れる彼のことだから、今日も遅れるだろう。

도전
1 선생님이 말씀하신 것은 중요하기 때문에, 집에서 다시 한번 잘 복습을 하는 편이 좋다.
➡ _____

2 제가 결정한 일이니까, 제가 책임을 지겠습니다.
➡ _____

3 성실한 그니까, 반드시 성공할 것이다.
➡ _____

Hint 말씀하시다 おっしゃる 복습 復習 결정하다 決める 책임 責任 성실하다 まじめだ
반드시 必ず 성공하다 成功する

144 ~하지 않고서는 / ~ないことには

작문 주인공인 그가 오지 않고서는, 파티를 시작할 수 없다. 주역 主役

主役の彼が来ないことには、パーティーが始められない。

❶ 동사의 ない형과 접속하거나, ないことには 그 자체만으로 '없어서는'의 의미로 사용된다.

❷ ~ないことには 뒤에는 주로 부정의 문장이 온다. 부정이라도 말하는 사람의 의지를 나타내는 '~하지 않겠다'와 같은 표현의 문장은 올 수 없다.

- 그녀의 변명을 들어 보지 않고서는, 당신이랑 그녀랑 어느 쪽이 맞는지 판단할 수 없다.
→ 彼女の言い分を聞いてみないことには、あなたと彼女のどちらが正しいか判断できない。

도전

1 휴대전화가 없고서는, 그와는 연락이 되질 않는다.
➡ _____

2 어느 정도의 자금이 없고서는, 이 사업을 추진할 수 없다.
➡ _____

3 내 눈으로 확인해 보지 않고서는, 믿을 수 없다.
➡ _____

Hint 휴대전화 携帯(電話)   연락이 되다 連絡がつく   자금 資金   사업 事業   추진하다 進める
확인하다 確かめる   믿을 수 없다 信じられない

145 ～못 할 것은(도) 없다
～ないことは(も)ない

작문 어려운 주문이지만, 못 할 것은 없다고 생각한다. 어렵다 難しい | 주문 注文

難しい注文だが、できないことはないと思う。

❶ 일반적으로 동사의 ない형과 접속하지만, 가능형의 ない형과 접속되는 경우가 많으며「～할 수 없을 건 없다(못 할 건 없다)」라는 의미로 쓰인다.
- 이 요리는 못 먹을 건 없지만….
→ この料理は食べられないことはないが…。

❷ '할 수는 있지만 왠지 내키질 않는다' 와 같은 뉘앙스로 주로 사용된다.
「～ないことはない」와 함께「～ないこともない(못 할 것도 없다)」도 많이 쓰이는 표현이다.

도전

1 해서 못 할 건 없다.
➡

2 그녀가 한 말은 못 믿을 것도 없지만, 아무래도 납득이 가지 않는 점이 몇 가지 있다.
➡

3 엄마의 변명은 이해 못 할 것도 없지만, 순수하게 받아들일 수 없다.
➡

Hint 아무래도 どうも 납득이 가지 않다 腑に落ちない 변명 言い分 순수하게 素直に 받아들이다 受け入れる

146 | ~라는 것(뜻)이다, ~라고 한다
～ということだ

작문 그가 여기에 없다는 것은, 그가 이 프로젝트에서 제외되었다<u>라는 뜻이다</u>. 프로젝트 プロジェクト | 제외되다 はずされる

彼が今ここにいないということは、彼がこのプロジェクトからはずされた**ということだ**。

❶ 문장의 보통형과 접속하여 '~라는 것이다, ~라는 뜻이다'라고 해석된다.

❷ 어떤 의미를 구체적으로 설명하거나, 정의를 내릴 때 사용하기도 하고, 「~そうです」와 같이 어떤 정보나 지식 따위를 전달하는 전문(伝聞)의 기능으로써도 사용 가능하다. 이 때에는 「~라고 한다」고 해석하는 것이 좋다.

- 뉴스에 따르면 앞으로도 불경기가 한동안은 계속 될 것이라고 한다.
  → ニュースによると、今後も不景気がしばらく続くということだ。

도전

1 엔이 오른다고 하는 것은 달러가 내린다는 뜻으로, 수출업자가 힘들다는 뜻이다.
➡ _____

2 전문가에 의하면, 앞으로 몇 년 이내에 관동지방에서 대지진이 발생할 것이라고 한다.
➡ _____

3 오늘 아침 신문에 의하면, 내년부터 버스 운임(요금)이 오른다고 한다.
➡ _____

Hint 달러 ドル 수출업자 輸出業者 전문가 専門家 관동지방 関東地方 대지진 大地震 운임 運賃

147 | ~하는 것으로 되어 있다, ~하게 정해져 있다
~ことに(と)なっている

작문 친구 결혼식에서 친구들 대표로서 스피치를 하는 것으로 되어 있다.
결혼식 結婚式 | 대표 代表 | 스피치 スピーチ

友人の結婚式で友達代表としてスピーチをする
ことになっている。

❶ 동사의 기본형 또는 부정의 형태인「ない형＋ない」에 접속해서 '~하는 것으로 되어 있다/정해져 있다' 또는 '~하지 않기로 되어 있다/정해져 있다' 라고 해석한다.

❷ 행위자의 강한 의지로 인해서 하기로 결정 했다기 보다는 제3자, 또는 상황에 의해서 하게 되었다는 의미가 강하며, 이미 결정되어져 있다는「~ている」의 상태의 의미도 포함되어 있다.

❸ 어떤 규칙이나, 습관, 풍습 등을 표현하고자 하는 경우에 많이 사용된다.

• 수업은 일주일에 20시간 하는 것으로 되어 있다.
→ 授業は一週間に20時間行われることになっている。

도전

1 지금, 그를 대신해서 내가 미국 주재원으로 가게 되어 있다.
➡ _____

2 내일은 친척 집에 가기로 되어 있다.
➡ _____

3 한국에서는, 신발을 벗고 방에 들어가게 되어 있다.
➡ _____

Hint ~(명사)를 대신해서 の代わりに   주재원 駐在員   친척 親戚   신발 靴

148 | ~하기로 하다
～ことにする

작문 대학원에 가지 않고, 취직하기로 했습니다. 대학원 大学院 | 취직 就職

大学院に行かないで、就職することにしました。

❶ 동사의 기본형 또는 부정의 형태인「ない형＋ない」에 접속해서 '~하기로 하다' 또는 '~하지 않기로 하다'라고 해석된다.

❷ 「～ことになっている」와 함께 어떤 행동에 대한 결정을 나타내는 표현이지만, 「～ことにする」는 행위자의 의지로 결정했다는 점에서「～ことになっている」보다는 능동적인 표현이라 할 수 있겠다.

- 내년에 일본으로 유학가기로 했다.
  → 来年、日本に留学することにした。

도전

1 이번 여름방학에는 열심히 아르바이트를 하기로 했다.
➡ _____

2 그와는 더 이상 절대로 말을 하지 않기로 했다.
➡ _____

3 대학 입시가 가까워졌기 때문에, 매일 8시간은 공부하기로 했다.
➡ _____

Hint 여름방학 夏休み | 아르바이트 アルバイト | 더 이상 もう | 절대로 絶対に | 말을 하다 口をきく | 대학 입시 大学入試

149 ~했던가
～ことか

작문 당신이 미국에서 돌아왔다고 듣고, 얼마나 기뻤던가.
돌아오다 帰って来る | 얼마나 どんなに | 기쁘다 うれしい

あなたがアメリカから帰って来たと聞いて、どんなにうれしかったことか。

① 문장의 보통형 중에서도 과거의 형태와 접속해서 사용한다.
② 주로 감정을 나타내는 표현들과 함께 사용되어, 과거에 느꼈던 자신의 감정을 강조해서 감탄하는 어조를 나타내는 표현이다.

- 불량품이 발견되어서, 하루 종일 회사는 얼마나 힘들었던가.
→ 不良品が見つかって、一日中会社はどんなに大変だったことか。

도전

1 가장 가까운 지하철 역에서 사고가 있어서, 얼마나 역이 혼잡했던가.
➡ _____

2 내 친구가 대통령에 선출되어서 얼마나 놀랐던가.
➡ _____

3 처음 하는 해외 생활, 이 날을 얼마나 학수고대했던가(애타게 기다려 왔던가).
➡ _____

Hint 가장 가까운 最寄りの | 지하철 역 地下鉄の駅 | 사고 事故 | 혼잡 混ざつ | 대통령 大統領 | 해외 생활 海外生活 | 학수고대하다 待ちわびる

150 | ~것 / ~もの

작문 로봇이라고 하는 것을 이번에 처음 봤다. 로봇 ロボット | 이번에 今回 | 처음 初めて

ロボットというものを今回初めて見た。

「もの」는 원래 「물건」 「물체」란 뜻인데 형식 명사로 쓰일 때는 「~것」이라는 의미로 사용되며 그 밖에도 여러 의미를 나타낸다.

- 버스가 늦었기 때문에 지각하고 말았습니다.
  → バスが遅れたもので遅刻してしまいました。(이유)

- 여유가 있을 때는 돈이 없는 법이다.
  → ひまがある時は金がないものだ。(당연)

- 빨리 그녀를 만났으면 한다.
  → はやく彼女に会いたいものだ。(희망)

도전

1 인간이라는 것은 약한 것이다.
   ➡ _____

2 행복이라는 것은 사람에 따라서 다릅니다.
   ➡ _____

3 진짜 프로의 시합이라는 것을 처음으로 본 것 같은 기분이 든다.
   ➡ _____

Hint 약하다 弱い | 행복 幸福 | 프로 プロ

151 | ~지만
～ものの

작문 미술관에 갔지만, 휴관일이었다. 미술관 美術館 | 휴관일 休館日

美術館に行ったものの、休館日だった。

❶ 문장의 보통형과 접속해서 「~지만」이라는 뜻으로 문장들간의 역접관계를 나타낸다.

❷ 문장들간의 역접관계를 나타내는 「~が」와 동일한 기능을 하지만, 「~ものの」는 더 문어적으로 딱딱한 느낌으로 사용된다. 일상적인 회화에서는 절대 사용되지 않고, 주로 논문이나, 소설, 신문등에 주로 사용된다.

- 그렇게는 말했지만, 실은 매우 불안했다.
  → そうは言ったものの、実はとても心細かった。

도전

1 이 케이크는 진짜로 맛있지만, 가격이 너무 비싸서 쉽게 살 수 없다.
   ➡ _____

2 인터넷의 발달 덕분에 정보 수집이 간단해졌지만, 정보가 진짜인지 아닌지를 알 수 없게 되었다.
   ➡ _____

3 최신 컴퓨터를 샀지만, 어떻게 사용하면 좋을지 잘 모르겠다.
   ➡ _____

Hint 케이크 ケーキ　가격 値段　인터넷 インターネット　발달 発達　~덕분에 ~のおかげで
정보수집 情報収集　간단 簡単　진짜 本物　최신 最新

152 | ~하곤 했었다
～ものだ

작문 옛날에는 자주 이 강에서 헤엄치곤 했었다. 옛날 昔 | 자주 よく | 헤엄치다 泳ぐ

昔はよくこの川で泳いだものだ。

❶ 이 표현은 동사의 과거형인 た형과 접속해서 '~하곤 했었다'라고 해석한다.

❷ 주로 과거에 자주 했던 일에 대한 '회상'을 할 때 사용하는 표현이다.

- 생각해 보면, 멀리 오곤 했었다.
  → 思えば遠くへ来たものだ。

- 어렸을 때에는 공원에서 자주 놀곤 했다.
  → 子供の時は公園でよく遊んだものだ。

도전

1 비 오는 날에는 남자 친구와 자주 이 길을 걷곤 했다.
   ➡ _____

2 내가 울면, 엄마는 자주 꼭 안아 주시곤 했다.
   ➡ _____

3 옛날에는 아버지 앞에서 자주 피아노를 치곤 했다.
   ➡ _____

Hint 남자 친구 彼氏   자주 よく   꼭 ぎゅっと   안다 だく   피아노를 치다 ピアノをひく

153 | ~라면
～ものなら

작문 해 볼 테면 해 봐라! 하다 やる

やれるものなら、やってみろよ。

① 동사의 기본형과 접속해서 '~라면'이라고 해석한다.
② 어떤 상황을 가정할 때 사용하며, 일반 가정 표현의「～なら」보다 좀 더 설정하는 상황을 강조하는 느낌의 표현이다.

- 어디선가 본 적이 있는 디자인을 제안하려고 하면, 바로 클라이언트로부터 NG가 나온다.
  → どこかで見たことがあるデザインを提案しようものなら、すぐにクライアントからNGがでる。

도전

1 어느 정도의 것이라면, 초보자라도 조금 공부하면 할 수 있다.
➡ _____

2 열 수 있으면 열어 봐라.
➡ _____

3 (소원이) 이루어진다면, 지금 바로 당신을 만나고 싶다.
➡ _____

Hint 초보자 素人   조금 少し   이루어지다 叶う   지금 바로 今すぐ

154 | ~때문에
～ものだから

작문 예습을 확실히 해 오지 않았기 때문에, 선생님한테 매우 혼났습니다.
예습 予習 | 확실히 しっかり(と) | 혼나다 叱られる

予習をしっかりとしてこなかったものだから、先生にひどく叱られてしまいました。

❶ 문장의 보통형과 접속해서 사용한다.

❷ 어떤 원인과 이유를 나타내는데 그 원인과 이유 때문에 '어쩔 수 없이 어떤 행동을 하게 되었다', 또는 '그런 상황이 되었다'라는 마음을 표현하고자 할 때 사용한다. 주로 개인적인 이유나 사정을 변명할 때 많이 사용하는 표현이다.

- 외출하기 전에 전화가 걸려 와서 약속시간에 늦어버렸다.
  → 出かける前に電話がかかってきたものだから、約束の時間に遅れてしまった。

도전

1 사람들 앞에서 그것을 말해서는 안 된다는 것은 몰랐었기 때문에….
   ➡ _____

2 치워 버려서 미안해. 일 때문에 늦을 거라고 생각해서….
   ➡ _____

3 도중에 차가 고장나 버려서 버스로 출근했다.
   ➡ _____

Hint 사람들 앞 人前 정리하다, 치우다 片付ける 늦어지다 遅くなる 도중에 途中で 고장나다 壊れる
출근하다 出勤する

155 | ~하고 싶은 것이다.
～たいものだ

작문 나는 한 번만이라도 좋으니까 텔레비전에 나와 보고 싶다.

私(わたし)も一度(いちど)でいいからテレビに出(で)てみたいものだ。

❶ 동사의 ます형에 조동사「～たい」를 접속한 형태에「ものだ」를 접속한 표현이다.

❷ '어떤 행동을 하고 싶다'라는 행동에 대한 희망과 욕구를 표현한다는 점에서는 「～たいです」와 동일한 표현이긴 하나「ものだ」를 접속해서 희망과 욕구의 기분을 강조하는 표현이라고 할 수 있다.

- 세계 일주 여행을 해 보고 싶은데, 지금 나에게는 돈이 있어도 시간이 없다.
  → 世界一周(せかいいっしゅう)旅行(りょこう)をしてみたいものだが、今(いま)の私(わたし)にはお金(かね)があっても時間(じかん)がない。

도전

1. 한 번만이라도 좋으니까 후지산에 올라가 보고 싶다.
   ➡ _____

2. 북경오리구이라고 하는 요리가 맛있는 것 같은데, 본고장에서 먹어 보고 싶다.
   ➡ _____

3. 그의 누나는 매우 예쁘다고 하는데, 한 번 만나 보고 싶다.
   ➡ _____

Hint 후지산 富士山(ふじさん) 북경 北京(ぺきん) 요리 料理(りょうり) 본고장 本場(ほんば)

156 | ~라는 것은 아니다
〜というものではない

작문 이 종류의 상품은, 싸면 쌀수록 좋다는 것은 아니다. 종류 種類 | 상품 商品

この種類の商品は、安ければ安いほどいいというものではない。

❶ 문장의 보통형과 접속해서 사용한다.
❷ 일반적으로 잘못 알고 있는 상식이나 생각, 고정 관념에 대해서 부정하고자 할 때, '~라고 하는 것은 일반적이 아니다' 라는 의미로 사용하는 표현이다.
❸ 「~ものでもない」라는 형태로도 사용 가능하다.
❹ 회화에서는 「보통형+ってもんじゃない」라는 형태로도 많이 사용된다.

- 변상하면 해결된다는 것은 아니다.
  → 弁償すれば済むってもんじゃない。

도전

1 다이어트는 먹지 않으면 좋다는 것은 아니다.
  ➡ _____

2 나는 키가 큰 사람을 좋아하지만, 키가 크면 누구라도 괜찮다는 것은 아니다.
  ➡ _____

3 공부하고 있는 시간이 길면 좋다는 것은 아니다.
  ➡ _____

Hint 키가 크다 背が高い

연·습·문·제·9

13. もの・こと 가 들어간 표현 외우기

(138~156)

1 다음 글의 밑줄 친 부분에 들어갈 가장 적당한 말을 아래 ⬚에서 골라 넣어 보자.

　　私は新学期や新年を迎えるたびに「何か新しい_____を始めよう」と心に決める。しかし、何か新しいことに臨むとき、未知の_____に挑戦するとき、どうしても不安がつきまとう_____。挑戦によって得られるものは大きい_____、自分を成長させるためには挑戦は必要不可欠な_____ことは十分わかっているのだが、その不安のために、ためらってしまう_____がある。そして、私の好奇心が不安を越えたとき、私は何か新しいことへの第一歩を踏み出す_____。

> こと　　ことになる　　もの　　ものである

2 다음 문장을 일본어로 작문해 보자.

❶ 졸업식에서는 절대로 울지 않겠다고 생각했지만, 울어 버렸다.　~ものか　卒業式　絶対に
　➡ _____

❷ 비행기의 좌석이 비어 있지 않은 이상은 다음 주 출장을 갈 수 없다.　~ないことには　出張
　➡ _____

❸ 끝나버린 일을 지금에서야 후회해 봐도 어쩔 수 없다.　~こと　済む　後悔　仕方がない
　➡ _____

❹ 신문이나 교과서는 많은 사람이 읽는 것을 전제로 한다.　~こと　新聞　教科書　前提
　➡ _____

❺ 외국어를 사용해서 무언가를 읽는 것, 무언가를 쓰는 것은 매우 어려운 것이다.　~こと　~もの
　➡ _____

14 빈번하게 등장하는 문어적 표현

157 | ~째 / ~ごと

작문 이 생선은 뼈째 다 먹어도 괜찮습니다. 生선 魚 | 뼈 骨 | 괜찮다 大丈夫だ

この魚は骨ごと全部食べても大丈夫です。

① 여기서「ごと」는 물건의 어떤 부분을 가리지 않고 전체를 다 포섭한다는 뜻이다.

② 「전부, 모두」를 나타내는 말은 다양하다.

- 사람은 모두 행복을 원한다. → 人は皆幸福を願う。
- 모든 경비를 부담하다. → すべての経費を負担する。
- 모든 재산을 다 잃어버리다. → いっさいの財産を失う。
  (부사로 쓰일 때는「전혀」란 뜻)
- 온갖 방법을 시도하다. → あらゆる方法を試みる。
- 구름이 완전히 없어지다. → 雲がすっかりなくなる。
- 남김없이 다 먹다. → 残さず食べる。
- 있는 힘을 다 내다. → ありったけの力を出す。
- 송두리째 빼앗기다. → 根こそぎうばわれる。
- 하는 일마다 죄다 실패하다. → することなすことことごとく失敗する。

도전

1 처음으로 배 여행을 했는데, 차 통째로 배에 올라탈 수 있다는 것은 몰랐었다.
   ➡ _____

2 처음 본 과일이었기 때문에, 껍질째로 먹어도 되는지 어떤지 몰랐었다.
   ➡ _____

3 잠깐 사무실을 비워둔 틈에 도둑이 들어와서, 금고째 도둑맞아 버렸다.
   ➡ _____

Hint 올라타다 乗り込む 껍질 皮 비우다 空ける 도둑맞다 盗まれる

158 | ~마다, ~때마다
~ごとに

작문 1킬로마다 버스 정류장이 있습니다. 킬로 キロ(メートル) | 마다 ごと(に) | 정류장 停留所(ていりゅうじょ)

１キロごとにバスの停留所(ていりゅうじょ)があります。

① 여기서 「ごと」는 명사 또는 동사의 명사수식형에 접속되어 「각기」 「그때 그때마다」 「시간 경과에 따라 언제나」 등의 의미가 있다.
  - 그룹별 연구 → グループごとの研究(けんきゅう)
  - 5분마다 재다. → ５分ごとに計(はか)る。
  - 시합을 할 때마다 강해지다. → 試合(しあい)ごとに強(つよ)くなる。

② 또한 「ごと」는 한자로 「毎」를 쓰는데 같은 한자를 쓰는 접두어 「毎(まい)」도 같은 뜻을 나타낸다.
  - 毎朝(まいあさ) (매일 아침)   • 毎度(まいど) (매번)   • 毎時(まいじ) (매 시간마다)

③ 동사에 접속될 경우 "때"를 생략한다.
  - 만날 때마다 말한다. → 会(あ)うごとにいう。

  이 때 같은 뜻으로 「たび(度)」를 쓰기도 한다. → 会うたびにいう。

도전

1 가정마다 김치 맛이 다르다.
   ➡ _____

2 그 팀은 시합 때마다 강해지고 있다.
   ➡ _____

3 그녀는 만날 때마다 같은 말을 반복해서 말하기 때문에 지겹다.
   ➡ _____

Hint 김치 キムチ   맛 味(あじ)   다르다 違(ちが)う   강하다 強(つよ)い   반복하다 繰(く)り返(かえ)す   지겹다 うんざりだ

159 ～하자마자
～やいなや

작문 그는 골에 도착하자마자 쓰러져 버렸습니다. 골 ゴール | 도착하다 着く | 쓰러지다 倒れる

彼はゴールに着くやいなや倒れてしまいました。

① 어떤 동작이 끝나는 동시에 다른 동작이 시작될 경우에 「～やいなや」 또는 「～と(すぐに)」라고 하는데, 동사의 종지형에 접속된다.

② 「や」는 원래 의문을 나타내는 종조사이며 「～するかしないか(のうちに)(하는가 마는가(의 사이에))」라는 뜻인데 「바로 동시에」라는 뜻으로 변했다. 「いなや」가 생략될 수도 있고 문어적인 말투이기 때문에 현대어로서는 「～と(すぐに・同時に)」를 많이 쓴다.

③ 완료를 나타내는 「～말다」「버리다」는 「～てしまう」라고 한다.
「～しまう」는 원래 「끝남, 치움」 등의 뜻을 가진 동사인데, 보조 동사로서 「て(접속 조사)」와 함께 쓰일 때는 완료의 뜻이 된다.
- 가 버렸다. → 行ってしまった。
- 헤어지고 만다. → 別れてしまう。

도전

1 그는 나를 보자마자 시선을 피했다.
　➡ _____

2 피곤했는지, 그는 눕자마자 코를 골기 시작했다.
　➡ _____

3 봄방학이 끝나자마자 학교 도서관은 학생들로 꽉 찼다.
　➡ _____

Hint 시선 視線 (눈길을) 피하다 そらす 피곤하다 疲れる 코를 골다 いびきをかく 꽉 차다 一杯になる

160 | ~할 바, ~할 참, ~점
～ところ

작문 네가 관여할 **바**가 아니다. 관여 関与 | 바 ところ

きみの(が)関与するところではない。

❶ 형식 명사는 불완전 명사와 마찬가지로 문법적인 구실은 명사이면서 주어가 될 수 없고, 앞에 반드시 동사의 명사수식형을 수반하여 명사구, 명사절을 만든다.

❷ 「ところ」는 원래 장소를 나타내는 「所」에서 나온 말인데 「데」「바」「점」「참」 등 경우에 따라 여러 의미를 나타낸다.

- 그것은 내가 원하는 바이다.
  → それは私が望むところだ。
- 어려운 점을 질문했다.
  → むずかしいところを質問した。
- 지금 먹는 참이다.
  → 今、食べるところだ。

도전

1. 지금부터 식사하려던 참입니다.
   ➡ _____

2. 첫 번째 포인트는, 지역이 어떤 방법으로 연계해서 그 문제에 대응할 것인가 하는 점에 있습니다.
   ➡ _____

3. 오늘 바쁘신 와중에도 와주셔서 대단히 감사합니다.
   ➡ _____

Hint 식사 食事   연계 連係   대응하다, 해결하다 取り組む

161 | ~인데도 불구하고
~にもかかわらず

작문 머리가 아픈데도 불구하고, 그는 나를 만나러 와 주었다. 머리 頭 | 아프다 痛い | 와 주다 来てくれる

頭が痛いにもかかわらず、彼は私に会いに来てくれた。

❶ 일반적으로 보통형의 문장에 접속해서 '~인데도 불구하고'라고 해석한다.

❷ 현재형의 명사와 な형용사와 접속하는 다음과 같은 경우에는 예외적으로 접속하기 때문에 주의해야 한다.

- 学生だ/学生です+にもかかわらず
  → 学生だにもかかわらず(×)
  → 学生にもかかわらず(○)

- きれいだ/きれいです+にもかかわらず
  → きれいだにもかかわらず(×)
  → きれいにもかかわらず(○)

도전

1 그는 하면 할 수 있는데도 불구하고 전혀 노력을 하려고 하지 않는다.
   ➡ _____

2 열심히 공부했는데도 불구하고, 시험에 떨어져 버렸다.
   ➡ _____

3 대기실에서 오랜 시간 기다렸는데도 불구하고, 진료 시간은 불과 몇 분이었다.
   ➡ _____

Hint 전혀 全然   시험에 떨어지다 テストに落ちる   대기실 待合室   진료 시간 診療時間

162 ~할 수 있다/ ~할 수 없다
～得る・得ない

작문 그런 바보같은 일이 일어나다니 있을 수 없다. 바보같은 일 バカなこと

そんなバカなことが起こるなんてあり得ない。

❶ 동사의 ます형과 접속해서 「ます형＋得る」는 '~할 수 있다'로 해석되고 「ます형＋得ない」는 '~할 수 없다'로 해석된다.
이 때 주의할 점은 「ます형＋得る」에서 「得る」는 「える/うる」두 가지 모두로 읽을 수 있지만, 「ます형＋得ない」의 「得ない」는 「えない」로만 읽을 수 있다.

❷ 가능 표현과 해석은 동일하지만, 어떤 일을 할 수 있다는 능력을 나타내는 표현이 아니라, '~할 가능성이 있다/없다' 라는 의미로 사용하는 표현이다.

- 이론적으로는 있을 수 있는 일이지만, 실제로는 어떨까?
  → 理論的にはあり得ることだが、実際はどうだろうか。

도전

1. 아무래도 그가 범인인 것 같다. 범인이 아니면 알 수 없는 사실을 알고 있다.
   ➡ _____

2. 어느 것도 기계에 의한 대량생산으로는 만들 수 없는, 수제만의 맛과 아름다움입니다.
   ➡ _____

3. 히데요시는 어떻게 해서 주군인 노부나가의 신뢰를 얻을 수 있었던 것일까.
   ➡ _____

Hint 아무래도 どうも　범인 犯人　사실 事実　기계 機械　대량생산 大量生産　수제 手作り
히데요시(인명) (豊臣)秀吉　주군 主君　노부나가(인명) (織田)信長　신뢰 信頼

163 | ~할 뿐이다, ~할 따름이다
～までだ

작문 타협을 할 수 없다면 싸울 **뿐이다**. 타협 妥協 ∣ 싸우다 戦う

妥協ができなければ戦う**までだ**。

❶ 「뿐」은 「だけ」「のみ」 등으로 쓰이는데 여기서는 그 외에 다른 행동을 할 여지가 없다는 뜻으로 「まで」를 쓴다.

- 적당한 사람이 없으면 그를 가게 할 뿐이다.
  → 適当な人がいなければ彼を行かせる**までだ**。

- 말을 듣지 않으면 듣도록 만들 뿐이다.
  → いうことを聞かなければ聞くようにする**までだ**。

❷ 또한 「まで」가 강조의 뜻을 나타낼 경우가 있다.

- 믿고 있었던 친구까지 나를 배반했다.
  → 信じていた友人**まで**ぼくを裏切った。

- 사람을 속여서까지 돈을 벌려고는 하지 않는다.
  → 人をだまして**まで**金をもうけようとは思わない。

도전

1 져 버리면 그 뿐이다.
  ➡ _____

2 당신이 하지 않는다면 내가 할 뿐이다.
  ➡ _____

3 비행기가 안 된다면, KTX로 갈 뿐이다.
  ➡ _____

Hint 지다 負ける

164 | ~할 수 밖에 없다
～ざるを得ない

작문 담당자가 부재 중이면 내가 갈 **수 밖에 없**을 것이다. 담당자 担当者 | 부재중 不在 | ~할 수 밖에 없다 ~ざるを得ない

担当者が不在であれば私が行か**ざるを得ない**だろう。

「得る」는 원래 가능을 나타내는 보조 동사의 성격을 지니고 있는데, 여기서는 앞에 오는 동사를 부정하는 것을 다시 한 번「得ない」로 부정하는 역할을 한다.
즉「～ざるを得ない」는 이중 부정이며 본의가 아닌 행동을 하게 될 경우에 쓰인다.
단순한 의무를 나타내는「～なければならない」와 조금 뉘앙스가 다르다.

- 증거가 없으면 석방할 수 밖에 없다.
  → 証拠がなければ釈放せ**ざるを得ない**。
- 그 사람이 제안한 이상 책임을 지지 않을 수 없다.
  → 彼が提案した以上、責任を負わ**ざるを得ない**。
- 아무리 늦어져도 여기서 기다리는 수 밖에 없다.
  → いくら遅くなってもここで待た**ざるを得ない**。

도전

1 자금 대출 관계로 포기할 수 밖에 없는 상황이다.
 ➡ _____

2 부모님이 돌아가셔서 대학을 그만두지 않으면 안되게 되었다.
 ➡ _____

3 아이가 생겼기 때문에 결혼을 할 수 밖에 없게 되었다.
 ➡ _____

Hint 자금 대출 資金繰り 상황 状況 아이가 생기다 子どもができる 결혼 結婚

165 | ~할 리가 없다
~わけがない

작문 그가 100점을 받을 리가 없다. 100점을 받다 100点を取れる

彼(かれ)が100点(てん)を取(と)れるわけがない。

❶ 동사의 현재형과 접속하여 「~할 리가 없다/~하지 않을 리가 없다」라고 해석된다. 주로, 어떤 상황을 견주어 생각해 봤을 때 「~할 이유가 없다」라는 식의 말투로 쓰이며, 말하는 이의 강한 의지가 포함된 추측의 표현이라고 할 수 있겠다.
  - 이런 곳에 있을 리가 없는 그녀가 서 있었다.
    → こんなところにいるわけがない彼女(かのじょ)が立(た)っていた。

❷ 동사의 과거형인 た형과도 접속하는데, 이 때에는 「~했을 리가 없다」라고 해석한다.

도전
1 복권 따위는 맞을 리가 없다.
  ➡ _____

2 그런 연금 제도로 노후가 밝을 리가 없다.
  ➡ _____

3 논문을 하루만에 쓸 수 있을 리가 없다.
  ➡ _____

Hint 복권 宝(たから)くじ 연금 제도 年金制度(ねんきんせいど) 노후 老後(ろうご) 논문 論文(ろんぶん)

166 | ~할 리가 없다
～はずがない

작문 그가 죽다니, 그럴 **리가 없다**. 죽다 死ぬ

彼が死んだなんて、そんな**はずがない**。

❶ 앞서 소개한 「～わけがない」와 유사한 표현이지만, 이 표현은 좀 더 일반적인 상식이나 상황을 통해 생각해 봤을 때 '그렇게 하지 않을 것이다, 상식적으로 이해가 안 된다'라는 '객관적인 추측'의 의미가 더 강하다고 할 수 있겠다.

❷ 주로 동사의 현재형에 접속한다. 긍정의 경우에는 기본형, 부정의 경우에는 「ない형＋ない」의 형태에 접속하게 된다.

- 그 살인 사건이 그렇게 간단하게 해결될 리가 없다.
 → あの殺人事件がそんなに簡単に解決する**はずがない**。

도전

1 일어날 리가 없는 일이 일어나 버리고 말았다.
 ⇒ _____

2 어디 출신인지 알 수 없는 녀석의 말을 믿을 수 있을 리가 없다.
 ⇒ _____

3 대통령이 그런 발언을 할 리가 없다.
 ⇒ _____

Hint 어디 출신인지도 모른다 どこの馬の骨かわからない　놈, 녀석 奴　믿다 信じる　대통령 大統領
발언 発言

167 ~할 수 없다 / ～わけにはいかない

작문 이제와서 유학을 포기할 수 없다. 이제와서 今さら | 유학 留学 | 포기하다 あきらめる

今さら留学をあきらめるわけにはいかない。

❶ 동사의 현재형과 접속하는데 긍정의 형태인 기본형과 접속하는 경우에는 '~할 수 없다'라고 해석되고, 부정의 형태인「～ないわけにはいかない」와 접속하는 경우에는 '~하지 않을 수 없다'라고 해석된다.

❷ 가능 표현과 유사하다고 생각할 수 있으나, 이 표현의 경우는 능력이 없어서 못 하는 것이 아니라, 어느 처해진 상황이나 정황 때문에 어쩔 수 없이 하지 못하는 상황을 나타내고자 할 때 사용하는 표현이다.

• 아무것도 사지 않고 가게를 나올 수는 없는 분위기가 되고 말았다.
 → 何も買わずに店を出るわけにはいかない雰囲気になってしまった。

도전

1 도중에 대학을 그만 두고 모국으로 돌아갈 수는 없다.
 ➡ _____

2 사장님도 오시기 때문에 회의에 나가지 않을 수 없다.
 ➡ _____

3 그의 발언은 지당하다. 무시할 수 없는 의견이다.
 ➡ _____

Hint 도중 途中 | 모국 国・母国 | 사장님 社長 | 회의 会議 | 지당하다 もっともだ | 무시하다 無視する | 의견 意見

168 | ~할 수 없다/~할 수 있다
～かねる/かねない

작문 그러면 돈을 위해서 사람을 죽일 수 있다. ~을 위해 ~のために | 사람을 죽이다 人を殺す

彼なら金のために人を殺しかねない。

❶ 이 표현의 주의 사항은 긍정의 형태인「かねる」가 부정의 의미를 나타내고, 부정의 형태인「かねない」가 긍정의 의미를 나타낸다는 점인데, 동사의 ます형과 접속해서「ます형＋かねる」란 형태로 '~할 수 없다'라고 해석되고,「ます형＋かねない」는 '~할 수 있다'고 해석된다.

❷ 이 표현도 한국말의 해석은 가능 표현과 동일하지만 능력의 유무를 따지는 표현이 아니라, 어떤 상황이나 정황을 통해 생각해 봤을 때 하기 힘들다, 할 가능성이 없다 라는 의미를 표현할 때 사용된다.

- 새로운 정책에는 동의할 수 없다.
  → 新しい政策には同意しかねる。

도전
1 그녀의 기이한 패션은 이해할 수 없다.
   ⇒ _____

2 그렇게 난폭한 운전을 하면 교통 사고를 일으킬 수 있다.
   ⇒ _____

3 지금은 작은 문제일지도 모르지만, 앞으로 국제 문제로 발전할 수 있다.
   ⇒ _____

Hint 기이한 奇抜な 난폭하다 荒い 운전 運転 교통 사고 交通事故 앞으로 今後 국제 문제 国際問題
발전 発展

169 | ~이다 / ～である

작문 그가 성공한 것은, 그가 열심히 노력했기 때문**이다**. 성공하다 成功する | 열심히 一生懸命 | 노력 努力 | 때문 から

彼が成功したのは、彼が一生懸命努力したから**である**。

① 명사나 な형용사 등의 품사들을 보통형(반말)으로 만드는 표현으로「～だ」가 있다. 「～である」는「～だ」와 같은 기능을 하지만, 100% 같지는 않으며 좀더 문어적이고 딱딱한 느낌을 갖는다.

② 「ある」라는 동사의 형태를 사용하고 있기 때문에 명사 앞에 위치하여 명사를 수식할 때 사용하기도 한다.

③ 추측의 형태로서「～であろう/～であるだろう(～일 것이다)」「～であるまい/～でなかろう(～이지 않을 것이다)」라는 형태로서도 사용한다.

도전

1. 행복의 형태는 제각각이다.
   → _____

2. 병이 날 때까지는 건강의 고마움을 잘 모른다.
   → _____

3. 청년은 미래가 있다는 것 만으로 행복하다.
   → _____

Hint 행복 幸せ・幸福 | 형태 形 | 제각각 それぞれ | 병이 나다 病気になる | 건강 健康 | 고마움 ありがたさ | 청년 青年 | 미래 未来

연·습·문·제·10

(157~169)

1 다음 글의 밑줄 친 부분에 들어갈 가장 적당한 말을 아래 ◯ 에서 골라 넣어 보자.

　　世界には学校に行きたくても行けない子供たちがたくさんいる。家が貧しくて働か_____子供、たくさんの兄弟姉妹の面倒を見るために学校に行く_____子供など、学校に行けない理由は様々であろう。彼らの両親は自分の子供に教育をうけさせたくない_____。学校でたくさんのことを学び、明るい将来に向かって羽ばたいてほしいと子供たちに願うのはどこの国の親でも同じでは_____か。学校に行けない子供たちもかわいそうだが、子供たちを学校に送ることができない事情を持った親も気の毒である。

> あるまい　　ざるを得ない　　わけにはいかない　　はずがない

2 다음 문장을 일본어로 작문해 보자.

❶ 여기까지 왔으면 끝까지 하는 것 뿐이다.　~までだ　最後　やり通す

➡ _____

❷ 할 수 있다고 했지만, 정말로 끝까지 할 수 있을지 불안하다.　~ものの　不安

➡ _____

❸ 지금, 학교를 그만두고 나라(모국)로 돌아갈 수는 없다.　~わけにはいかない

➡ _____

❹ 요즘의 젊은이들의 행동에는 이해할 수 없는 점이 있다.　~かねる　若者　行動　理解　点

➡ _____

❺ 아무것도 하지 않고 하루 종일 집에서 뒹굴뒹굴 하고 있어서는 마를 리가 없다.　~はずがない

➡ _____

15 れる・られる 완전 정복하기

170 | ~하시다 ~れる(존경)

작문 선생님께서는 댁으로 향하셨습니다. 댁 ご自宅・お宅 | 향하다 向かう

先生はご自宅に向かわれました。

① 조동사「れる/られる」는 존경, 수동, 가능, 자발 등의 기능을 하는데 먼저 존경의 기능에 대해 알아 보자.
「~하시다」와 같은 존경의 의미를 나타내는 조동사「れる/られる」는 동사의 형태에 따라 그 접속 형태가 다르다.
이번 과에서는 1그룹 동사와 する동사의 존경형을 만드는「~れる」에 대해서 알아 보자.

② 1그룹 동사와 접속할 때는「동사의 ない형+れる」의 형태로 접속하며 する동사는 불규칙 동사로서「される」가 된다.
- 飲む → 飲まない → 飲まれる
- 読む → 読まない → 読まれる
- する → される

③ 수동・가능과 혼동하기 쉽기 때문에「お ~ になる」형태로 사용할 때도 많다.

도전

1 어제 전화로 예약하신 손님이십니까?
  ➡ _____

2 드디어 정상 정복에 성공하셨습니다.
  ➡ _____

3 할아버님께서 노래를 부르십니다.
  ➡ _____

Hint 정상 頂上 정복 征服 할아버님 おじいさま

171 ～하시다 ～られる(존경)

작문 이 미술관의 그림은 모두 그분이 모으**셨습니다**. 미술관 美術館 | 모으다 集める

この美術館の絵は皆、その方が集め**られました**。

① 2그룹 동사 및 来る동사에 접속되는「～られる」는「～れる」와 마찬가지로 존경의 뜻을 나타낸다.

② 접속형태는 2그룹 동사는 ます형인 る를 탈락시킨 부분에「られる」를 접속하면 된다. 불규칙 동사인 来る는 来られる가 된다.
- 食べる → 食べ → 食べられる
- 見る → 見 → 見られる
- 来る → 来られる

③「その方」의「方」는 사람을 가리키는 경칭으로「この方(이분)」「あの方(저분)」등으로 쓰이는데 원래 방향을 나타내는 말이다.
즉, 직접 사람을 가리키는 말을 피하여 그 사람이 있는 위치, 방향으로 간접적으로 존재를 암시하려는 완곡한 표현으로 한국어와 비슷한 점이 있다.

도전

1 이 건물은 저분이 세우셨습니다.
➡ _____

2 이번 조치는 선생님께서 결정하셨습니다.
➡ _____

3 하느님께서 인간에게 벌을 주셨습니다.
➡ _____

Hint 세우다 建てる 조치 措置 결정하다 決める 벌 罰 주다 与える

172 | ~당하다(이·히·리·기 수동형)
～れる(수동)

작문 발을 밟은 사람은 밟힌 사람의 아픔을 모른다. 발 足 | 밟다 踏む | 아픔 痛さ

足を踏んだ人には踏まれた人の痛さがわからない。

1. 남에게서 어떤 행위를 받는 뜻을 나타내는 수동 조동사「～れる」는 1그룹동사 및 する동사와 접속되어 2그룹 활용을 한다. 특히 수동형은 한국어와 쓰는 법이 매우 달라 이해하기 어려운 것 중 하나이다.
2. 타동사를 자동사로 만드는 보조어간「이, 히, 리, 기」가 피동으로 쓰일 때도「～れる(られる)」로 표현한다.
3. 「痛さがわからない(아픔을 모르다)」라는 문장에서 조사는「を」가 아니고「が」라는 점에 주의해야 한다.

도전

1 도둑이 경찰에게 잡혔다.
　➡ _____

2 어머니 품에 안겼다.
　➡ _____

3 술을 마셔도, 술에 이끌려 가서는 안 된다.
　➡ _____

Hint 도둑 泥棒　경찰 警察·警官　잡다 つかむ　품 ふところ　(술에) 이끌려 가다 (酒に)飲まれる

173 | ~받다, ~당하다
～られる(수동)

작문 선생님한테 칭찬**받아서** 매우 기쁩니다.　칭찬을 받다 誉（ほ）められる | 기쁘다 うれしい

先生（せんせい）に誉（ほ）め**られて**、とてもうれしいです。

❶ 2그룹 동사 및 来る동사와 접속되는 「られる」는 「れる」와 마찬가지로 주어에 「に」 또는 「から」라는 조사를 수반함으로써 「가능」「자발」「존경」 등의 용법과 구별된다.

❷ 상대방이 문장의 주체에 대해 무언가 해 줄 경우, 문장 주체의 입장으로 말하면 「～してもらう」라는 표현을 쓸 수도 있다.

　　• 助（たす）けられる (구조되다)
　　　→ 助け**てもらう**
　　• 教（おし）えられる (배우다, 가르침을 받다)
　　　→ 教え**てもらう**
　　• 誉（ほ）められる (칭찬받다)
　　　→ 誉め**てもらう**

도전

1 그 선생님께서 3년 동안 가르쳐 주셨습니다.
　➡ _____

2 오랫동안의 노력이 드디어 인정받았습니다.
　➡ _____

3 구급대원에 의해서 구출된 어린이는 병원으로 옮겨졌습니다.
　➡ _____

Hint 인정받다 認（みと）められる　구급대원 救急隊員（きゅうきゅうたいいん）　구출되다 助（たす）けられた　옮기다 運（はこ）ぶ

174 ~당하다 〜れる/られる(피해의 수동)

작문 아이들이 오면, 시끄러워서 일에 집중할 수 없다. 시끄럽다 うるさい | 집중하다 集中する

子どもたちに来られるとうるさくて仕事に集中できない。

한국어로 수동형이 되지 않지만 일본어로는 수동형으로 표현할 경우가 있다. 주로 그 동작의 결과에 대해 걱정·불만·고민 등을 느낄 때에 쓰인다.

- 어렸을 때 아버지가 돌아가셨다.
  → 幼い時に父に死なれた。

- 갓난아기가 울면 아무 일도 할 수 없다.
  → 赤ん坊に泣かれると何もできない。

- 그렇게 떠들면 곤란합니다.
  → そんなに騒がれると困ります。

참고 **수동의 특수한 용법**

일본어는 자동사(自動詞)라도 수동이 되는 수가 있다. 이것은 일본어 고유의 사용법으로서, 주로 「피해 의식」을 나타내는 「迷惑の受け身」라는 특수한 수동 용법이 있다. 예문을 들면 다음과 같다.

- 雨が降る (비가 오다)
  → 雨に降られる (비를 맞다) 〈피해를 입음〉

- 母が死ぬ (어머니가 죽다)
  → 母に死なれる (어머니를 여의다) 〈괴로움〉

- 子供が泣く(아이가 울다)
  → 子供に泣かれる(성가시게 아이가 울어대다)

도전

1 그녀가 울면, 어떻게 하면 좋을지 모르겠다.
   ➡ _____

2 더 이상 집세를 올리면, 이사할 수 밖에 없다.
   ➡ _____

3 지금 당신이 죽으면, 이제부터 나는 어떻게 하면 좋을 것인가….
   ➡ _____

Hint 집세 家賃   이사하다 引っ越す   죽다 死ぬ

175 | ~하다 ~れる/られる(자발)

작문 이 길을 걸으면, 헤어진 그녀가 생각난다. 길 道 | 헤어지다 別れる | 생각나다 思い出す

この道を歩くと、別れた彼女のことが思い出される。

① 「~れる/られる」표현을 이용하여 자발(자신의 행동)의 의미를 나타내기도 한다.

② 누군가에 의해서 또는 자신의 의지로 어떤 행동을 했다기 보다도 어떤 이유나 상황에 의해서 자연적으로 그렇게 되었다는 의미를 나타낸다.

③ 주로 심리적 활동을 나타내는 동사인 「思う・考える・思い出す」와 같은 동사에 사용된다.

- 갑자기 돌아가신 어머니가 생각나서 울어 버렸다.
  → 急になくなった母のことが思い出されて泣いてしまった。

도전

1 이 앨범을 볼 때마다, 그때의 일이 생각난다.
   ➡ _____

2 고국의 어머니가 생각납니다.
   ➡ _____

3 나는 그가 생각날 때마다 울어 버린다.
   ➡ _____

Hint 앨범 アルバム   고국 故国   ~마다 たびに

176 | ~할 수 있다
～れる (가능)

작문 42.195 킬로미터를 달릴 수 있다니…. 달리다 走る

42.195キロを走れるなんて。

❶ 가능을 나타내는 말로 「～ことができる」라는 표현도 있지만 「れる(られる)」를 더 많이 쓴다. 1그룹 동사가 「～れる」와 접속하여 가능의 의미를 표현한다.

❷ 1그룹 동사에서 잘 쓰이는 표현으로 원래 가능의 뜻을 갖고 있는 가능 동사를 들 수 있다. 1그룹 동사의 끝음의 [u]음을 [e]음으로 바꿔서 「る」와 연결시키면 된다.
- 走る → 走れる (달릴 수 있다)
- 帰る → 帰れる (돌아갈 수 있다)
- 行く → 行ける (갈 수 있다)
- 読む → 読める (읽을 수 있다)

❸ 「する동사」의 경우에는 「できる」로 바꾼다.
- 成功する → 成功できる (성공할 수 있다)
- 理解する → 理解できる (이해할 수 있다)

「れる(られる)」를 쓸 때 「수동」「존경」과 혼동하지 않도록 주의해야 한다.

도전

1 내일까지는 자료를 만들 수 있습니다.
→ _____

2 강이 깊어서 건널 수 없다.
→ _____

3 당신이 말하는 것은 이해할 수 있습니다.
→ _____

Hint 자료 資料 만들다 作る 깊다 深い 건너다 渡る

177 ~할 수 있다
～られる(가능)

작문 매운 요리는 먹을 수 있습니까? 맵다 辛い | 요리 料理

辛(から)い料理(りょうり)は食(た)べられますか。

❶ 2그룹 동사와 来る동사는「～られる」와 접속하여 가능의 의미를 표현한다.
❷ 가능을 나타내는 서술어의 대상은「が」를 붙이는 경우가 많다. 특히「できる」는 반드시「が」를 써야 하는데「れる(られる)」에는「を」도 쓸 수 있다.
  • 일본어를 가르칠 수 있다. → 日本語(にほんご)が(を)教(おし)えられる。
  • 신사복을 입을 수 있다. → スーツが(を)着(き)られる。
  • 그 사건을 잊을 수 없다. → あの事件(じけん)が(を)忘(わす)れられない。
❸ 1그룹 동사와 헷갈려서「ら」를 빼고「れる」라고 하기 쉬우니, 주의해야 한다.
  • 出(で)る → 出られる(○) 出れる(×)
  • 来(く)る → 来られる(○) 来れる(×)
  • 着(き)る → 着られる(○) 着れる(×)

도전

1 이 옷은 작아서 입을 수 없습니다.
➡ _____

2 머리가 아파서 일어날 수 없었습니다.
➡ _____

3 10일까지는 있을 수 있습니다.
➡ _____

Hint 일어나다 起(お)きる

연·습·문·제·11

(170~177)

1 다음 글의 밑줄 친 부분에 들어갈 가장 적당한 말을 아래 ◯ 에서 골라 넣어 보자.

　今までに「がんばって」という励ましの言葉を何度_____ことだろう。両親に、友達に、兄弟に「がんばって」と_____続けてきた。しかし、その言葉が負担に_____時があったのは事実だ。一生懸命しても、うまくいかないときがあった。そういう時は「がんばれ」という言葉が励ましの言葉ではなく、単なるプレッシャーにしか感じ_____。だから、私は安易に他人に「がんばれ」とは_____。時と場合によっては励ましの言葉ではなく、人を追い込む言葉にもなるということを知っているからだ。

> 感じられた　　かけられた　　励まされ　　られなかった　　言えない

2 다음 문장을 일본어로 작문해 보자.

❶ 이 절은 1600년대에 세워졌습니다.　~れる/られる　寺

　➡ _____

❷ 요즘에는 먹을 수 있는 꽃도 있다고 한다.　~れる/られる

　➡ _____

❸ 이런 일은 당신에게 밖에 이야기할 수 없습니다.　~れる/られる

　➡ _____

❹ 벌써 전시회에는 가셨습니까? 내일까지라고 들었습니다.　~れる/られる　展示会

　➡ _____

❺ 초등학교 때에 괴롭힘을 당했던 기억이 있는 사람은 꽤 많다.　~れる/られる　いじめる

　➡ _____

16 せる・させる 끝내기

178 | ~시키다, ~하게 하다
~せる/させる (자동사의 사역표현)

작문 그도 가끔은 농담으로 모두를 웃게 했다. 가끔은 時には | 농담 冗談 | 모두 皆

彼(かれ)も時(とき)には冗談(じょうだん)で皆(みな)を笑(わら)わせた。

① 어떤 행동을 다른 사람에게 '시키다, 하게 하다' 라는 의미를 나타내는 표현으로써, 문장의 주어는 행동을 시키는 사람을 나타내며, '~を'로 목적격 조사를 취하고 있는 사람은 실제 행동을 하는 사람을 나타낸다.

② 동사를 다음과 같이 고치면 사역의 의미를 나타내는 동사의 사역형을 만들 수 있다. 사역형의 동사는 Ⅱ그룹 동사처럼 활용할 수 있다.

Ⅰ그룹	行(い)く—行(い)かせる 走(はし)る—走(はし)らせる	Ⅱ그룹	食(た)べる—食(た)べさせる 見(み)る—見させる	Ⅲ그룹	する—させる 来(く)る—来(こ)させる

「한자어＋する」로 이루어진 동사는 する를 させる로 고쳐서 활용하면 된다.

예 心配(しんぱい)する(걱정하다)
→ 心配させる(걱정시키다)
調査(ちょうさ)する(조사하다)
→ 調査させる(조사하게 시키다)

③ 자동사를 사역형으로 바꾸어서 표현할 때에는 '다른 행위를 하게끔 하다' 라는 사역의 의미 뿐만 아니라, 타동사의 역할을 하기도 한다. 한국어도 마찬가지로 사역을 나타내는 보조 어간 「이, 기, 리, 히, 우, 구, 추」는 사역뿐만 아니라 자동사를 타동사화시키는 역할을 한다.

도전

1 상대에게 무리하게 걱정시켰다.
   ➡ _____

2 그녀는 무거운 짐을 그에게 들게 했다.
   ➡ _____

3 모든 책임을 그에게 지게 했다.
   ➡ _____

Hint 　상대 相手　　무리 無理　　걱정 心配　　무거운 짐 思い荷物　　들다 持つ　　책임 責任

179 | ~하게 하다, 시키게 하다
～せる/させる(타동사의 사역표현)

작문 그의 행동은 주위 사람들에게 의혹을 느끼게 했다. 행동 行動 | 주위 周り
의혹 疑惑 | 느끼다 感じる

彼の行動は周りの人に疑惑を感じさせた。

① 앞에서 설명한 '자동사의 사역형'과 동일하게 어떤 사람에게 어떤 행위를 '시키다, 하게 하다'는 의미를 나타낸다. 하지만 문장의 구조면에서 자동사의 사역 표현과는 차이점이 있다. 자동사의 사역 표현에서는 '～を'란 조사를 취하고 있는 사람이 실제 행동을 하는 행위자이지만, 타동사에서는 원래 동사가 타동사라는 성질에 따라서 목적어를 취하기 때문에 실제 행위자는 '～に'란 조사로 표시하게 된다.

- 자동사의 사역표현
  - 父が赤ん坊を泣かせた。 → 아빠가 아기를 울렸다.
- 타동사의 사역표현
  - 母は子供に服を着させた。 → 엄마는 아이에게 옷을 입게 했다.

② 일본어에는 원래부터 사역의 의미를 갖는 타동사들도 있다. 예를 들어, 「着させる」는 자기가 다른 사람에게 '입다'라는 행위를 시키는 것이지만, 「着せる」는 내가 다른 사람에게 직접 옷을 입히는 행위이다. 의미가 비슷하여 혼동되기 쉬우므로 주의해야한다.

③ 사역하면 일반적으로 상대방으로 의사를 무시하고 '억지로 시키다'라는 '강제'의 의미를 강하게 느낄 수 있지만, 항상 '강제'의 의미로만 사용하는 것은 아니다. 행위에 대한 '허락, 허용', '방치, 방임'의 의미로써도 사용한다.

- 先生は生徒を無理やり勉強させた。(강제)
  → 선생님은 학생을 억지로 공부시켰다.

- 母は'外で遊んでもいいよ'といって私を遊びに行か**せた**。(허락, 허용)
  → 엄마는 '밖에서 놀아도 된다'고 하시면서 나를 놀러 나가게 했다.
- 母親たちは子供たちを公園で遊ば**せて**おいて、買い物に行って来た。(방치, 방임)
  → 엄마들은 아이들을 공원에서 놀게 해 놓고, 시장보러 갔다 왔다.

도전

1 빨간 화려한 스웨터를 그에게 입게 했다.
   ➡ _____

2 그는 그녀를 2시간 이상 기다리게 했다.
   ➡ _____

3 친구의 갑작스러운 죽음은, 앞으로의 인생에 대해서 생각하게 하는 일이었다.
   ➡ _____

Hint 화려한 派手な   스웨터 セーター   이상 以上   죽음 死   인생 人生

180 | ~하겠습니다
〜(さ)せていただきます。

작문 안내**하겠습니다**. 안내 案内(あんない)

ご案内(あんない)**させていただきます**。

① 동사의 사역형에 「받다」라는 뜻의 수수표현인 「もらう」의 겸양어 「いただく」를 접속한 형태이다.

② 직역을 하자면 「~시킴을 받겠습니다」가 되지만, 좀 어색한 한국어이다. 그래서 「~하겠습니다」라는 해석이 더 자연스럽다. 자신(말하는 이)이 하고자 하는 일을 겸손하게 말할 때 사용하는 겸양 표현의 일부이다.

③ 겸양 표현이라서 그런지 개인적인 관계의 만남에서보다도 공식적인 자리나, 조금 격식 있는 자리에서의 대화에서 주로 많이 사용된다.

- 판매를 일시 중단 하겠습니다.
  → 販売(はんばい)を一時(いちじ)中止(ちゅうし)させていただきます。

도전

1 먼저 실례하겠습니다.
　→ _____

2 그럼, 발표하겠습니다.
　→ _____

3 집에 돌아가겠습니다.
　→ _____

Hint 먼저 お先(さき)に　실례하다 失礼(しつれい)する　발표하다 発表(はっぴょう)する

181 | ~하고 싶습니다
～(さ)せていただきたいです。

작문 몸 상태가 안 좋아서, 조퇴하고 싶습니다만.   몸상태 体の調子 | 조퇴 早退

体の調子が悪いので、早退させていただきたいのですが。

❶ 이 표현은 앞에서 공부한 「～(さ)せていただく」란 표현에 행동의 희망, 욕구의 표현인 조동사 「～たい」를 접속한 표현이다.

❷ 의미적으로는 「내가 어떤 행동을 하고 싶다」라는 의미로서 「동사의 ます형+たい」란 표현보다 조금 더 겸손한 겸양 표현이다.

❸ 이 표현 또한 일상 생활에서 나와 개인적인 친분이 있는 사람과의 대화보다는 조금 공식적이거나 격이 있는 장소에서 사용하는 경우가 더 많다.

- 그 일을 제가 하고 싶습니다만, 안 되겠습니까?
  → その仕事を私にさせていただきたいのですが、いけませんでしょうか。

도전
1 그 쪽의 가게를 텔레비전에 소개하고 싶습니다만, 괜찮겠습니까?
   ➡ _____

2 꼭 보고 싶습니다.
   ➡ _____

3 소개해 드리고 싶은 상품이 있습니다만.
   ➡ _____

Hint 가게 お店   소개 紹介   꼭 是非   상품 商品

182 | ~해도 되겠습니까?
〜(さ)せていただけますか/ませんか。

작문 개최장소는 저희 쪽에서 결정해도 되겠습니까? 개최장소(회장) 会場 | 결정하다 決める

会場はこちらで決めさせていただけませんか。

❶ 이 표현은「〜(さ)せていただく」의 표현에서「いただく」란 동사의 가능형태인 「〜いただけますか / いただけませんか」를 접속한 형태이다.
- 일정은 미정입니다만, 공장 견학을 해도 되겠습니까?
  → 日程は未定ですが、工場見学をさせていただけますか。

❷ 사용 방법은,「〜해도 되겠습니까」라는 의미로 누군가에게 내가 할 어떤 행동에 대한 '허락'을 요구할 때 사용하는 표현으로「〜てもいいですか」란 표현보다 조금 더 정중한 느낌의 경어 표현이라 하겠다.

❸ 「〜ていただけますか/いただけませんか(〜해 주시지 않겠습니까?)」라는 표현과 혼동하지 않도록 주의한다. 동사의 て형을 이용한 경우는 상대방에게 어떠한 행동을 해 달라는 '부탁, 요구'의 표현이므로 주의한다.

도전

1 여권과 탑승권을 봐도 되겠습니까?
   ➡ _____

2 한번 더 확인해도 되겠습니까?
   ➡ _____

3 죄송합니다만, 가방 안을 봐도 되겠습니까?
   ➡ _____

Hint 여권 パスポート 탑승권 搭乗券 확인하다 確認する 가방 鞄

183 | ~게 해주세요
〜せてください

작문 제발 여기서 좀 쉬게 해 주십시오. 제발 どうか | 쉬다 休む

どうかここで少し休ませてください。

❶ 「~하게」는 원래 형용사를 부사로 만드는 역할을 하는데, 동사에 붙으면 그 동작을 하도록 만든다는 뜻으로 사역형으로 나타낸다.

❷ 「〜せてください」는 어떤 동작·행동을 시켜 달라고 부탁하는 뜻으로 사역 표현에 「〜てください」를 접속한 형태이다.

- 저를 가게 해 주십시오.
  → 私を行かせてください。

- 집에서 교과서를 10번쯤 읽게 하세요.
  → 家で教科書を10回ぐらい読ませてください。

- 그녀에게 요리를 만들게 하세요.
  → 彼女に料理を作らせてください。

도전

1 꼭 그 프로젝트를 저에게 시켜 주십시오.
　➡ _____

2 사이즈가 맞는지 어떤지 모르니까, 입어보게 해 주세요.
　➡ _____

3 저한테는 제 방법이 있기 때문에, 좋을대로 하게 해 주세요.(그냥 내버려 두세요)
　➡ _____

Hint 프로젝트 プロジェクト 사이즈 サイズ 입어보다 試着する 방법 やり方

184 | (마지못해)~하게 되다
～させられる(사역수동)

작문   벌로 교실 청소를 (마지못해) 하게 되었다. 벌 罰 | 교실 청소 教室の掃除

罰(ばつ)として教室(きょうしつ)の掃除(そうじ)をさせられた。

① 사역 조동사 「(さ)せる」와 수동 조동사 「られる」를 결합시켜서 사역수동의 의미를 나타낸다. 동사별 활용 방법은 동사의 사역형에 「(さ)せられる」만 붙이면 된다.

② 사역수동은 직역하자면 '시키다' 라는 행위를 받는다 라는 의미인데, 돌려서 말하면 남의 지시나 명령을 받아서 자기의 의지와는 관계없이 '어쩔 수 없이, 마지못해 그 행위를 할 수 밖에 없다' 라는 의미를 낸다.

③ 기본적인 문장 구조는 「AがBにCを～(さ)せられる」의 형태를 취하고, 해석은 직역보다도 'A가 B때문에 어쩔 수 없이 C를 하게 되다' 라고 의역을 하는 것이 사역 수동을 이해하기 더 좋다.

도전

1 사람들 앞에서 노래를 (마지못해) 불렀다.
→ _____

2 마지막 버스를 놓쳐서, (어쩔 수 없이) 집까지 5킬로미터의 길을 걸었다.
→ _____

3 불경기에 따른 경영부진 때문에, 많은 사람들이 회사를 (어쩔 수 없이) 그만두었다.
→ _____

Hint 노래를 부르다 歌(うた)を歌(うた)う   마지막 버스 最終(さいしゅう)バス   킬로(미터) キロメートル   불경기 不景気(ふけいき)
경영부진 経営不振(けいえいふしん)

연·습·문·제·12

16. せる・させる 완전 정복 하기

(178~184)

1 다음 글의 밑줄 친 부분에 들어갈 가장 적당한 말을 아래 ◯ 에서 골라 넣어 보자.

　お久しぶりです。お元気ですか。先日はお疲れのところ一日同行_____いただき、ありがとうございました。今回の同行では、いろいろと考え_____事も多く、今後の活動のヒントとなる経験を_____。来月はこちらで会議が開かれますね。もし、お時間があれば私に京都の街をご案内_____。それでは、来月お会いできることを楽しみにしております。

> させて　　させていただきました　　させていただけませんか　　させられる

2 다음 문장을 일본어로 작문해 보자.

❶ 미성년자에게 술을 마시게 해서는 안됩니다.　~せる/させる　未成年者

➡ _____

❷ 지금부터 발표를 하겠습니다.　~せる/させる　これから　発表

➡ _____

❸ 이 옷을 보면 돌아가신 엄마가 생각난다.　~せる/させる　洋服

➡ _____

❹ 그 프로젝트의 치프를(주임을) 제가 하게 해 주세요.　~せる/させる　プロジェクト　チーフ

➡ _____

❺ 어렸을 적 영어회화를 (어쩔 수 없이)배웠는데, 그게 지금이 되어서는 매우 도움이 되고 있다.
　　　~せる/させる　子どものとき　英会話

➡ _____

17 존경과 겸양 표현 마스터하기

185 | 존경 표현①
활용 존경어

작문 다나카 씨는 조금 전에 돌아가셨습니다만. 조금 전 先ほど

田中さんは先ほどお帰りになられましたが。

❶ 원래 경어법은, 사회에 있어서 인간 관계를 원활하게 하려는 의식에서 나온 언어 습관으로, 유교적인 예절 의식을 배경으로 하여 표현이 복잡하게 발달된 것은 한국어와 비슷하다. 한국어에서는 말하는 이와의 관계와는 상관없이 가족이나, 나와 관계없는 사람이지만 나이가 많은 연배면 높임말(존경어)을 사용하지만, 일본어에서는 그렇지 않다. 아무리 나이가 많더라도 자기(화자)와 관계가 없으면 존경어를 쓰지 않고, 가족끼리도 존경어를 쓰지 않는다.

❷ 경어 표현에는 동사를 높임으로써 그 행동의 주체를 높이는 존경 표현이 있는데 그 방법에는 여러 가지가 있다. 그 중 한 방법으로써 앞에서 배운 수동조동사인 「～(ら)れる」를 사용할 수 있다. 수동조동사인 「～(ら)れる」는 '당하다' 라는 수동의 의미로도 사용하지만 '～하시다' 라는 존경의 의미로도 사용할 수 있다. 수동형이기 때문에 2그룹 동사처럼 활용하면 된다.

❸ 수동, 가능과 혼동하기 쉽기 때문에 「お+동사의 ます형+になる」형으로 할 때도 많다.

도전

1 선생님은 학교까지 걸어서 오십니다.
   ➡ _____

2 몇 시쯤에 집을 떠나셨어요?
   ➡ _____

3 이순신 장군은 여기서 끝까지 싸우셨습니다.
   ➡ _____

Hint   걷다 歩く   떠나다 出る・去る   이순신 장군 イスンシン将軍   끝까지 最後まで   싸우다 戦う

186 | 존경 표현②
특수 존경어

작문 야마모토 씨가 그렇게 **말씀하셨습니다**. 야마모토 씨 山本さん | 말씀하시다 おっしゃる

山本(やまもと)さんがそのように**おっしゃいました**。

❶ 두 번째 존경 표현으로는 이미 하나의 정해진 표현으로써 '~하시다'라는 의미를 나타낸다. 몇 가지 동사에 한해서만 표현이 존재하기 때문에 암기해야 한다.

기본형	특수 존경어
いる	いらっしゃる
行(い)く	いらっしゃる
来(く)る	おいでになる
	おこしになる
言(い)う	おっしゃる
食(た)べる・飲(の)む	召(め)し上(あ)がる
見(み)る	ご覧(らん)になる
知(し)っている	ご存(ぞん)じだ
する	なさる
くれる	くださる

❷ 다음 동사들은 ます형에 주의해야 한다.

- いらっしゃる → **いらっしゃいます**
- おっしゃる → **おっしゃいます**
- なさる → **なさいます**
- くださる → **くださいます**

도전 1 그런 것을 말씀하셔도 됩니까?

➡ _____

2 끝까지 천천히 보십시오.

➡ _____

3 점심은 무엇을 드셨습니까?

➡ _____

Hint   끝까지 最後(さいご)まで   천천히 ゆっくり   점심 お昼(ひる)(ご飯(はん))

187 | 존경 표현③ お＋동사의 ます형＋になる

작문 들고 계신 짐은 여기에 맡겨 주십시오. 짐 荷物 | 맡기다 預ける

お持ちになった荷物はここに預けてください。

❶ 앞에서 살펴본 특수 존경어에 없는 표현들은 「お＋동사의 ます형＋になる」란 형식으로 고쳐서 존경의 의미인 '~하시다'를 나타낸다.

❷ 때로는 이중 존경의 표현으로써 「お＋동사의 ます형＋になる」에 존경의 의미를 나타내는 수동조동사 「~(ら)れる」를 붙여 「お＋동사의 ます형＋になられる」라는 형태로 사용하기도 한다.

- 언제 돌아가셨습니까?
  → いつお帰りになられましたか。

- 오늘 아침 신문을 읽으셨습니까?
  → 今朝、新聞をお読みになられましたか。

도전

1 읽으신 책은 여기에 놓아 주세요.
  ➡ _____

2 사용한 식기는 여기에 갖다 주세요.
  ➡ _____

3 사장님은 감기에 걸리신 것 같습니다.
  ➡ _____

Hint 식기 食器   사장님 社長   감기에 걸리다 風邪をひく

188 | 존경 표현④
お＋동사의 ます형＋ください

작문 설명서를 잘 읽어 주세요. 설명서 説明書

説明書をよくお読みください。

① 상대방에게 무언가 행동을 요구하고 부탁할 때에도 존경어를 이용할 수 있다. 일반 동사인 경우에는 「お＋동사의 ます형＋ください」란 형태를 사용한다. 너무나 정중한 나머지 조금은 딱딱한 느낌이 강해서 주로 안내문이나 설명서와 같이 많은 사람들에게 무언가를 공고하거나 안내할 때 주로 많이 사용한다.

② 「한자어＋する」와 같은 형식의 동사는 명사를 높여 주는 접두사 お(ご)를 사용하여 「お(ご)＋한자어＋ください」의 형태를 사용한다.
   예 電話する - お電話ください (전화해 주세요)
      持参する - ご持参ください (지참해 주세요)

③ 「お(ご)한자어＋くださる」의 형태로 「~해 주시다」라고 표현할 수도 있다.

도전
1 닫히는 문에 주의하십시오.
   ➡ _____

2 잘 지도해 주시도록 부탁드립니다.
   ➡ _____

3 궁금한 점이 있으신 분은 관계자에게 상담해 주십시오.
   ➡ _____

Hint 닫히다 閉まる 주의 注意 지도 指導 관계자 係員 상담 相談

189 | 겸양표현①
특수 겸양어

작문 손님께 안내 **말씀 드리겠습니다**. 손님 お客様 : 안내 ご案内

お<ruby>客様<rt>きゃくさま</rt></ruby>にご<ruby>案内<rt>あんない</rt></ruby><ruby>申<rt>もう</rt></ruby>し<ruby>上<rt>あ</rt></ruby>げます。

❶ 경어 표현에는 화자인 나 자신을 낮춤에 따라서 상대방을 높여주는 겸양 표현이 있다. 우리말의 낮춤말과 유사하다고 생각하면 된다. 또한, 나 자신을 겸손하게 표현할 때에도 사용하게 된다.

❷ 겸양 표현의 한 방법으로 특수 존경어처럼 이미 그 형태가 정해져 있는 특수 겸양어가 있다. 특수 존경어처럼 암기해야만 한다.

기본형	특수 겸양어
いる	おる
行く	参る
来る	伺う
言う	申す/申し上げる
食べる・飲む	いただく
見る	拝見する
会う	お目に かかる
聞く	伺う
知っている	存じている(おる)
する	いたす
あげる	さしあげる
もらう	いただく

도전

1 처음 뵙겠습니다.
➡ _____

2 시간이 없기 때문에 요점만 말씀드리겠습니다.
➡ _____

3 슬슬 실례하겠습니다.
➡ _____

Hint 요점 要点   슬슬 そろそろ   실례하다 失礼する

190 | 겸양 표현②
お+동사의 ます형+する/いたす

작문 그 펜을 (제가) 빌려도 될까요? 펜 ペン | 빌리다 借りる

そのペンをお借りしてもよろしいでしょうか。

❶ 앞에서 살펴봤던 특수 겸양어의 표에 없는 표현들은 「お+동사의 ます형+する」란 형태로 겸양을 나타낼 수 있다. 때로는 する의 특수 겸양어인 いたす를 이용해 「お+동사의 ます형+いたす」란 형태로도 이중 겸양을 표현할 수 있다.

❷ 「한자어+する」로 된 동사는 명사를 높여주는 접두사 お(ご)를 이용해 「お(ご)+한자어+する/いたす」란 형태로 겸양을 표현할 수 있다.
  예 電話する - お電話する(いたす)
  　 連絡する - ご連絡する(いたす)
  　 案内する - ご案内する(いたす)

❸ 「잘 부탁합니다」라는 인사말로 잘 알고 있는 표현의「부탁합니다(お願いします)」의 부분도 이 형식을 이용한 겸양 표현이라는 것을 알 수가 있다. 더 정중히 이야기 하고자 할 때에는 이중 겸양인「お願いいたします」의 형태도 사용할 수 있다.

도전

1 나리타 공항을 이용하시는 손님께 알려드립니다.
   ➡ _____

2 간단하게 조작 방법을 설명하겠습니다.
   ➡ _____

3 지정석 티켓을 갖고 계시지 않은 손님은 승차하실 수 없습니다.
   ➡ _____

Hint　나리타 공항 成田空港　이용하다 利用する　알리다 知らせる　조작 방법 扱い方　지정 指定
　　　티켓 チケット　승차 乗車

연·습·문·제·13

17. 존경과 겸양 표현 마스터하기

(185~190)

1 다음 글의 밑줄 친 부분에 들어갈 가장 적당한 말을 아래 ◯ 에서 골라 넣어 보자.

　本日は足元の悪い中、大変ご多忙のところをご出席＿＿＿＿、ありがとうございます。弊社の音楽セミナーも今年で5回目となりました。本日は「市民とオーケストラ」と題しまして、日本のオーケストラ界で最も活力のあるお二人を＿＿＿＿、ディスカッション形式でお話を＿＿＿＿ことと＿＿＿＿。みなさまもご存知の通り、両先生は国内外のオーケストラで大変ご活躍＿＿＿＿います。本日は色々な方と仕事をされ、コラボレートされているあたりのお話を是非＿＿＿＿と思っております。まず、開会にあたりまして、弊社社長・谷崎裕樹よりご挨拶させて＿＿＿＿。

> いただきまして　　いたしました　　なさって　　お招きし
> いただきます　　伺う　　お聞きしたい

2 다음 문장을 일본어로 작문해 보자.

❶ 이 책은 벌써 읽으셨습니까?　お+ます形+になる　もう

　➡ ＿＿＿＿＿＿＿＿＿＿＿＿＿＿＿＿＿＿＿＿＿＿＿＿＿＿＿＿

❷ 먼 곳까지 와 주셔서 대단히 감사합니다.　お+ます形+いたす

　➡ ＿＿＿＿＿＿＿＿＿＿＿＿＿＿＿＿＿＿＿＿＿＿＿＿＿＿＿＿

❸ 전화 주시면 이쪽에서 찾아 뵙겠습니다.　お+ます形+いたす　伺う

　➡ ＿＿＿＿＿＿＿＿＿＿＿＿＿＿＿＿＿＿＿＿＿＿＿＿＿＿＿＿

❹ 입맛에 맞을지 어떨지 모르겠습니다만, 드셔 보세요.　お+ます形+ください

　➡ ＿＿＿＿＿＿＿＿＿＿＿＿＿＿＿＿＿＿＿＿＿＿＿＿＿＿＿＿

❺ 다나카 님은 조금 전까지 여기에 계셨습니다만, 어딘가에 가신 것 같군요.　れる/られる

　➡ ＿＿＿＿＿＿＿＿＿＿＿＿＿＿＿＿＿＿＿＿＿＿＿＿＿＿＿＿

부록

해답 예

작문의 급소 190
도전·연습문제 해답 예

해답 예

도전 해답 예

step1_기초표현

1. 완전 기본문장 만들기

01_ 1 私は会社員です。
　　2 彼は学生です。
　　3 こちらは私の友達です。
02_ 1 あの人は先生ですか。
　　2 これは何ですか。
　　3 ソウル駅はどこですか。
03_ 1 これは携帯ではありません。
　　2 それは電子辞書ではありません。
　　3 あれは日本の映画ではありません。
04_ 1 あの人はタレントではありませんか。
　　2 あの建物は病院ではありませんか。
　　3 ここは新宿ではありませんか。
05_ 1 あれは銀行でも郵便局でもありません。
　　2 私は賛成でも反対でもありません。
　　3 彼女は俳優でも歌手でもありません。

2. 있다·없다 표현하기

06_ 1 今日は2時間授業があります。
　　2 引き出しの中に名刺があります。
　　3 家の隣にコーヒーショップがあります。
07_ 1 今、小銭がありません。
　　2 友達から連絡がありません。
　　3 その部屋には机も椅子もありません。
08_ 1 パンフレットはありませんか。
　　2 質問はありませんか。
　　3 この近くにコンビニはありませんか。
09_ 1 家には父と母と弟がひとりいます。
　　2 あの学校には留学生が10人います。
　　3 今、家にいますか。
10_ 1 家にはペットはいません。
　　2 教室には先生も学生もいません。
　　3 今日はお客さんが一人もいません。

3. 형용사 활용하기

11_ 1 このデジタルカメラはとても高いです。
　　2 その試験は本当に難しいです。
　　3 このあたりは昼も夜もとてもうるさいです。
12_ 1 その番組はおもしろいですか。
　　2 このスープは辛いですか。
　　3 会社は家から遠いですか。
13_ 1 週末は忙しくありません。
　　2 今日は暑くありません。
　　3 そのデザインはあまり良くありません。
14_ 1 サイズが大きくも小さくもありません。
　　2 あのレストランは、美味しくもまずくもありません。
　　3 これぐらい痛くも痒くもありません。
15_ 1 京都には古い寺や神社があります。
　　2 もう少し短いスカートはありませんか。
　　3 あの足のきれいな人はだれですか。
16_ 1 大丈夫ですか。
　　2 アルバイトは大変ですか。
　　3 彼女はいつもあんなに静かですか。

4. 동사 ます형 활용 표현 마스터하기

17_ 1 携帯を充電します。
　　2 私はいつも地下鉄の中で新聞を読みます。
　　3 ケータイメールを友達に送ります。
18_ 1 今日は遅いので、また来ます。
　　2 熱があるので、欠席します。

3 では、今日はこのへんで失礼します。

19_ 1 カラオケによく行きますか。
2 野球の試合をよく見ますか。
3 日本の雑誌をよく読みますか。

20_ 1 休日は仕事をしません。
2 英語が全然わかりません。
3 今年の冬は、コートが売れません。

21_ 1 私は次回の会議には出席しません。
2 今日は郵便局には行きません。
3 彼とは話しません。

22_ 1 メールアド、交換しませんか。
2 何か新しい企画を考えませんか。
3 今度、一緒にゴルフに行きませんか。

23_ 1 今日はもう帰りましょう。
2 新しいバージョンをダウンロードしましょう。
3 机の周りを片付けましょう。

24_ 1 私が兄に話してみましょう。
2 京都は私が案内しましょう。
3 今度のハイキングには、わたしが弁当を作って行きましょう。

25_ 1 少し休みましょうか。
2 ちょっと窓を開けましょうか。
3 私が資料を集めましょうか。

26_ 1 最終電車だったが、満員でした。
2 ニュースで聞くまで、そのことをぜんぜん知りませんでした。
3 昨日は会社の飲み会に行って、たくさんお酒を飲みました。

27_ 1 明日は会社の面接を受けに行きます。
2 レンタルビデオ屋にビデオを返しに行ってきました。
3 まず、宿題をして、ご飯を食べて、それから友達と遊びに行きます。

28_ 1 彼はいつも歌を歌いながら掃除をする。
2 私の夫は新聞を見ながら食事をする。
3 洗濯をしながら皿洗いをする。

29_ 1 部屋の掃除をしなさい。
2 先に宿題をしなさい。
3 もっと野菜を食べなさい。

30_ 1 もう少しわかりやすい言葉で説明してください。
2 このデジカメはだれでも使いやすいです。
3 このペンはかすれて、書きにくい。

31_ 1 一度ディズニーランドに行ってみたい。
2 試験が終わったので、明日はゆっくり休みたい。
3 今年の冬こそ、スノーボードをしたかった。

32_ 1 アメリカにいるいとこは、キムチを食べたがった。
2 そんなに悲しがらないで。また、すぐに会えるから。
3 息子が毎日ゲームをしたがって、困っています。

5. 동사 て형으로 어휘력 키우기

33_ 1 会社を辞めて、新しい商売を始める。
2 新宿で乗り換えて、原宿で降ります。
3 履歴書に写真をはって、ここに印鑑を押してください。

34_ 1 よそ見をしてぶつかった。
2 ぐずぐずして汽車に乗りそこなってしまった。
3 人の家をのぞいて疑いをかけられる時がある。

35_ 1 結婚してからちょうど2年経った。
2 日本にきてからもう5年です。
3 退職してからの3年間、毎日毎日ボランティア活動を熱心にした。

36_ 1 だれかがあなたを呼んでいます。
2 いろいろと問題があるので、困っています。
3 みなはそう言うけれど、私は彼を信じている。

해답 예

37_ 1 冷蔵庫の中のアイスクリームが溶けています。
2 話をたくさん聞いています。
3 そのことに関してはいろいろ聞いています。

38_ 1 会議室にいすが並んでいます。
2 ビールが冷えています。
3 窓ガラスが割れています。

39_ 1 明日は母の誕生日なのに、まだプレゼントを買っていません。
2 今月はまだ光熱費を支払っていません。
3 今日はまだ昼食どころか朝食も食べていません。

40_ 1 急いで来たのに電話は切れていました。
2 病院に到着した時患者は死んでいました。
3 王女が目を開けた時王子は城に着いていました。

41_ 1 一日中、エアコンがつけてあります。
2 夕ごはんが作ってあります。
3 いつも冷蔵庫にビールが入れてあります。

42_ 1 ちょっと待ってください。
2 私の話をよく聞いてください。
3 もう少しゆっくり歩いてください。

43_ 1 車を止めないでください。
2 落書きをしないでください。
3 電気を消さないでください。

44_ 1 機会があれば相手に忠告してください。
2 時間があれば私にちょっと協力してください。
3 この部分をもう一度説明してください。

45_ 1 その時計は安くても性能がいい。
2 だれが見ても彼はかっこいい。
3 何度呼んでも返事がない。

46_ 1 トイレを借りてもいいですか。
2 また、会いに来てもいいですか。
3 今夜遅くに電話をかけてもいいですか。

47_ 1 彼は朝から飲んでばかりいます。
2 うちの子は毎日遊んでばかりいて大学には入れそうもないですよ。
3 彼女は彼氏と別れて毎日泣いてばかりいる。

6. 문장을 자연스럽게 연결하는 접속표현 익히기

48_ 1 暑いから、アイスコーヒーでも飲みましょう。
2 この公園は静かだから、毎日散歩します。
3 私がそれをしますから、あなたは病院に行ってください。

49_ 1 頭が痛いので、今日は会社を休みます。
2 夜なので、公園にはだれもいません。
3 授業があるので、後で電話します。

50_ 1 ケーキがあるが、ダイエット中です。
2 この部屋は家賃は安いが、駅から遠い。
3 旅行に行きたいが、お金も時間もない。

51_ 1 夢を見ていたが、目が覚めた。
2 激しい雨が降っていたが、5分ぐらい前にやみました。
3 電話をしていたが、突然切れた。

52_ 1 面白い映画だけれど、娯楽性に欠ける。
2 天気はいいけど、気分が冴えない。
3 複雑そうに見えるけれど、実は原理は単純だ。

53_ 1 子供なのに、大人のような口をきく。
2 こんなに汚いのに、どうして着替えないの？
3 日本語の試験が近いのに、朴さんは全然勉強する気がない。

54_ 1 彼は才能もあるし、努力もする。
2 この服はサイズもぴったりだし、デザインもいい。
3 ここのデパートは商品えもいいし、価格も適当だ。

7. 문장 속의 감초 조사 익히기

55_ 1 となりの部屋から音楽(おんがく)が聞(き)こえる。
    2 丘(おか)からは村の様子がよく見える。
    3 秋(あき)にはコスモスの花(はな)が咲きます。
56_ 1 弟(かぞく)は家族の中(なか)で一番(いちばん)背(せ)が高(たか)い。
    2 クラスの中で木村(きむら)さんが一番頭がいい。
    3 8月(がつ)は1年の中で一番台風(たいふう)が多い。
57_ 1 1ヶ月(かげつ)に休日(きゅうじつ)は何日ありますか。
    2 電話番号(ばんごう)は何番ですか。
    3 睡眠(すいみん)時間は一日に何時間ですか。
58_ 1 明日の朝6時に、私の家に来てください。
    2 土曜日(どようび)にコンサートに行きませんか。
    3 2月6日に仁川空港(インチョンくうこう)に到着(とうちゃく)します。
59_ 1 明日、私に必(かなら)ず電話をください。
    2 この契約書(けいやくしょ)を課長(かちょう)に渡してください。
    3 この黄色(きいろ)いマフラーは朴さんに、この白(しろ)い手袋(てぶくろ)は
      イーさんにあげます。
60_ 1 花見(はなみ)にヨイド公園(こうえん)に行きませんか。
    2 食料品(しょくりょうひん)を買いにロッテマートに行きます。
    3 英語を勉強しにアメリカに行きます。
61_ 1 あす(あした)の朝、飛行機(ひこうき)に乗ります。
    2 来週(らいしゅう)先生に会おうと思います。
    3 私はスポーツの中で野球(やきゅう)が好(す)きです。
62_ 1 ここからタクシーに乗りましょう。
    2 会社から家まで自動車(じどうしゃ)に乗って帰ります。
    3 下関(しものせき)からフェリーに乗って釜山(プサン)に行きます。
63_ 1 そばはそば粉で作ります。
    2 韓国(かんこく)の焼酎(しょうちゅう)は何で作りますか。
    3 豆腐(とうふ)は大豆(だいず)で、ムクはどんぐりで作ります。
64_ 1 申請書(しんせいしょ)はボールペンで書いてください。
    2 結果(けっか)は後日(ごじつ)メールでお知らせします。
    3 この部分をはさみで切って、はがきにはって、応募(おうぼ)
      してください。
65_ 1 全員(ぜんいん)で協力(きょうりょく)する。
    2 5万(まん)ウォンで買うことにします。
    3 満場一致(まんじょういっち)で可決(かけつ)しました。
66_ 1 通話料(つうわりょう)は、一ヶ月4万ウォンぐらいです。
    2 10人ぐらいのメンバーが必要(ひつよう)です。
    3 これぐらいは、なんでもありませんよ。
67_ 1 この動物園(どうぶつえん)には象(ぞう)より大(おお)きい動物はいません。
    2 これよりもっと安いものはありませんか。
    3 その問題(もんだい)は思(おも)ったよりやさしいです。
68_ 1 3月2日から授業が始(はじ)まります。
    2 朝から体(からだ)の具合(ぐあい)が悪(わる)い。
    3 では、私から始めます。
69_ 1 優勝(ゆうしょう)するまで努力(どりょく)する。
    2 朝9時までに、そちらに行きます。
    3 最後(さいご)まであきらめないで続(つづ)けます。
70_ 1 彼は一人でタンスまで持(も)ち上(あ)げる。
    2 そんなことすら知らないのですか？
    3 他人(たにん)のものまで持っていくとは。
71_ 1 日曜日(にちようび)に映画でも見ましょうか。
    2 あの店(みせ)で弁当でも買いましょうか。
    3 今日は何もしないで、テレビでもみようか。
72_ 1 甘(あま)いものは何でも好きです。
    2 いくらでも飲んでください。
    3 このごろはどこでもインターネットが可能(かのう)です。
73_ 1 冷蔵庫にはキムチさえない。
    2 彼女はひらがなさえ知らない。
    3 財布(さいふ)の中には10円(えん)さえない。
74_ 1 今年こそ試験に合格(ごうかく)します。
    2 こちらこそ、どうぞよろしくお願(ねが)いします。
    3 平和(へいわ)こそ人類(じんるい)の願いです。

해답 예

step2_응용표현

8. 동사 가정형・과거형 이용한 표현 익히기

75_ 1 健康でなければ、海外旅行に行けません。
 2 安くなければ、私には買えません。
 3 便利でなければ、必要ありません。

76_ 1 あなたが行くのならば、私も行く。
 2 雨が降れば、イベントは中止です。
 3 彼女が幸せならば、それにまさることはない。

77_ 1 ひもが長かったら、切ればいい。
 2 春になったら、登山にでも行こう。
 3 一度にそんなにたくさん食べたら、胃によくない。

78_ 1 実際に話してみると、彼はそんなに悪い人ではありません。
 2 外に出ると、突然雪が降り出した。
 3 家に帰ってみると、家にはだれもいなかった。

79_ 1 日本語は勉強すればするほど難しくなります。
 2 その本は読めば読むほど面白い。
 3 夏に近づけば近づくほど、日が長くなります。

80_ 1 12時になりました。お昼のニュースです。
 2 たった今、他の人はみんな外に出てしまいました。
 3 わたしもたった今着いたところです。

81_ 1 朝まで降り続いた雨がやんだ。
 2 凍りついた道で何度も滑った。
 3 つま先が破れている靴下を捨てた。

82_ 1 午前中は掃除をしたり洗濯をしたりします。
 2 午後には買い物に行ったり食事の準備をしたりします。
 3 正月にはお雑煮をたべたり、おせち料理を食べたりします。

83_ 1 くつをはいたまま、部屋に入ってはいけません。
 2 傘をタクシーの中においたまま、降りてしまった。
 3 思いのままにならないこともある。

84_ 1 大阪行きの新幹線はつい先ほど発車したところです。
 2 家を出ようとしたところに電話がかかってきた。
 3 駅に着いたところで、財布がないことに気づきました。

85_ 1 一週間前にオープンしたばかりの店なのに、もう閉店している。
 2 生まれたばかりの赤ちゃんは、泣くことによって意思を伝えることしかできません。
 3 ヨーロッパから帰ってきたばかりなので、時差ぼけで眠いです。

86_ 1 当分、外出を控えたほうがいいです。
 2 ペンキ塗りたてだから、このベンチには座らないほうがいいですよ。
 3 雨が降りそうだから、傘を持っていったほうがいいです。

87_ 1 中国語を勉強したことがない。
 2 そんな歌は聞いたことがない。
 3 その本を読んだことがない。

9. 의지・추측・인용・명령・금지의 표현 알아두기

88_ 1 医療保険制度を改善せよ。
 2 労働者の福利厚生を充実させよ。
 3 次のものから正しいものを選択せよ。

89_ 1 自分のことは自分で考えろ。
 2 提出期日は守れ。
 3 動くな！手を上げろ！3000万円出せ！

90_ 1 この浜辺には入らないこと。
 2 隣の席の人と話さないこと。

3 試験開始後50分間は退出しないこと。

91_ 1 今度の旅行は慶州に行くそうです。
2 この街には旅館が一つもないそうです。
3 「奈良」は日本の古都だそうです。

92_ 1 彼も昔は金持ちだったそうだ。
2 結局、探していた人とは会えなかったそうです。
3 10年前は店もたくさんあって、人の行き来も多かったそうです。

93_ 1 彼は一見まじめそうだが。
2 足が腫れていて痛そうだ。
3 出てきた料理はどれも美味しそうだ。

94_ 1 彼女は泣きそうな顔をしていた。
2 高そうな店だったので中に入りませんでした。
3 チェさんはいつも難しそうな本ばかり読んでいる。

95_ 1 どうやら熱があるようだ。
2 彼の話はどうやら本当のようだ。
3 その男の子はどうしても言うことを聞かないようだ。

96_ 1 男性なのに女性のような声で話す。
2 バケツをひっくり返したような雨が降った。
3 どこかで聞いたことがあるような話だ。

97_ 1 彼はグラフィックデザイナーらしい。
2 その会社は経営者が変わったらしい。
3 昨夜、彼は彼女にふられたらしい。

98_ 1 一家の主人として、家族の幸せを守るのは当然だろう。
2 あなたの助けがなかったら、おそらくこのプランは失敗していただろう。
3 夕焼けになれば次の日は天気がいいだろう。

99_ 1 電気がつかないから、たぶん停電でしょう。
2 夕焼けがきれいだから、明日も晴れでしょう。
3 いくら若く見えるからといっても30才にはなるでしょう。

100_ 1 明日こそ早く起きよう。
2 実績があれば融資を認めよう。
3 その問題は専門家にまかせよう。

101_ 1 あんなまずい店、二度と行くまい。
2 もう今日からは一滴も酒は飲むまい。
3 どんなことがあってもあきらめまい。

102_ 1 故郷に帰ったところで、住む家もあるまい。
2 今さらどうこう言っても仕方があるまい。
3 こうなったら、彼に頼むしかあるまい。

10. 다양한 문말 표현 알아두기

103_ 1 一体何の話があるのか。
2 こんな夜遅くに、どこに行くのか。
3 こんなところで何をするのか。

104_ 1 野球を見ようか、サッカーを見ようか。
2 牛丼を食べようか、それともたこやきを食べようか。
3 値段が高いから、買うか買うまいか迷っている。

105_ 1 当たらない宝くじなんて買うもんかと思いながらも、また買ってしまった。
2 二度と同じ失敗を繰り返すものか。
3 ダイエット中なんだからケーキの誘惑に負けるもんか。

106_ 1 これからの予定が決定した。
2 FTAに関する会議が継続している。
3 新しい事業は簡単には拡大しない。

107_ 1 学生食堂を略して「学食」といいます。
2 アルバイトのことを日本では「バイト」、韓国では「アルバ」といいます。
3 私は橋本奈保子といいます。

108_ 1 3年もたてば僕も二十歳だ。

해답 예

2 この試合に勝てば優勝だ。
3 この仕事が終われば、待ちに待った週末だ。

109_ 1 明日、台風が来るかもしれない。
2 もしかしたら、彼に電車の中で会えるかもしれない。
3 あれは人気商品だから、もう売り切れているかもしれない。

11. 그 밖의 여러 가지 표현 맛보기

110_ 1 良いか悪いかは問題ではありません。
2 久美さんが刺身が好きか嫌いかは知りません。
3 彼は、行くかどうかまだ迷っています。

111_ 1 植物園には植物だけでなく鳥もたくさんいる。
2 公園には老人だけでなく若者も大勢いる。
3 市場には服だけでなく食料品もある。

112_ 1 君が行こうと、何の役にも立たない。
2 顔がきれいだろうと、心がきれいでなければ、すぐに嫌になる。
3 あいつがどこに行こうと、僕の知ったことではない。

113_ 1 足が痛くなるほど市場を歩き回った。
2 記憶がなくなるほど酒を飲んだ。
3 靴が磨り減るほど彼を探し回った。

114_ 1 こんなはずじゃなかったんだが。
2 そんなことを彼がするはずがありません。
3 6時に到着するはずなのに、8時を過ぎてもなんの連絡もありません。

115_ 1 3月には就職するつもりです。
2 来年はひとりで日本に行くつもりです。
3 彼は東京大学を受験するつもりのようです。

116_ 1 学生の時は、成績は比較的いいほうだった。
2 どちらかというと性格は明るいほうです。
3 いつも部屋はきれいに掃除をするほうです。

117_ 1 お前のせいで遅刻したじゃないか。
2 雨のせいで、花火大会が中止になった。
3 酒を飲みすぎたせいで、朝から頭が痛い。

118_ 1 100万台のうち80万台が輸出品だ。
2 一週間のうち3回授業がある。
3 成人のうち約70%が20代に結婚する。

119_ 1 元気なく生返事を返す。
2 生半可な知識では国家試験には合格できない。
3 そんな生ぬるい考えでは、この不景気を乗りきれない。

120_ 1 ジョギングをして一汗かいた。
2 彼の一言で、会場は静かになった。
3 ここらでちょっと一休みするか。

121_ 1 交通事故で高速道路が片側通行になっていた。
2 元旦には家族と一緒に初日の出を見に行こう。
3 離婚率が高まり、片親の子供が増えてきている。

122_ 1 その小包の重さはいくらですか。
2 その風景の美しさは言葉では表現できない。
3 あなたのおかげで楽しみが増えました。

123_ 1 彼は初めての満点のテストを、母親に誇らしげに見せた。
2 マラソン大会で優勝した彼は、ケースから金メダルを自慢げに出した。
3 クリスマスプレゼントをもらって、子供たちは本当に嬉しげだ。

step3_고급표현

12. 명사에 접속하는 표현 익히기

124_ 1 チャンさんは通訳としてその会社で働いています。
2 あの人は作家としてもタレントとしても有名です。
3 地球人として、環境問題を考えてみましょう。

125_ 1 数学どころか、算数もよくわからない。
2 社交的ではないので、恋人どころか、友達もいない。
3 休日どころか寝るひまもないくらい忙しい。

126_ 1 彼の説明は矛盾だらけだ。
2 箱の中のみかんはカビだらけになった。
3 子供が泥だらけになって外から帰ってきた。

127_ 1 そんな言い訳ばかりしないでください。
2 過去の失敗ばかりをくよくよ考えていないで、なにか新しいことを考えましょうよ。
3 つまらないものですが、心ばかりのお礼の品です。

128_ 1 空気は大部分、酸素と窒素によって成り立っている。
2 たゆまぬ努力によって、彼は成功を収めた。
3 タクシーによっては法外な料金を請求する場合もあるので注意が必要だ。

129_ 1 平成18年12月1日付人事に関してお知らせします。
2 料金はすべて1人当りの料金ですが、ホテルに関しては1部屋当りの料金となります。
3 税金に関する手続きは面倒だ。

130_ 1 一人に対する集団によるいじめが、このところ大きな社会問題となっている。
2 彼女は僕に対して冷たい態度をとり始めた。
3 障害のある人に対する理解を深め、差別のない社会を作らなくてはならない。

131_ 1 犯罪の低年齢化をめぐって熱い討論が進められました。
2 今、こちらの法廷では商標権をめぐる裁判が行われています。
3 教科書の採択をめぐって様々な問題がある。

132_ 1 彼の発言はまったく事実に反するものだった
2 努力したが、皆の期待に反して違う結果になってしまった。
3 法律に反した行為は罰せられる。

133_ 1 ゴールに向かってまっすぐボールをけった。
2 親に向かってそんなひどいことを言うものではない。
3 社会人になったら面と向かって忠告してくれる人は少なくなる。

134_ 1 老人には老人向きの食事が必要である。
2 万人向きの品を作ってみたい。
3 この映画は大人向きです。

135_ 1 オリンピックは、明日から約3週間にわたって開かれる。
2 討論会は4時間にわたり続けられた。
3 一ヵ月にわたって入院したが、昨日やっと退院できた。

136_ 1 国際会議は7月9日から7月14日にかけて行われた。
2 北から南にかけて大雨が降った。
3 夏から秋にかけての景色が一番すばらしい。

137_ 1 地域の特性に応じて的確に政策を展開することが重要である。
2 所得額に応じて負担が異なります。
3 時代や文化に応じて価値観は変わるものだ。

13. もの・ことが 들어간 표현 외우기

138_ 1 前向きに努力することが重要です。
2 時には遊ぶことも必要です。
3 何かを始めることよりも、それを続けることが難しいです。

139_ 1 残念なことに、昔よく行っていたレストランがなくなってしまっていた。
2 面白いことに、私と私の親友は同姓同名で誕生日も同じ日だ。
3 奇妙なことに、初めて来たところなのに昔来たことがあるような気がしてたまらなかった。

140_ 1 嘘をつくことによって、罪を免れようとしてはい

해답 예

けない。
2 人は多くの人々から学ぶことによって、成長するものだ。
3 お互いに切磋琢磨することによって能力を高めることがこのクラスの目的である。

141_ 1 この辺は米軍の基地が多いことからアメリカン通りと呼ばれる。
2 この通りは外国人が多いことから国際通りと呼ばれている。
3 山田先生はすべての学生に優しいことから、みんなに「ママ」と呼ばれている。

142_ 1 片思いの同級生の男の子に告白をすることなく、卒業式の日を迎えた。
2 その少年は何があっても泣くことがなかった。
3 彼は一度もレギュラーのポジションを得ることなく、野球部をやめなくてはならない日が来てしまった。

143_ 1 先生がおっしゃったことは大切なことだから、家でもう一度よく復習をしたほうがいい。
2 自分で決めたことだから、自分で責任をとります。
3 まじめなあの人のことだから、必ず成功するだろう。

144_ 1 携帯がないことには、彼とは連絡がつかない。
2 ある程度の資金がないことには、この事業を進めることができない。
3 自分の目で確かめてみないことには、信じられない。

145_ 1 やってやれないことはない。
2 彼女の言うことは信じられないことはないが、どうも腑に落ちない点がいくつかある。
3 母親の言い分がわからないことはないのだが、素直に受け入れられない。

146_ 1 円が上がるということは、ドルが下がるということで、輸出業者が大変だということだ。
2 専門家によるとここ数年以内に関東地方で大地震が発生するだろうということだ。
3 今朝の新聞によると、来年からバスの運賃が上がるということだ。

147_ 1 今のところ、彼の代わりに僕がアメリカ駐在員に行くこととなっている。
2 明日は親戚の家に行くことになっている。
3 韓国では、靴を脱いで部屋に入ることになっている。

148_ 1 この夏休みは一生懸命アルバイトをすることにした。
2 彼とはもう絶対に口をきかないことにした。
3 大学入試が近いので、毎日8時間は勉強することにした。

149_ 1 最寄の地下鉄の駅で事故があって、どれだけ駅が混ざつしていたことか。
2 私の友人が大統領に選ばれて、どれだけ驚いたことか。
3 初めての海外生活、この日をどんなに待ちわびたことか。

150_ 1 人間というものは弱いものだ。
2 幸福というものは人によって違います。
3 本物のプロの試合というものを初めて見たような気がした。

151_ 1 このケーキは確かにおいしいものの、値段が高すぎて、そうそう買えない。
2 インターネットの発達のおかげで情報収集が簡単になったものの、情報が本物かどうかわからなくなってきている。
3 最新のパソコンを買ったものの、どうやって使えばいいのかよくわからない。

152_ 1 雨の日は彼氏とよくこの道を歩いたものだ。
2 私が泣くと、母はぎゅっと抱いてくれたものだ。
3 昔は父の前でよくピアノをひいたものだ。

153_ 1 ある程度のものなら、素人でも少し勉強すればできる。
2 開けられるものなら、開けてみろ。
3 叶うものなら、今すぐ君に会いたい。

154_ 1 人前でそれを言ってはいけないなんて、知らなかったものだから。
2 片付けちゃってごめんなさい。仕事で遅くなると思っていたものだから。
3 途中で車が壊れてしまったものだから、バスで出勤した。

155_ 1 一度でいいから富士山に登ってみたいものだ。
2 北京ダックという料理がおいしいらしいが、本場で食べてみたいものだ。
3 彼のお姉さんはとてもきれいだそうだが、一度会ってみたいものだ。

156_ 1 ダイエットは食べなければいいというものではない。
2 私は背が高い人が好きだが、背が高ければ誰でもいいというものではない。
3 勉強している時間が長ければいいというものでは(も)ない。

14. 빈번하게 등장하는 문어적 표현

157_ 1 初めて船旅をしたのだが、車ごとフェリーに乗り込めるなんて知らなかった。
2 初めて見た果物だったので、皮ごと食べてもいいのかどうかわからなかった。
3 ちょっと事務所を空けた隙に泥棒に入られて、金庫ごと盗まれてしまった。

158_ 1 家庭ごとにキムチの味がちがう。
2 そのチームは試合ごとに強くなっている。
3 彼女は会うごとに同じことを繰り返して言うので、うんざりだ。

159_ 1 彼は私を見るやいなや視線をそらせた。
2 疲れていたのか、彼は横になるやいなや、いびきをかき始めた。
3 春休みが終わるやいなや、学校の図書館は学生たちでいっぱいになった。

160_ 1 今から食事をするところです。
2 一番のポイントは、地域がいかに連携して、その問題に取り組むかというところにあります。
3 本日はお忙しいところお越しいただき、本当にありがとうございました。

161_ 1 彼はやればできるにもかかわらず、全然努力をしようとしない。
2 一生懸命勉強したにもかかわらず、テストに落ちてしまった。
3 待合室で長い時間待ったにもかかわらず、診察時間はほんの数分だった。

162_ 1 どうも彼が犯人らしい。犯人でなければ知り得ない事実を知っている。
2 どれも機械による大量生産では作り得ない、手作りならではの味わいと美しさです。
3 秀吉はどのようにして主君、信長の信頼を勝ち得たのだろうか。

163_ 1 負けてしまえば、それまでだ。
2 あなたがしないのなら、私がするまでだ。
3 飛行機がダメなら、ＫＴＸで行くまでだ。

164_ 1 資金繰りの関係で、あきらめざるを得ない状況である。
2 両親に死なれて、大学を退学せざるを得なくなった。
3 子供ができたので、結婚をせざるを得なくなった。

165_ 1 宝くじなんて、当たるわけがない。
2 そんな年金制度で、老後が明るいわけがない。
3 論文が1日で書けるわけがない。

해답 예

166_ 1 起こるはずがないことが、起こってしまった。
2 どこの馬の骨かわからない奴の言葉が信じられるはずがない。
3 大統領がそんな発言をするはずがない。

167_ 1 途中で大学をやめて、国に帰るわけにはいかない。
2 社長もいらっしゃるから、会議に出ないわけにはいかない。
3 彼の言うことはもっともだ。無視するわけにはいかない意見だ。

168_ 1 彼女の奇異なファッションは理解しかねる。
2 そんなに荒い運転をしていたら、交通事故を起こしかねない。
3 今は小さい問題かもしれないが、今後国際問題に発展しかねない。

169_ 1 幸せの形はそれぞれである。
2 病気になるまでは、健康であるありがたさがよくわからない。
3 青年は未来があるだけで幸福である。

15. れる・られる 완전정복하기

170_ 1 昨日電話で予約されたお客様ですか。
2 ついに頂上の征服に成功されました。
3 おじいさまが歌を歌われます。

171_ 1 この建物はあの方が建てられました。
2 今度の措置は先生が決められました。
3 神様が人間に罰を与えられました。

172_ 1 泥棒が警察につかまれた。
2 母のふところに抱かれた。
3 酒を飲んでも酒に飲まれてはいけない。

173_ 1 その先生に3年間教えられました(教えてもらいました)。
2 長い間の努力がやっと認められました。

3 救急隊員によって助けられた子どもは病院に運ばれました。

174_ 1 彼女に泣かれたら、どうしていいかわからない。
2 これ以上家賃をあげられると引っ越すしかない。
3 今あなたに死なれると、これから私はどうしたらいいのか。

175_ 1 このアルバムを見るたびにあの時のことが思い出される。
2 故国の母が思い出されます。
3 私は彼が思い出されるたびに泣いてしまう。

176_ 1 明日までには資料を作れます。
2 川が深くて渡れません。
3 あなたが言うことは理解できます。

177_ 1 この服は小さくて、着られません。
2 頭が痛くて、起きられませんでした。
3 10日までにはいられます。

16. せる・させる 끝내기

178_ 1 相手に無理やり心配させた。
2 彼女は重い荷物を彼に持たせた。
3 すべての責任を彼一人に負わせた。

179_ 1 赤い派手なセーターを彼に着させた。
2 彼は彼女を2時間以上も待たせた。
3 友達の突然の死は、これからの人生について考えさせる出来事だった。

180_ 1 お先に失礼させていただきます。
2 では、発表をさせていただきます。
3 家に帰らせていただきます。

181_ 1 そちらのお店をテレビで紹介させていただきたいのですが、よろしいでしょうか。
2 是非、拝見させていただきたいです。
3 ご紹介させていただきたい商品があるのですが。

182_ 1 パスポートと搭乗券を拝見させていただけますか。
2 もう一度確認させていただけますか。
3 すみませんが、鞄の中を拝見させていただけませんか。

183_ 1 ぜひそのプロジェクトを私に任せてください。
2 サイズがあうかどうかわからないので、試着させてください。
3 私には私のやり方があるので好きにさせてください。

184_ 1 人の前で歌を歌わさせられた。
2 最終バスに乗り遅れて、家までの5キロの道を歩かせられた。
3 不景気による経営不振のために、たくさんの人が会社をやめさせられた。

17. 존경과 겸양 표현 마스터하기

185_ 1 先生は学校まで歩いて来られます。
2 何時ごろお家を出られましたか。
3 イスンシン将軍はここで最後まで戦われました。

186_ 1 そんなことをおっしゃってもいいでしょうか。
2 最後までごゆっくりご覧くださいませ。
3 お昼は何をお召し上がりになりましたか。

187_ 1 お読みになった本は、ここに置いてください。
2 お使いになった食器はこちらまでお願い（いた）します。
3 社長は風邪をお召しになったようです。

188_ 1 閉まるドアにご注意ください。
2 よくご指導くださるようによろしくお願いいたします。
3 不明なところがある方は係員にご相談ください。

189_ 1 お初にお目にかかります。
2 時間がございませんので、要点のみを申し上げます。
3 そろそろ、失礼いたします。

190_ 1 成田空港のご利用のお客様にご案内いたします。
2 簡単に扱い方をご説明いたします。
3 ご指定のチケットをお持ちではない方はご乗車できません。

해답 예

연습문제 해답 예

연·습·문·제 1 (01~16)

1-1

私が生まれたところは小さい村です。きれいな空気、きれいな水が豊富にあります。大きいデパートや高いビルはひとつもありません。学校は、中学と小学校が1つずつあるだけで、高校や大学はありません。大きい病院もないので、重い病気になると大変です。村の人口のほとんどはお年寄りです。子供や若者は少ししかいません。日本にはこんな町や村がたくさんあります。

내가 태어난 곳은 작은 마을입니다. 깨끗한 공기, 깨끗한 물이 풍부하게 있습니다. 큰 백화점과 높은 건물은 하나도 없습니다. 학교는 중학교와 초등학교가 하나씩 있을 뿐, 고등학교나 대학교는 없습니다. 큰 병원도 없어서 심한 병이 나면 큰일입니다. 마을의 인구는 거의 나이든 사람들입니다. 어린이나 젊은 사람들은 조금밖에 없습니다. 일본에는 이런 도시나 마을이 많이 있습니다.

1-2

❶ あの人は日本人です。
❷ キムさんは大学生ではありません。
❸ 兄弟はいません。一人っ子です。
❹ この近くにきれいな公園があります。
❺ 今は暑くも寒くもない季節です。

연·습·문·제 2 (17~32)

2-1

私は先月交通事故を起こしました。運転をしながら携帯電話で話していて、前の車にぶつかりました。今も毎日車を運転しますが、運転中に携帯電話は絶対に使いません。どうしても電話をしたいときは、道の脇に車を停めます。それから、電話をかけます。みなさんも、運転中の携帯電話の使用をやめませんか。「私は大丈夫だ」と思っていませんか。「あなただけが大丈夫だ」ということは絶対にありません。お互いに交通ルールを守りましょう。そして、事故を減らしましょう。

나는 지난 달에 교통사고를 냈습니다. 운전을 하면서 휴대전화로 이야기하다가 앞차에 부딪혔습니다. 지금도 매일 운전하지만, 운전 중에 휴대전화는 절대로 사용하지 않습니다. 어떻게 해도 전화를 쓰고 싶을 때는 길 옆으로 차를 세웁니다. 그리고 나서 전화를 겁니다. 여러분도 운전 중에 휴대전화 사용을 그만두지 않겠습니까? [나는 괜찮다]라고 생각하고 있지 않습니까? [당신만이 괜찮다]라는 것은 절대로 없습니다. 서로 교통 규칙을 잘 지킵시다. 그리고 사고를 줄입시다.

2-2

❶ 昨日、友達と一緒に焼き肉を食べました。
❷ 一緒に映画に行きませんか。
❸ お手伝いしましょうか。
❹ この薬は飲みやすいです。
❺ 歩きながらタバコを吸うのはやめましょう。

연·습·문·제 3 (33~47)

3-1

私は日本に留学する前は地震のことを知りませんでした。しかし、日本に来て地震を何度か経験しました。以前は非常食などを準備していませんでしたが、今は小さいかばんの中に缶詰やペットボトルの水が入れてあります。懐中電灯も買って、避難経路も確認しました。地震のことをいつもいつも考えなくてもかまいませんが、準備はしておいてください。日本は地震大国のひとつです。

나는 일본에 유학하기 전에는 지진을 몰랐습니다. 그러나 일본에 와서 지진을 몇 번인가 경험했습니다. 예전에는 비

상식량 등을 준비하지 않았지만 지금은 작은 가방 안에 통조림과 페트 병에 든 물이 넣어져 있습니다. 회중전등도 사고, 피난 경로도 확인했습니다. 지진에 대한 것을 항상 생각하지 않아도 되지만, 준비는 해 두세요. 일본은 지진대국의 하나입니다.

3-2

1. 週末、弟は寝てばかりいます。
2. この仕事をしてから家に帰ります。
3. このタオルを使ってもいいですか。
4. すみませんが、もう少し大きい声で話してください。
5. 書類は引き出しに入れてあります。

연·습·문·제 4 (48~74)

4-1

12月23日、和歌山県の動物園でパンダの赤ちゃんが生まれました。赤ちゃんの公開日には赤ちゃんを見ようと、多くの人がやってきました。遠くから車で何時間もかけて、動物園に来た人もいました。赤ちゃんのストレスを考えて、公開時間は午前10時から午後1時までの3時間だけでした。パンダの赤ちゃんを見た人はみんな、そのかわいさに歓声を上げていました。

12월 23일, 와카야마 현의 동물원에서 아기 팬더가 태어났습니다. 아기 팬더를 공개하는 날에는 아기 팬더를 보려고 많은 사람들이 왔습니다. 멀리에서 차로 몇 시간이나 걸려서 동물원에 온 사람도 있었습니다. 아기 팬더의 스트레스를 생각해서 공개 시간은 오전 10시부터 오후 1시까지 3시간뿐이었습니다. 아기 팬더를 본 사람들은 모두 그 귀여움에 환성을 질렀습니다.

4-2

1. この小包を速達でお願いします。
2. 漢字は難しいけれど、毎日の生活に必要です。
3. あのレストランはまずいし、高いし、良くないです。
4. 書類の受付は9月11日から10月2日までです。
5. 夏休みなのに、昨日は大学に行って友達に会いました。

연·습·문·제 5 (75~87)

5-1

学生時代から離れれば離れるほど、勉強したくなるのは不思議なことだ。学生時代は勉強が嫌いだった。大学を卒業したばかりのころは「これでもう勉強しなくてもいい」と思った。それなのに、しばらくすると日本語やパソコンの使い方を習いたくなった。若いころに始めていれば、今よりももっと簡単に単語を覚えたりパソコンの機能を使ったりできたはずだ。もう少し早くに始めていればと何度も後悔した。学生時代でなければ経験できない楽しいことはたくさんあるだろう。しかし、将来のことを考えて学生のうちに勉強しておくことは大切なことだ。

학생 시절에서 멀어지면 멀어질수록 공부하고 싶어지는 것은 신기한 일이다. 학생 시절에는 공부가 싫었다. 대학을 졸업한 지 얼마 안됐을 때는 「이것으로 이제 공부 안 해도 된다.」라고 생각했다. 그런데도 얼마 지나지 않아, 일본어나 컴퓨터의 사용 방법을 배우고 싶어졌다. 젊었을 때 시작했으면 지금보다도 더 간단하게 단어를 외우거나 컴퓨터의 기능을 사용하거나 할 수 있었을 것이다. 좀 더 빨리 시작했으면, 하고 몇 번이나 후회했다. 학생 시절이 아니면 경험할 수 없는 즐거운 것은 많이 있을 것이다. 그러나 장래의 일을 생각해서 학생일 동안에 공부해 두는 것은 중요한 일이다.

5-2

1. アルバイトをしなければ、生活できません。
2. このごろの事件は知れば知るほど腹が立ちます。
3. 日本の大学に合格したら、3月から日本に行きます。
4. 週末は本を読んだり、勉強をしたりしてすごします。
5. 昨日はとても暑かったので、エアコンをつけたまま寝ました。

해답 예

연·습·문·제 6 (88~102)

6-1

コーヒーショップから外に出ると、アスファルトの道の色が変わっていた。どうやら雨が降ったようだった。空を見上げると、今にも雨がふりだしそうな雲が広がっていた。きっともう一降りするだろう。早く家にもどらなくては。傘を持ってこなかった。昨日の天気予報では、今日は一日中晴れだといっていたが予報は見事に外れた。天気予報なんて信じまい。そんなことを考えているうちに、大粒の雨がポツポツと降りはじめた。どうも今日はついていないようだ。新しい服を着ている日に限って雨が降る。

커피숍에서 밖으로 나오니 아스팔트 도로의 색이 변해 있었다. 아무래도 비가 온 것 같았다. 하늘을 올려다보니 지금이라도 비가 쏟아져 내릴 것 같은 구름이 펼쳐져 있었다. 분명히 또 한번 내리겠지. 빨리 집에 돌아가야겠다. 우산을 가지고 오지 않았다. 어제 일기예보에서는 오늘은 하루 종일 맑을 것이라고 했는데 예보는 완전히 빗나갔다. 일기예보 따위 믿지 말아야지. 그런 것을 생각하고 있는 동안에 굵은 방울의 비가 조금씩 내리기 시작했다. 아무래도 오늘은 재수가 없는 것 같다. 새 옷을 입은 날은 꼭 비가 온다.

6-2

① 選挙結果が出たようです。
② まさか彼が東京大学に合格するまい。
③ 明日は雪が降るらしいから、少し早目に家を出よう。
④ もう今日は遅いので、また明日に続きをしよう。
⑤ 彼女が喜びそうなプレゼントを買いたいが、何がいいだろう。

연·습·문·제 7 (103~123)

7-1

週末は友達と一緒にスノーボードに行くはずだったが、暖冬のせいで積雪量が足らないということで中止になった。スキー場には3センチぐらいしか雪が積もっていないらしい。この雪不足も全世界を襲っている地球温暖化の表れのひとつだろうか。この機会を逃したら今シーズンはもう滑れないかもしれないので、とっても残念だ。週末は友達とスノーボードで一汗かき、ラウンジで生ビールを楽しむはずだったのに。寒さに震え上がるような厳冬は嫌だが、冬のようではないこの暖かさにも閉口してしまう。

주말은 친구들과 함께 스노우 보드를 타러 갈 예정이었는데, 따뜻한 겨울인 탓에 적설량이 부족하다는 이유로 중지되었다. 스키장에는 3센티미터 정도밖에 눈이 쌓여 있지 않은 것 같다. 이런 눈 부족도 전세계를 엄습하고 있는 지구온난화 현상의 표시 중 하나인 것일까? 이 기회를 놓치면 이번 시즌은 이제 탈 수 없을지도 몰라서 매우 안타깝다. 주말은 친구들과 스노우 보드로 땀을 흘리며 라운지에서 생맥주를 즐길 거였는데…. 추위에 부들부들 떠는 듯한 엄동(심하게 추운 겨울)은 싫지만, 겨울같지 않은 이런 따뜻함에도 질려 버린다.

7-2

① 私はどちらかといえば、背が高い方だ。
② 生放送の最中に停電になりました。
③ 彼の作文は間違いだらけなので、ちょっと読みにくい。
④ 1時間前に家を出たはずだから、そろそろ彼女もここに着くでしょう。
⑤ 彼女はケベックに住んでいたので、英語だけではなくフランス語も話せるかもしれません。

연·습·문·제 8 (124~137)

8-1

小学校での英語教育が日本でも始まろうとしている。この件に関しては長期にわたって話し合われてきた。小学校からゲームや音楽などを通して英語に親

しんでおけば、中学からの英語学習の手助けになり得るという意見があるのに対して、小学校で英会話の勉強を始めても中学や高校の英語教育が現状のままであれば、あまり意味がないという意見もある。いずれにせよ、中学校と高校で合計6年間も英語を勉強しているにもかかわらず、日本人の多くが英語を話すことができないという現状を踏まえて、国には結論を出してほしい。

초등학교에서의 영어교육이 일본에서도 시작되려고 하고 있다. 이 건에 관해서는 장기간에 걸쳐 의논되어 왔다. 초등학교부터 게임이나 음악 등을 통해서 영어와 친해져 두면 중학교부터의 영어학습에 도움이 될 수 있다고 하는 의견이 있는 것에 비해, 초등학교에서 영어회화 공부를 시작해도 중학교나 고등학교의 영어교육이 현재 상태대로라면 별로 의미가 없다는 의견도 있다. 어느 쪽이든 중학교와 고등학교에서 합계 6년이나 영어를 공부하고 있음에도 불구하고, 일본인의 대부분이 영어를 말할 수 없다는 현재 상태에 입각하여 정부가 결론을 내 주었으면 한다.

8-2

❶ 今後とも目標に向かって努力します。
❷ 予想に反してたくさんの出席者がいて驚きました。
❸ 彼の部屋にはテレビどころか冷蔵庫すらない。
❹ 必要に応じて使用量を調節してください。
❺ 3ヶ月間にわたって国会では新しい法案に関する議論が続けられた。

연·습·문·제 9 （138～156）

9-1

私は新学期や新年を迎えるたびに「何か新しいことを始めよう」と心に決める。しかし、何か新しいことに臨むとき、未知のものに挑戦するとき、どうしても不安がつきまとうものである。挑戦によって得られるものは大きいこと、自分を成長させるためには挑戦は必要不可欠なものであることは十分わかっているのだが、その不安のために、ためらってしまうことがある。そして、私の好奇心が不安を越えたとき、私は何か新しいことへの第一歩を踏み出すことになる。

나는 신학기나 신년을 맞이할 때마다 「뭔가 새로운 것을 시작하자」고 마음에 정한다. 그러나 뭔가 새로운 것에 임할 때, 미지의 일에 도전할 때, 반드시 불안이 따라 다니는 법이다. 도전에 의해서 얻을 수 있는 것은 큰 것, 자신을 성장시키기 위해서는 도전은 필요 불가결한 것이라는 것은 충분히 알고 있지만, 그 불안 때문에 망설이는 경우가 있다. 그리고 내 호기심이 불안을 넘어섰을 때, 나는 뭔가 새로운 일로의 첫 걸음을 내딛게 된다.

9-2

❶ 卒業式では絶対に泣くものかと思っていたが、泣いてしまった。
❷ 飛行機の席が空かないことには、来週からの出張には行けない。
❸ 済んでしまったことを今さら後悔してみても仕方がない。
❹ 新聞や教科書は多くの人が読むことを前提としたものである。
❺ 外国語を使ってものを読むこと、ものを書くことはとても難しいことだ。

연·습·문·제 10 （157～169）

10-1

世界には学校に行きたくても行けない子供たちがたくさんいる。家が貧しくて働かざるを得ない子供、たくさんの兄弟姉妹の面倒を見るために学校に行くわけにはいかない子供など、学校に行けない理由は様々であろう。彼らの両親は自分の子供に教育を受けさせたくないはずがない。学校でたくさんのことを学び、明るい将来に向かって羽ばたいてほしいと子供たちに願うのはどこの国の親でも同じではあるまい

해답 예

か。学校に行けない子供たちもかわいそうだが、子供たちを学校に送ることができない事情を持った親も気の毒である。

세상에는 학교에 가고 싶어도 갈 수 없는 아이들이 많이 있다. 집이 가난해서 일할 수 밖에 없는 아이, 많은 형제자매를 돌보기 위해서 학교에 갈 수 없는 아이 등, 학교에 갈 수 없는 이유는 여러 가지일 것이다. 그들의 부모는 자신의 아이에게 교육을 시키고 싶지 않을 리가 없다. 학교에서 많은 것을 배우고, 밝은 장래를 향해 날개짓했으면, 하고 아이들에게 바라는 것은 어느 나라의 부모라도 똑같지 않을까. 학교에 갈 수 없는 아이도 불쌍하지만 아이들을 학교에 보낼 수 없는 사정을 가진 부모도 불쌍하다.

10-2

❶ ここまできたら、最後までやり通すまでだ。
❷ できるといったものの、本当に最後までやりとおせるかどうか不安だ。
❸ 今、学校を辞めて国に戻るわけにはいかない。
❹ このごろの若者の行動には理解しかねる点がある。
❺ 何もしないで一日中家でごろごろしていては痩せるはずがない。

연·습·문·제 11 （170～177）

11-1

今までに「がんばって」という励ましの言葉を何度かけられたことだろう。両親に、友達に、兄弟に「がんばって」と励まされ続けてきた。しかし、その言葉が負担に感じられた時があったのは事実だ。一生懸命しても、うまくいかないときがあった。そういう時は「がんばれ」という言葉が励ましの言葉ではなく、単なるプレッシャーにしか感じられなかった。だから、私は安易に他人に「がんばれ」とは言えない。時と場合によっては励ましの言葉ではなく、人を追い込む言葉にもなるということを知っているからだ。

지금까지「잘 해」라는 격려의 말을 몇 번이나 들었을까. 부모님께, 친구들에게, 형제에게「잘 해」라고 늘 격려받아 왔다. 그러나 열심히 해도 잘 되지 않을 때가 있었다. 그럴 때는「잘 해」라는 말이 격려의 말이 아니라 단순한 (정신적인) 압박으로밖에 느낄 수 없었다. 그래서 나는 쉽게 다른 사람에게「잘 해」라고는 말할 수 없다. 때와 경우에 따라서는 격려의 말이 아닌, 사람을 몰아 넣는 말이 될 수도 있다는 것을 알고 있기 때문이다.

11-2

❶ この寺は1600年代に建てられました。
❷ このごろは食べられる花もあるらしい。
❸ こんなことはあなたにしか話せません。
❹ もう展示会には行かれましたか。明日までだと聞いています。
❺ 小学校のときにいじめられた記憶がある人は結構多い。

연·습·문·제 12 （178～184）

12-1

お久しぶりです。お元気ですか。先日はお疲れのところ一日同行させていただき、ありがとうございました。今回の同行では、いろいろと考えさせられる事も多く、今後の活動のヒントとなる経験をさせていただきました。来月はこちらで会議が開かれますね。もし、お時間があれば私に京都の街をご案内させていただけませんか。それでは、来月お会いできることを楽しみにしております。

오랫만입니다. 잘 지내십니까? 지난번에는 피곤하실 텐데도 하루 종일 같이 다녀 주셔서 고맙습니다. 이번에 다니면서 여러가지 생각한 것도 많고, 앞으로의 활동의 힌트가 되는 경험을 했습니다. 다음 달에는 저희 쪽에서 회의가 열리죠. 만약, 시간이 되신다면 저에게 교토의 거리를 안내하게 해 주시지 않겠습니까? 그럼, 다음 달 만나뵐 것을 기대하겠습니다.

12-2

❶ 未成年者に酒を飲ませてはいけません。
❷ ただ今から、発表をさせていただきます。
❸ この洋服を見ると亡くなった母が思い出される。
❹ そのプロジェクトのチーフを私にさせてください。
❺ 子供のころ英会話を習わせられたが、それが今となっては大変役に立っている。

연·습·문·제 13 (185~190)

13-1

本日は足元の悪い中、大変ご多忙のところをご出席いただきまして、ありがとうございます。弊社の音楽セミナーも今年で5回目となりました。本日は「市民とオーケストラ」と題しまして、日本のオーケストラ界で最も活力のあるお二人をお招きし、ディスカッション形式でお話を伺う事といたしました。みなさまもご存知の通り、両先生は国内外のオーケストラで大変ご活躍なさっています。本日は色々な方と仕事をされ、コラボレートされているあたりのお話を是非お聞きしたいと思っております。まず、開会にあたりまして、弊社社長・谷崎裕樹よりご挨拶させていただきます。

오늘은 움직이기 불편한 상황 중(비가 오거나 날씨가 좋지 않아 걸어다니기 불편한 것을 뜻하는 말)에, 매우 바쁘신 와중에도 참석해 주셔서 감사합니다. 저희 회사의 음악 세미나도 올해로 5회째가 되었습니다. 오늘은 「시민과 오케스트라」라고 제목을 정하고, 일본의 오케스트라 계에서 가장 활력 있는 두 분을 초대해서 토론 형식으로 이야기를 들어보도록 하겠습니다. 여러분도 아시다시피 두 선생님은 오케스트라에서 아주 활약하고 계십니다. 오늘은 여러 다양한 분들과 일하며, 공동 작업했던 일의 이야기를 꼭 듣고 싶다고 생각합니다. 우선, 개회에 즈음하여 저희 회사 사장님이신 谷崎裕樹께서 인사를 드리겠습니다.

13-2

❶ この本はもうお読みになりましたか。

❷ 遠いところをお越しいただきまして、誠にありがとうございます。
❸ お電話いただければ、こちらからお伺いいたします。
❹ お口に合うかどうかわかりませんが、お召し上がりください。
❺ 田中様はつい先ほどまでこちらにいらっしゃいましたが、どちらかに行かれたようです。

두 번만 따라하면 휜해진다!
일본어 작문의 급소 190

초판발행	1989년 1월 30일
2차개정판 발행	2007년 4월 25일
2차개정판 9쇄	2023년 3월 30일
저자	村山俊夫 · 長谷川由美 · 조한나
책임 편집	조은형, 무라야마 토시오, 김성은
펴낸이	엄태상
콘텐츠 제작	김선웅, 장형진
마케팅	이승욱, 왕성석, 노원준, 조성민, 이선민
경영지원	조성근, 최성훈, 정다운, 김다미, 최수진, 오희연
물류	정종진, 윤덕현, 신승진, 구윤주
펴낸곳	시사일본어사(시사북스)
주소	서울시 종로구 자하문로 300 시사빌딩
주문 및 교재 문의	1588-1582
팩스	0502-989-9592
홈페이지	www.sisabooks.com
이메일	book_japanese@sisadream.com
등록일자	1977년 12월 24일
등록번호	제 300-2014-31호

ISBN 978-89-402-0696-6 13730

* 이 책의 내용을 사전 허가 없이 전재하거나 복제할 경우 법적인 제재를 받게 됨을 알려 드립니다.
* 잘못된 책은 구입하신 서점에서 교환해 드립니다.
* 정가는 표지에 표시되어 있습니다.